불완전한 나를 견고하게 세워주는
그리스도인의 특권

WHO I AM IN CHRIST
by Neil T. Anderson

Copyright © 1993, 2001 by Neil T. Anderson
Originally published in English under the title
   Who I Am in Christ
    by Bethany House
      a division of Baker Publishing Group,
      Grand Rapids, Michigan, 49516, U.S.A.
All rights reserved.

Korean Edition published by Word of Life Press, Seoul 2016
Translated and published by permission.
Printed in Korea.

그리스도인의 특권

ⓒ 생명의말씀사 2016

2016년 12월 5일 1판 1쇄 발행

펴낸이 | 김재권
펴낸곳 | 생명의말씀사

등록 | 1962. 1. 10. No.300-1962-1
주소 | 서울시 종로구 경희궁1길 5-9(03176)
전화 | 02)738-6555(본사) · 02)3159-7979(영업)
팩스 | 02)739-3824(본사) · 080-022-8585(영업)

기획편집 | 신현정
디자인 | 조현진, 김혜진
인쇄 | 예원프린팅
제본 | 정문바인텍

ISBN 978-89-04-16572-8 (03230)

저작권자의 허락없이 이 책의 일부 또는 전체를
무단 복제, 전재, 발췌하면 저작권법에 의해 처벌을 받습니다.

불완전한 나를 견고하게 세워주는
그리스도인의 특권

닐 앤더슨 지음 · 유정희 옮김

WHO I AM IN CHRIST

나는 소중합니다
나는 사랑받고 있습니다
나는 모든 비난에서 자유롭습니다
나는 하나님의 작품입니다
나는 하나님의 사랑에서 끊어질 수 없습니다

목차

서문　08

1부 나는 그리스도 안에서 사랑받는 자입니다

그리스도 안에서

1장　나는 사랑받고 있습니다　20

2장　나는 하나님의 자녀입니다　26

3장　나는 그리스도의 친구입니다　32

4장　나는 의롭다 함을 받았습니다　40

5장　나는 주님과 합하여 한 영이 되었습니다　46

6장　나는 값으로 산 것이 되었고 하나님께 속하였습니다　54

7장　나는 그리스도의 몸의 지체입니다　62

8장　나는 성도입니다　69

9장　나는 하나님의 자녀로 입양되었습니다　77

10장　나는 성령을 통해 하나님께 직접 나아갈 수 있습니다　83

11장　나는 구원받았고 모든 죄를 용서받았습니다　92

12장　나는 완전합니다　99

2부 나는 그리스도 안에서 안전한 자입니다

그리스도 안에서

13장 나는 안전합니다 108

14장 나는 영원히 정죄받지 않습니다 114

15장 나는 모든 것이 합력하여 선을 이룬다고 확신합니다 123

16장 나는 모든 비난에서 자유롭습니다 129

17장 나는 하나님의 사랑에서 끊어질 수 없습니다 137

18장 나는 하나님께 기름부음과 인 치심을 받았습니다 143

19장 나는 그리스도와 함께 하나님 안에 감추어졌습니다 150

20장 나는 하나님이 내 안에서 시작하신
       선한 일을 완성하실 것을 확신합니다 157

21장 나는 하늘나라의 시민입니다 164

22장 나는 두려워하는 마음이 아니라
       능력과 사랑과 절제하는 마음을 받았습니다 170

23장 나는 곤경 속에서도 은혜와 긍휼을 누릴 수 있습니다 177

24장 나는 하나님에게서 났으며 악한 자가 나를 건드릴 수 없습니다 185

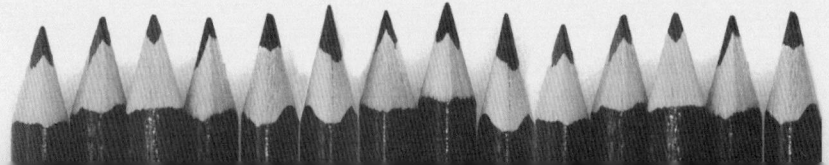

3부 나는 그리스도 안에서 소중한 자입니다

그리스도 안에서

25장 나는 소중합니다 194

26장 나는 세상의 빛과 소금입니다 200

27장 나는 참 포도나무의 가지요, 그의 생명 통로입니다 207

28장 나는 열매 맺기 위해 택함받고 세워졌습니다 215

29장 나는 그리스도의 증인입니다 223

30장 나는 하나님의 성전입니다 231

31장 나는 화목하게 하는 대사입니다 240

32장 나는 하나님의 동역자입니다 248

33장 나는 하늘나라에 그리스도와 함께 앉아 있습니다 258

34장 나는 하나님의 작품입니다 265

35장 나는 담대함과 확신을 가지고 하나님께 나아갈 수 있습니다 273

36장 나는 내게 능력 주시는 그리스도 안에서
　　　모든 것을 할 수 있습니다 281

그리스도인의 36가지 특권 291
주 293

서문

　나는 미네소타 주의 한 농가에서 태어나 자랐다. 학교에 들어간 처음 6년 동안은 약 1.5킬로미터를 걸어서 시골 학교에 다녔다. 나의 사회생활은 전적으로 우리 가족과 학교, 교회를 중심으로 이루어졌다. 꼬박꼬박 교회에 갔지만, 성장기에는 그리스도와 나의 관계를 결정해야 한다고 느끼지 못했다. 복음이 무엇인지를 제대로 이해하지 못한 것이다. 25세가 되어서야 마침내 하나님이 누구시며 예수님이 왜 오셨는지를 깨달았다. 그리고 다시 15년이 지난 뒤에야 하나님의 자녀로서 내가 누구인지를 깨닫게 되었다. 나는 내가 받은 이 유산에 감사한다.

　안타깝게도 그리스도인들은 대부분 자신이 그리스도 안에서 누구인지, 어떤 특권을 지녔는지 인식하지 못한다. 태어날 때부터 우리는 환경과 주변 사람에 의해 특정하게 프로그램화된다. 개인적인 성향의 틀을 통해 자신이 경험에서 얻은 의미를 해석하고 그에 따라 반응한다. 아주 어릴 때부터 거부와 포기, 학대를 경험해 온 사람들의 신념 체계에는 다음과 같은 태도가 자리 잡고 있다. "나는 아무 가치가 없어." "나는 기대에 못 미쳐." "나는 사랑스럽지 않아." 어린 시절을 건전하게 보낸 것처럼 보이는 이들도 원수의 교묘한 속임수에 희생된 부분이 있을 수 있다.

　내가 상담한 사람들은 모두 비성경적인 신념을 지니고 있었다. 그들을 속박하기 위해 원수가 그런 신념을 사용해 온 것이다. 따라서 과거부터 지녀온 잘못된 신념을 인식하여 그것이 거짓이라는 사실을 깨달아 제거하고 우리 마음의 프로그램을 진리로 다시 짜고 새롭게 하는 것이 중요하다.

몸은 살고 영은 죽고

여호와 하나님이 땅의 흙으로 사람을 지으시고 생기를 그 코에 불어넣으시니 사람이 생령이 되니라(창 2:7).

아담은 두 가지 측면에서 살아 있었다. 첫째, 육체적으로 살아 있었다. 그의 영혼(또는 혼과 영)은 그의 육체인 몸과 하나였다. 둘째, 영적으로 살아 있었다. 그의 영혼(또는 혼과 영)은 하나님과 하나였다.

여호와 하나님이 그 사람에게 명하여 이르시되 동산 각종 나무의 열매는 네가 임의로 먹되 선악을 알게 하는 나무의 열매는 먹지 말라 네가 먹는 날에는 반드시 죽으리라 하시니라(창 2:16–17).

그런데 아담은 하나님께 불순종하고 그 나무 열매를 먹었다. 그렇다면 그가 죽었는가? 처음에는 죽지 않았다. 비록 몸이 죽어가는 과정이 시작되었지만 말이다. 그러나 영적으로는 죽었다. 그것은 하나님과 분리되는 것으로 나타났다.

그후 사람은 모두 몸은 살아 있으나 영적으로는 죽은 상태로 태어난다. 즉 하나님과 분리되어 있는 것이다. 그리스도께 나아가기 전에는 우리 삶에 하나님이 임하시지 않으며 그분의 뜻을 알지도 못한다. 우리는 하나님과 관계없이 살아간다. 에베소서 2장 1절은 "그는 허물과 죄로 죽었던 너희를 살리셨도다"라고 말한다. 우리가 "죽었다"는 것은 무슨 뜻인가? 육체적으로 죽은 것인가? 당연히 아니다. 우리는 영적으로 죽어 하나님과 분리된 상태였다.

그 분리를 해결하기 위해 예수님이 오셨다. 예수님은 "내가 온 것은 양으로 생명을 얻게 하고 더 풍성히 얻게 하려는 것이라"(요 10:10)고 말씀하셨다. 신앙생활 초기에는 영생을 죽은 후에야 얻는다고 생각했다. 그러나 요한일서는 "또 증거는 이것이니 하나님이 우리에게 영생을 주신 것과 이 생명이 그의 아들 안에 있는 그것이니라 아들이 있는 자에게는 생명이 있고 하나님의 아들이 없는 자에게는 생명이 없느니라"(5:11-12)고 말한다. 모든 그리스도인은 **지금** 그리스도 안에 살아 있다. 살아 있다는 것은 우리 영혼이 하나님과 하나가 되었다는 뜻이다. 신약성경 전체에 걸쳐 우리가 그리스도 안에 있거나 그리스도가 우리 안에 계시다는 진리를 거듭 보게 될 것이다. 우리에게 본질적인 정체성을 부여하는 것이 바로 이 **생명**이다.

새로운 정체성

골로새서 3장 10-11절은 "[우리가] 새사람을 입었으니 이는 자기를 창조하신 이의 형상을 따라 지식에까지 새롭게 하심을 입은 자니라 거기에는 헬라인이나 유대인이나 할례파나 무할례파나 야만인이나 스구디아인이나 종이나 자유인이 차별이 있을 수 없나니 오직 그리스도는 만유시요 만유 안에 계시니라"고 말한다.

다시 말해 예전에 우리 신분을 규정하던 방식이 이제는 적용되지 않는다는 것이다. 자신에 대해 설명해 보라고 하면 대부분 이름, 직업, 나이, 종교, 문화 배경, 사회적 지위 등을 언급한다. 그러나 바울은 그런 것들이 더는 적용되지 않는다고 말한다. 우리의 정체성은 우리가 지닌 물질적인 유산이나 사회적 지위, 인종적 특성으로 결정되지 않기 때문이다. 우리의 정체성은 우리가 하나님의 자녀이며 **그리스도 안에** 있다는 사실에 있다.

나는 내가 받은 물질적인 유산에 감사하지만, 그보다는 영적인 유산에 훨씬 감사한다. 이 근본적인 진리에 담긴 실제적 의미는 아무리 과장해도 지나치지 않다. 그리스도인은 죄를 용서받고, 성령을 받으며, 새로운 본성을 지니고, 천국에 간다. 그리스도인의 가장 근본적인 정체성은 "성도", "하나님의 자녀", "하나님의 작품", "빛의 자녀", "하늘나라의 시민"이다.

> 그러나 너희는 택하신 족속이요 왕 같은 제사장들이요 거룩한 나라요 그의 소유가 된 백성이니 이는 너희를 어두운 데서 불러내어 그의 기이한 빛에 들어가게 하신 이의 아름다운 덕을 선포하게 하려 하심이라 너희가 전에는 백성이 아니더니 이제는 하나님의 백성이요 전에는 긍휼을 얻지 못하였더니 이제는 긍휼을 얻은 자니라(벧전 2:9-10).

몇 년 전, 어느 선교사가 내가 인도한 한 콘퍼런스에 참석했다. 정서적으로 심각한 문제 때문에 선교지에서 돌아온 선교사였다. 그녀는 어린 시절을 매우 힘들게 보냈고, 역기능 가정에서 자랐다. 그 콘퍼런스에서 그녀는 처음으로 자신이 그리스도 안에서 누구인지 깨달았고, 영적 갈등을 해결했다. 마치 다시 태어난 것 같았다.

얼마 후 그녀는 가정으로 돌아갔는데, 그곳에서 자신의 성장 과정에 대해 훨씬 충격적인 이야기를 들었다. 그녀는 내게 자신의 가족 문제들을 털어놓았다. 이야기를 다 듣고 난 뒤, 나는 그녀에게 말했다. "당신이 하나님의 자녀로서 누구인지 알고 나서 그 새로운 정보를 알게 된 것이 정말 다행이지 않아요?"

그녀는 대답했다. "맞아요. 우리 가족에 대한 이 이야기를 두 달 전에 들었다면, 아마 제게 결정타가 됐을 거예요."

"가족에 대해 알게 된 새로운 사실이 당신의 기업에 영향을 끼쳤나요?" 내가 물었다.

"전혀요!" 그녀 얼굴에는 미소가 번져 있었다.

그녀는 자신이 하나님의 자녀라는 사실을 깨닫고, 고린도후서 5장 17절의 진리를 자신의 것으로 받아들였다. "그런즉 누구든지 그리스도 안에 있으면 새로운 피조물이라 이전 것은 지나갔으니 보라 새것이 되었도다."

새로운 정체성을 알아가다

이제 우리는 과거의 산물이 아니다. 그리스도의 십자가 사역의 결과물이다. 그러나 명심하라. 허물과 죄로 죽었을 때 우리는 하나님과 관계없이 사는 법을 배웠다. 우리의 정체성과 자아 인식은 이 세상의 자연 질서를 통해 우리 마음속에 형성되고 프로그램화되었다. 그래서 바울은 다음과 같이 말한 것이다. "너희는 이 세대를 본받지 말고 오직 마음을 새롭게 함으로 변화를 받아 하나님의 선하시고 기뻐하시고 온전하신 뜻이 무엇인지 분별하도록 하라"(롬 12:2). 마음을 새롭게 하는 것은 저절로 되지 않는다. 과거의 프로그래밍을 지우는 자동 "삭제 버튼"은 없다. 의식적으로 하나님의 말씀을 알아야만 하나님의 관점에서 우리가 누구인지 이해할 수 있다. 우리는 누구인가? 요한일서 3장 1-3절은 이렇게 말한다.

보라 아버지께서 어떠한 사랑을 우리에게 베푸사 하나님의 자녀라 일컬음을 받게 하셨는가 우리가 그러하도다 그러므로 세상이 우리를 알지 못함은 그를 알지 못함이라 사랑하는 자들아 우리가 지금은 하나님의 자녀라 장래에 어떻게 될지는 아직 나타나지 아니하였으나 그가 나타나시면 우리가 그와 같을 줄을 아는 것은 그의 참모습 그대로 볼 것이기 때문이니 주를 향하여 이 소망을 가진 자마다 그의 깨끗하심과 같이 자기를 깨끗하게 하느니라.

"우리가 누구인지"가 "우리가 무엇을 할지"를 결정한다

우리에게 가장 중요한 신념은 하나님이 누구신지를 제대로 아는 것이다. 둘째로 중요한 신념은 하나님의 자녀로서 우리가 누구인지를 아는 것이다. 우리가 인식한 자아와 계속 다르게 행동할 수는 없기 때문이다. 또한 하나님이 보시는 것처럼 우리 자신을 보지 않으면, 그만큼 우리 자신에 대한 잘못된 정체성과 형편없는 이미지 때문에 괴로울 것이다.

무엇을 하느냐에 따라 우리가 누구인지 결정되는 것이 아니다. 우리가 누구인지에 따라 무엇을 할지가 결정된다. 90년대 초쯤, 한 선교사에게 받은 편지에 그 점이 잘 나타나 있다.

『내가 누구인지 이제 알았습니다』를 읽고 나서 이 편지를 씁니다. 박사님은 많은 편지를 받으셨겠지요? 적어도 그러셨기를 바랍니다. 그것은 사람들의 눈이 열려 저처럼 하나님의 진리를 보게 되었다는 뜻이니까요.

저는 선교사입니다. 지금까지 21년 동안 신앙생활을 해왔지만 하나님의 용서와 저의 영적인 기업을 전혀 이해하지 못했습니다. 1977년부터 저는 폭식증에 시달렸습니다. 이 끔찍한 습관은 신학교에 다닐 때 시작되었습니다. 이 생지옥은 도무지 끝날 것 같지 않았습니다. 죽고 싶었습니다. 아마 자살을 죄라고 생각하지 않았다면 스스로 목숨을 끊었을지도 모릅니다. 하나님이 제게 등을 돌리신 것 같았습니다. 저는 이 죄를 극복할 수 없었기 때문에 지옥에 갈 거라고 생각했습니다. 나 자신이 미웠습니다. 실패자 같았습니다.

그러나 하나님은 저를 인도하셔서 박사님의 책을 읽게 하셨습니다. 지난주에 그 책을 읽기 시작했죠. 저는 새로운 그리스도인이 된 것 같았습니다. 막 다시 태어난 것처럼 말이죠. 이제 제 눈이 열려서 하나님의 사랑을 보게 되었습니다. 제가 죄인이 아니라 죄를 짓는 성도임을 깨달았습니다. 마침내 저는 사탄의 속박에서 자유로워졌습니다. 그가 제 마음속을 가득 채웠던 거짓말들을 이제 알 수 있으니까요. 예전에는 폭식을 하면 하나님께 잘못을 고백하고 용서를 구했습니다. 그러나 그후에는 사탄의 손아귀에 더 깊이 빨려 들어갔습니다. 제가 자신을 용서하지 못하고 하나님의 용서를 받아들이지 못했기 때문입니다. 또한 하나님께 더 가까이 가는 것에 답이 있다고 생각하면서도 두려움과 혼란 속에서 하나님께 나아가 사랑받을 수 없는 죄인처럼 행동했습니다. 그러나 이제는 그러지 않습니다!

성경 말씀과 박사님의 글을 읽고, 제가 패배한 그리스도인이 아니라는 것을 알았습니다. 이제는 나 자신을 폭식증 환자로 여기지 않습니다. 성도, 세상의 빛, 그리스도의 친구, 의의 종으로 여깁니다. 음식은 저를 지배할 힘이 없습니다. 이제 사탄은 저를 통제하지 못합니다.

감사하게도 내가 상담해 온 수많은 사람이 이 선교사와 비슷한 이야기를 나눠준다. 이렇게 괴로워하는 사람들이 자신의 이야기를 나눌 때 나타나는 공통점이 하나 있다. 그들 가운데 누구도 하나님의 자녀로서 자신이 누구인지 몰랐다는 것이다. 그리스도 안에서 자신의 정체성에 대해 개인적으로도 내적으로도 깨닫지 못했다.

우리는 "진노한 하나님의 손에 붙들린 죄인"이 아니다! 당신이 성경의 가르침을 분명히 알게 되기를 기도한다. 성경은 모든 하나님의 자녀가 "사랑의 하나님의 손 안에 안전히 거하는 성도"라고 가르친다.

사탄은 당신이 알기를 원하지 않는다

이 책은 세 부분으로 구성되어 있다. 각 부에는 주제와 관련된 성구들이 포함되어 있다. 각 주제는 그리스도 안에서 "나는 사랑받는 자", "나는 안전한 자", "나는 소중한 자"라는 것이다. 각 장에 나오는 성경 구절 하나하나는 하나님의 자녀 된 특권에 관한 당신의 생각을 넓혀줄 것이다.

『내가 누구인지 이제 알았습니다』와 『이제 자유입니다』(이상 죠이선교회)를 읽고 도움을 받은 사람들이 많이 하는 질문은 이것이다. "이제 그리스도 안에서 제 정체성이 가진 힘을 이해했습니다. 주님은 제 삶에 있는 결박을 풀어주셨어요. 하지만 그리스도 안에서 제가 얻은 지위와 특권을 어떻게 기억할 수 있을까요? 그것은 너무 잊어버리기가 쉽습니다!"

우리는 그리스도 안에 있는 우리의 특권을 쉽게 잊는다. 왜 그런가? 사탄은 당신이 자유로워지는 것을 원하지 않기 때문이다. 그렇다면 어떻게 날마다 하나님의 자녀임을 의식하고 적극적으로 살아갈 수 있을까? 가장 중요한 것은 성경을 읽고, 기도하고, 교제하는 것이다. 그리고 이 책이 그리스도 안에서 당신의 놀라운 특권을 날마다 기억하도록 도와줄 것이다.

나는 그리스도 안에서 누리는 특권인 우리의 참된 정체성을 찾지 못하거나 그분이 주시는 자유를 누리지 못하는 사람들에게 책임감을 느낀다.

나의 하나님이 그리스도 예수 안에서 영광 가운데 그 풍성한 대로 너희 모든 쓸 것을 채우시리라 (빌 4:19).

우리는 육체적인 필요만 생각하는 경향이 있다. 그러나 가장 중요한 것은 "존재적" 필요다. 그 필요는 그리스도 안에서 가장 놀랍게 충족된다.

세상도 이러한 필요들을 알지만, 그 필요를 채워주기에는 부족하다. 우리 힘으로 더 강해지려고 하거나 서로의 자아를 쓰다듬어주는 것으로는 그 필요를 채우지 못할 것이다. 우리의 가장 중요하고 근본적인 필요를 채워주기 위해 그리스도께서 오셨다는 사실을 세상에 말한다는 것은 얼마나 큰 특권인가! 그 필요는 바로 **정체성, 사랑받음, 안전, 가치**다.

이 책을 마칠 때쯤이면 당신이 갈라디아서 4장 6-7절에서 말하는 것을 경험했기를 기도한다.

너희가 아들이므로 하나님이 그 아들의 영을 우리 마음 가운데 보내사 아빠 아버지라 부르게 하셨느니라 그러므로 네가 이 후로는 종이 아니요 아들이니 아들이면 하나님으로 말미암아 유업을 받을 자니라.

다시 말해, 당신이 하늘에 계신 아버지와 깊은 유대관계를 맺게 되길 기도한다. 바로 이것이 성령의 주요 역할이다. "성령이 친히 우리의 영과 더불어 우리가 하나님의 자녀인 것을 증언하시나니"(롬 8:16).

이 구절들을 읽고 의미를 되새기고 묵상하면서, 사탄은 당신이 이것을 알기를 원치 않는다는 사실을 명심하라. 실제로 당신은 머릿속에서 당신이 누구인지에 대한 하나님의 말씀에 정반대되는 주장들과 싸우고 있는지도 모른다. 그것들에 저항하라. 성경과 반대되는 거짓말이 마음속에 떠오르면 그 거짓말을 버리고 하나님의 진리를 받아들이라. 되도록이면 각 장이 끝날 때 큰소리로 기도문을 따라 읽길 바란다.

이 책 뒷부분에 우리가 그리스도 안에서 누리는 특권에 관한 성경의 진리를 열거해 놓았다. 하나님의 자녀로서 당신의 지위를 기억하는 데 도움이 될 것이다. 그 페이지를 뜯어서 성경책 안에 끼워두거나, 냉장고나 화장실 거울에 붙여두고 싶을지도 모른다. 원수가 당신의 눈을 가려서 당신의 귀중한 정체성에 관한 진리를 보지 못하게 하지 말라!

어떤 사람은 이렇게 말했다. "나 자신에 관해 이 구절들을 다 믿으면 교만해질 것 같아요." 그에 대한 내 대답은 이렇다. "아닙니다. 이 구절들을 믿지 않으면 당신은 패배할 것입니다." 당신이 그리스도 안에서 이러한 사람이 된 것은 당신이 한 일 때문이 아니다. 그리스도가 하신 일 때문에 당신이 그리스도 안에 있는 것이다. 그분이 죽었다가 다시 살아나셨기 때문에 우리가 그분의 사랑을 누리며 자유롭게 살 수 있는 것이다.

그러므로 그리스도께서 우리를 받아 하나님께 영광을 돌리심과 같이
너희도 서로 받으라.

로마서 15장 7절

1부

나는 그리스도 안에서
사랑받는 자입니다

1장
나는 사랑받고 있습니다

그러므로 그리스도께서 우리를 받아 하나님께 영광을 돌리심과 같이 너희도 서로 받으라(로마서 15장 7절).

거부당하는 것은 인간이 아는 고통스러운 경험이다. 몇 년 전, 아이들과 함께 묵상을 하다가 이렇게 물어보았다. "거부가 뭘까?" 딸 하이디가 잘 대답해 주었다. 그리고 곧이어 아들 칼이 마음에 딱 와 닿는 대답을 했다. "조니가 나랑 놀아주지 않아서 하이디랑 놀아야 하는 거예요." 모든 인간에게 가장 기본적으로 필요한 것은 **조건 없는 사랑과 수용**이다.

인정받기 위한 노력

주변 아이들을 살펴보라. 어릴 때부터 자신의 삶에 있는 "중요한 타인"

에게 인정받고 받아들여지기 위해 노력하는 모습을 볼 수 있다. "내 그림, 마음에 들어요, 엄마?" "나 잘했어요, 아빠?" 우리가 자란 사회구조는 대부분 우리가 좋은 모습을 보이거나 일을 잘하거나 특정한 사회적 지위를 얻으면 결국 중요한 사람이 된다는 인상을 심어준다. 그러나 아무리 인정받으려고 노력해도 늘 부족하다. 우리의 자아정체성이 절정에 이른다 할지라도 결국 거부와 양심의 가책에 짓눌리고 만다.

어떻게 해도 우리는 무조건적이고 자발적인 사랑을 받을 자격이 없다. 그런데도 우리는 완벽하게 살면 모든 사람이 인정해 줄 거라는 잘못된 가정 아래 애쓰고 있다. 완전한 삶을 사신 분이 한 분 계셨지만, 모든 사람이 그분을 배척했다.

나는 부모나 다른 사람들에게 인정받기 위해 지금도 애쓰는 성숙한 어른들을 정기적으로 만난다. 그들은 사람에게 거부당하지 않기 위해 끝내 자신의 영적 진실성을 타협한다. 다음 편지를 보면 무슨 뜻인지 알 수 있을 것이다.

저는 그리스도인 가정에서 자랐습니다. 부모님은 자주 다투고 서로에게 반감이 있었지만, 그럭저럭 평범한 어린 시절을 보냈다고 생각합니다. 사람들은 늘 저한테 아버지를 닮았다고 했습니다. 그리고 불행히도 어머니는 아버지한테 자주 화를 냈고, 아버지의 가족에게도 분개했습니다. 제가 어머니 마음에 들지 않을 때는 저한테 고모를 빼닮았다고 말씀하신 적도 여러 번 있었습니다. 고모는 어머니가 자주 비난하던 사람이었거든요. 부모님은 우리의 필요를 잘 채워주셨기 때문에 머리로는 제가 사랑받고 있다고 생각했습니다. 그렇지만 제가 온전히 받아들여지고 있다고 느끼거나 안전하다고 확신한 기억은 거의 없는 것 같습니다. 35년간 결혼생활을 하고 손주까지 봤는데도 저는 여전히 잠재의식적으로 어머니께 인정받고 어머니를 향한 제 사랑을 증명하려고 애쓰고 있습니다. 그 결과 남편과 저는 자주 다투었지요.

열네 살 때 처음으로 조건 없는 사랑이란 것을 알았습니다. 그때 요한계시록 3장 20절에 나오는 그리스도의 초청을 이해했고, 그분과 개인적으로 동행하기 시작했습니다. 저는 그분의 사랑에 휩싸여 성경을 탐독하며 친구들에게 복음을 전했습니다. 의식적으로 그 소중한 관계를 떠나기로 한 적은 한 번도 없었습니다. 그렇지만 제 삶을 돌아보면 사탄이 제게 가장 연약한 영역을 어떻게 공격했는지 알 수 있습니다. 바로 온전한 사랑과 수용을 알고 싶은 욕구였지요.

결혼하고 사역을 하는 동안 몇 번 곁길로 벗어난 것은, 제가 그리스도 안에서 누구인지 알지 못했기 때문이었습니다. 나 자신에 대한 부정적인 생각들에 귀 기울였고, 그것이 제 생각인 줄 알았습니다. 사탄이 과거 경험들을 이용하고 우리를 정죄하고 패배시키기 위해 우리 마음에 어떤 생각들을 심어줄 수 있다는 것을 몰랐으니까요.

박사님, 그리스도 안에서 우리의 정체성에 대해 배운 것은 정말 복된 소식이었어요. 저는 이제 과거의 산물이 아니라, 그리스도가 십자가에서 이루신 일의 결과물입니다. 이제는 제가 누구인지 압니다. 저는 하나님의 자녀입니다. 제가 사랑받는 근거는 사람이 아니라 하나님께 있습니다. 박사님이 인도하는 "개인적, 영적 갈등 해결하기"라는 콘퍼런스의 주제곡을 부를 때 소름이 돋는 것 같았습니다.

"그가 사랑하시는 자 안에서" 나를 사랑하시고

나를 일으키고 들어 올려 높은 자리에 앉혀주셨네.

주의 한없는 은혜로 모든 죄에서 구원받고

구속받은 자들과 함께 그곳에 있네.

"그가 사랑하시는 자 안에서" 하나님의 놀라운 은혜로

나를 부르사 이 아름다운 곳에 거하게 하시네.

하나님은 나의 구세주를 보시고 나를 보시니

"그가 사랑하시는 자 안에서" 나를 사랑하시고 자유 주시도다.[1]

다른 사람들과의 관계

하나님의 무조건적인 사랑을 이해하고 받아들이는 것은 앞으로 성장하는 데 기초가 된다. 우리가 무엇을 해야만 하나님이 우리를 받아주시는 것이 아니다. 우리는 있는 모습 그대로 하나님께 온전히 받아들여진다. 우리의 행위와 노력은 하나님의 은혜를 받기 위한 시도가 아니라 우리를 향한 하나님의 사랑에 대한 반응이어야 한다.

우리가 그리스도 안에서 사랑받고 있음을 아는 것은 다른 사람들과 관계를 맺는 기반이 되기도 된다. 바울은 "그리스도께서 우리를 받아 하나님께 영광을 돌리심과 같이 너희도 서로 받으라"(롬 15:7)고 말한다.

받아들여지고 소속되고자 하는 우리의 욕구는 합당한 것이며, 하나님이 주신 것이다. 그러나 우리가 하나님과 상관없이 그 욕구를 충족시키려 하면 자아 중심적인 삶이 초래하는 불만족을 느끼게 될 것이다.

베드로는 사람에게 인정받으려는 노력을 그만두라고 충고한다.

그러므로 모든 악독과 모든 기만과 외식과 시기와 모든 비방하는 말을 버리고 갓난아기들같이 순전하고 신령한 젖을 사모하라 이는 그로 말미암아 너희로 구원에 이르도록 자라게 하려 함이라 너희가 주의 인자하심을 맛보았으면 그리하라 사람에게는 버린 바가 되었으나 하나님께는 택하심을 입은 보배로운 산 돌이신 예수께 나아가 너희도 산 돌같이 신령한 집으로 세워지고 예수 그리스도로 말미암아 하나님이 기쁘게 받으실 신령한 제사를 드릴 거룩한 제사장이 될지니라 (벧전 2:1-5).

"악독"은 종종 우리를 만족시켜줄 무언가를 다른 사람이 지닌 것을 볼 때 우리 자신의 부족함을 느끼는 데서 비롯되는 악한 행동을 말한다.

주변에서 받는 압박이 매우 강하고 사람에게 인정받으려 하는 마음이 만연하다 보면, 사람들은 다른 사람들에게 인정받기 위해 가장 기본적인 도덕 원칙까지 타협할 것이다. 그것으로도 모자라면 인정받기 위해 책략을 꾸미고 다른 사람을 조종하거나 거짓된 이미지를 보여주려 한다. 이것 역시 실패하면, 자신에게 없는 것을 가진 것으로 보이는 사람을 질투한다. 그 뒤에 이어지는 자연스러운 결과는 그들을 비방하며 자신의 수준으로 끌어내리려는 것이다. 그리스도를 떠나 중요한 사람이 되고 싶은 인간의 내적 갈망은 이토록 강하고 사악하다!

우리는 경쟁하지 않아도 된다

그러나 그리스도 안에서 당신이 누구인지 알면 사람들에게 위협을 느끼거나 그들과 경쟁하지 않아도 된다. 당신은 이미 안전하고 사랑받고 있기 때문이다.

그리스도인은 속임수나 위선, 시기를 전혀 모르는 갓난아기 같아야 한다. 실제로 우리는 아기처럼 그리스도 안에서 새로 태어났다. 또한 순전한 말씀의 젖을 사모해야 한다. 거기서 우리의 참된 정체성을 발견하기 때문이다. 물론 때로는 사람에게 거부당하겠지만, 하늘에 계신 아버지께 버림받는 일은 결코 없을 것이다. 그분은 절대 우리를 떠나거나 버리지 않겠다고 약속하셨다.

그리스도 안에서 갓난아기인 당신에게 순전한 말씀의 젖을 사모할 것을 권한다. 당신은 그 젖을 먹고 자라 구원에 이를 것이며, 주의 인자하심과 사랑을 맛볼 것이다. 잠시 기도로 하나님께 감사드리자.

하늘에 계신 사랑하는 아버지, 제 눈을 열어주셔서 주님의 조건 없는 사랑과 인정을 제가 알고 개인적으로 받아들이게 해주시옵소서. 당신의 사랑을 의심하고 제 노력으로 당신께 사랑과 인정을 받아야 한다고 주장하는 사탄의 거짓말을 듣지 않겠습니다. 제가 그리스도 안에서 사랑받고 있음을 믿으려 합니다. 사람에게 거부당할 때, 주의 은혜로 저를 지탱해 주옵소서. 또한 저에게 타협하도록 유혹하는 주변 압력에 맞설 수 있게 해주시옵소서. 예수님의 귀한 이름으로 기도합니다. 아멘.

2장
나는 하나님의 자녀입니다

영접하는 자 곧 그 이름을 믿는 자들에게는 하나님의 자녀가 되는 권세를 주셨으니 이는 혈통으로나 육정으로나 사람의 뜻으로 나지 아니하고 오직 하나님께로부터 난 자들이니라(요한복음 1장 12-13절).

    우리 자신에 대한 가장 중요한 믿음은 우리가 하나님의 자녀이며, 하나님의 자녀 됨은 하나님이 직접 우리에게 주신 권리라는 것이다.
    영적 기업에 대한 중요한 진리를 설명하기 위해 우리 가족의 유산을 예로 들어보자. 우리 아버지가 태어나지 않았다면 내가 태어났을까? 할아버지가 존재하지 않았다면 아버지가 존재했을까? 분명히 그러지 못했을 것이다. 우리 아버지와 할아버지가 존재했기 때문에 지금 내가 존재하는 것이다. 이런 논리로 계속한다면 우리 모두 친척이거나 "아담 안에" 있음을 알 수 있다. 후손들 사이에는 인간의 의지와 육신으로 태어난 혈연관계가 존재한다.

나는 여전히 아들인가?

내가 태어난 이상, 내 아버지와의 관계를 끊을 수 있는 것이 있을까? 아버지가 나를 집에서 내쫓는다면 어떨까? 그래도 여전히 나는 아버지의 아들일까? 아버지가 나와 의절하려고 해도 나는 여전히 아버지의 자녀일까? 그렇다. 아버지와 나는 혈연관계이기 때문이다.

그렇다면 내가 한 어떤 행위 때문에 아버지와 더는 화목하게 지낼 수 없게 될 수는 있을까? 물론이다. 나는 다섯 살 때까지 그런 일을 거의 모두 찾아냈던 것 같다. 그러나 그것은 혈연관계와 아무 상관이 없다. 아버지와 사이좋게 지내는 것은 전적으로 한 가지 문제에 달려 있었다. 바로 나의 **순종**이다. 내가 아버지께 순종하면 우리는 서로 잘 지냈다. 그러나 내가 순종하지 않으면 문제가 생겼다. 아버지는 일을 엄하게 시키는 분이었고, 어릴 때부터 나는 아버지가 "뛰어가서 스패너 좀 가져오렴"이라고 하면 정말 "뛰어가야" 한다는 걸 배웠다. 그리스도처럼 나도 고난으로 순종을 배웠다고 생각한다(히브리서 5장 8절 참조). 지금은 내게 순종을 가르쳐준 아버지를 주신 하나님께 늘 감사드린다.

아버지와 나의 관계는 부모님의 인간적인 결정에 따라 혈연으로 맺어진 것이다. 그리고 몇 년 뒤, 나는 새로운 관계를 맺는 특권을 얻었다. 바로 하나님의 자녀로 태어난 것이다. 그 관계를 맺기로 결정한 것은 우리 아버지도, 어머니도 아니었다. 그 관계를 의지적으로 결정할 수 있는 유일한 사람은 바로 나였다. 오직 나만이 그리스도를 믿고 영접하기로 결정할 수 있었다. 내가 하나님의 자녀인데, 어떤 행동을 한다고 해서 그 관계가 사라지겠는가? 개인적으로 나는 그렇게 생각하지 않는다. 그것은 혈연관계이기 때문이다.

너희가 알거니와 너희 조상이 물려준 헛된 행실에서 대속함을 받은 것은 은이나 금같이 없어질 것으로 된 것이 아니요 오직 흠 없고 점 없는 어린 양 같은 그리스도의 보배로운 피로 된 것이니라 (벧전 1:18-19).

하나님이 나를 떠나실까?

문제는 내가 하나님과 이 관계를 계속 유지하기로 선택하느냐 마느냐, 또는 그 관계를 유지할 수 있느냐 없느냐가 아니다. 중요한 것은 하나님이 나를 떠나시거나 버리시지 않느냐다. 그런데 하나님이 절대 그러지 않겠다고 약속하셨다. 내 선택으로 하나님께 불순종할 수 있고, 그래서 하늘 아버지와 화목하게 살지 못할 수도 있다. 그러나 그것이 관계를 완전히 끊게 만들지는 못한다. 내가 하나님께 순종한다면 하나님과 화목하게 지낼 것이다.

이것을 구분하는 것이 중요하다. 하나님과 계속 관계를 유지할 수 있는지 결정하는 것이 나의 "순종"에 달려 있다고 생각한다면, 나는 또다시 율법주의에 빠질 것이다. 또한 그렇게 생각하면, 내 순종으로 하나님과 관계를 맺는 것이므로 내가 불순종하면 그 관계를 잃어버리게 된다는 결론을 맺을 것이다. 그러나 그것은 사실이 아니다. **우리는 행위가 아니라, 믿음을 통해 은혜로 구원받는다.**

한편, 말로는 "하나님이 절대 나를 떠나지 않으시리라는 것을 안다"고 하지만 행복하고 승리하는 삶을 살지 못하는 사람들도 있다. 그들이 하나님께 순종하지 않기 때문이다. 예수님은 "사람이 나를 사랑하면 내 말을 지키리니"(요 14:23)라고 말씀하신다. 그것은 그분뿐 아니라 우리를 위한 것이기도 하다. 나는 옛 찬송가에 담긴 단순한 진리를 좋아한다.

의지하고 순종하는 길은
예수 안에 즐겁고 복된 길이로다.[1]

우리는 어떻게 **행동하느냐**가 아니라 어떻게 믿느냐에 따라 구원받는다. 믿음으로 하나님과 관계 맺을 때 우리는 요한이 그랬듯이 이렇게 외칠 수 있다.

보라 아버지께서 어떠한 사랑을 우리에게 베푸사 하나님의 자녀라 일컬음을 받게 하셨는가 우리가 그러하도다 …… 사랑하는 자들아 우리가 지금은 하나님의 자녀라 장래에 어떻게 될지는 아직 나타나지 아니하였으나 그가 나타나시면 우리가 그와 같을 줄을 아는 것은 그의 참모습 그대로 볼 것이기 때문이니 주를 향하여 이 소망을 가진 자마다 그의 깨끗하심과 같이 자기를 깨끗하게 하느니라(요일 3:1-3).

이 중요한 구절은 하나님의 자녀로서 우리가 누구인지 아는 것이 얼마나 중대한지를 다시 한 번 깨우쳐준다. 그에 따라 우리가 어떻게 살지가 결정되기 때문이다. 자신에 대해 인식하고 있는 바와 다르게 행동할 수 있는 사람은 아무도 없다.

하늘 아버지의 자녀

예수님이 제자들에게 기도를 가르치실 때 어떻게 시작하셨는가? "우리 아버지"라고 시작하셨다. "그리스도 안에 있는 자유"(The Freedom in Christ) 세미나와 사역에서 우리는 사람들에게 "자유에 이르는 일곱 단계"를 가르친다. 그것은 해방되는 과정에서 가장 중요한 부분이다.

"자유에 이르는 일곱 단계"에서는 "하늘에 계신 사랑하는 아버지"로 기도를 시작한다. 어느 여성은 첫 번째와 두 번째 단계 기도 시간에 그 말을 하지 못했다. 그러다가 용서를 다루는 세 번째 단계에서 어릴 때 그녀를 성적으로 학대한 아버지를 용서하기로 결단했다. 그리고 사탄이 그녀에게 속삭여온 거짓말을 버리기로 했다. 하늘 아버지인 하나님도 육신의 아버지와 같다는 거짓말이었다. 그 뒤 그 여성이 "하늘에 계신 사랑하는 아버지"라고 기도할 때는 얼굴에 기쁨의 미소가 번졌다.

그것은 우리가 하나님을 부를 때 개인적이고 내적으로 할 수 있는 가장 중요한 표현이다. 하나님이 우리의 아버지라면, 우리는 틀림없이 그분의 자녀다. 당신은 이것을 확신하는가? 그렇지 않다면 지금 그 문제를 해결하지 않겠는가? 마귀는 다가와 이렇게 말할 것이다. "당신이 무슨 자격으로 자신을 하나님의 자녀라고 하는가?" 그 속삭임은 거짓말이다. 무시하라. 실제로 하나님은 당신에게 하나님의 자녀가 되는 자격을 주셨다. 그 자격은 당신이 노력해서 얻은 것이 아니라, 요한복음 1장 12절 말씀처럼 하나님이 주신 것이다.

당신과 하나님의 관계에 확신이 없다면 이렇게 기도하길 권한다.

하늘에 계신 사랑하는 아버지, 저를 대신하여 제 죄를 짊어지고 십자가에서 죽으심을 감사드립니다. 제 공로로는 하나님과 어떠한 관계도 맺을 수 없다는 것을 압니다. 그러나 그리스도 안에서 저를 용서해 주셔서 감사합니다. 제가 전에 주님을 영접하지 않았다면, 지금 주님을 제 삶에 영접합니다. 예수님이 제 죄를 위해 죽으셨고, 셋째 날 다시 살아나셨음을 믿으며, 지금 제 입으로 예수님을 주로 고백합니다.

하나님의 자녀로서 아버지께 나아갑니다. 제게 영생을 주셔서 감사합니다. 저는 하나님의 자녀로 불릴 자격이 없다는 사탄의 거짓말을 믿지 않으며, 하나님이 제게 그 자격을 주신 것을 감사드립니다. 이제는 나 자신을 신뢰하지 않습니다. 저는 하나님을 신뢰합니다. 또한 제가 한 일이 아닌 하나님이 그리스도를 통해 십자가에서 이루신 일을 통해 제가 구원받았다는 것을 믿습니다. 이제 나 자신을 하나님의 자녀로 받아들입니다. 그것은 하나님이 제게 거저 주신 선물이기 때문입니다. 기꺼이 그 선물을 받으며 영원히 받아들입니다. 예수님의 이름으로 기도합니다. 아멘.

3장
나는 그리스도의 친구입니다

내 계명은 곧 내가 너희를 사랑한 것같이 너희도 서로 사랑하라 하는 이것이니라 사람이 친구를 위하여 자기 목숨을 버리면 이보다 더 큰 사랑이 없나니 너희는 내가 명하는 대로 행하면 곧 나의 친구라 이제부터는 너희를 종이라 하지 아니하리니 종은 주인이 하는 것을 알지 못함이라 너희를 친구라 하였노니 내가 내 아버지께 들은 것을 다 너희에게 알게 하였음이라 너희가 나를 택한 것이 아니요 내가 너희를 택하여 세웠나니 이는 너희로 가서 열매를 맺게 하고 또 너희 열매가 항상 있게 하여 내 이름으로 아버지께 무엇을 구하든지 다 받게 하려 함이라 내가 이것을 너희에게 명함은 너희로 서로 사랑하게 하려 함이라(요한복음 15장 12-17절).

몇 년 전, 우리 대학교 선교회에 혜성처럼 나타난 청년이 있었다. "대니"는 내가 만난 가장 재미난 이야기꾼이었다. 사전에서 "외향적"이라는 단어를 찾으면 "대니를 참조하라"고 적혀 있을 것 같았다. 한 달간 그는 예리한 위트와 재미를 추구하는 천성을 보여주었다. 그런 그가 어느 날 매우 우울한 얼굴로 나를 찾아와 이렇게 물었다. "저는 왜 친구가 없을까요?"

그를 바라보며 나는 이렇게 말해 주었다. "그건 자네가 정말 누구인지를 우리가 모르기 때문인 것 같네. 자네는 재미있는 사람이라는 인상을 주지만 사실 속으로는 힘들어하고 있지 않나?" 나는 그를 알게 되면 그의 친구가 될 수 있을 거라고 말했다.

친구란 무엇인가

친구란 당신에게 비밀을 털어놓는 사람이다. 그 관계는 상호적이다. 콘퍼런스에서 내가 늘 묻는 질문이 있다. "우리가 만나서 짧은 시간 안에 내가 당신을 알게 된다면, 그러니까 **진정으로** 당신을 알게 된다면 내가 당신을 좋아할까요?" 그러면 늘 "그럴 거라고 생각합니다. 솔직히 말하면 그럴 거라고 확신합니다"라는 대답을 듣는다. 내가 친밀하게 알게 된 사람들은 예외 없이 모두 그렇게 되었다. 그들이 사회적으로 관계 맺는 데 어려움이 있거나 다른 사람들과 가까워지는 것을 두려워하더라도 말이다. 그들이 과거에 겪은 어려움들을 듣고 그들을 알게 되고 나서는 그들을 좋아하고 사랑하게 되었다.

또한 친구는 당신을 사랑하는 사람, 당신에게 가장 좋은 유익을 생각하는 사람, 가장 힘들 때 곁에 있어주고 당신의 필요를 채워주기 위해 자신을 희생하는 사람이다. 당신이 생각하기에 어려운 상황이 닥치면 당신을 버릴 것 같은 친구가 있었는가? 어쩌면 시련을 당할 때 친구들이 모두 떠나가는 것을 경험한 적이 있을 것이다. 그러나 힘든 시간에도 당신 곁을 지키며 헌신과 사랑을 보여준 친구도 있었기를 바란다.

> 친구는 사랑이 끊어지지 아니하고 형제는 위급한 때를 위하여 났느니라(잠 17:17).

상담을 받던 어떤 사람은 우리 직원 한 명이 몇 시간을 들여서 "자유에 이르는 일곱 단계"를 통과하도록 도와주자 사람들 앞에서 펑펑 울었다.

"아무도 이렇게 긴 시간을 저와 함께 있어 준 사람이 없었어요."

최고의 친구, 예수

그리스도 안에서 당신은 평생에 가장 좋은 친구를 얻었다. 당신이 어려움을 겪을 때 많은 사람이 떠나더라도 예수님은 당신에게 더 가까이 오라고 하신다. 요한복음 15장 12-17절에서 예수님은 당신이 목적도 모른 채 무조건 명령대로만 행하는 종이 아니라고 말씀하신다. 오히려 "내가 내 아버지께 들은 것을 다 너희에게 알게 하였음이라"(요 15:15)고 하셨다. 또한 "그러나 진리의 성령이 오시면 그가 너희를 모든 진리 가운데로 인도하시리니 …… 무릇 아버지께 있는 것은 다 내 것이라 그러므로 내가 말하기를 그가 내 것을 가지고 너희에게 알리시리라 하였노라"(요 16:13, 15)고 하셨다. 예수님은 우리에게 자신을 드러내신다. 우리는 그분을 안다. 우리에게 가까이 오라고 하신다. 그분은 형제보다 가까운 친구, 온갖 시련을 겪는 동안 우리와 함께하는 친구이시다.

예수님이 최고의 친구라는 또 한 가지 증거는 그분이 의도적으로 우리를 위해 자신을 내어주셨다는 것이다. 그분은 우리의 가장 큰 필요를 채워주기 위해 자신을 희생하셨다.

그가 우리를 위하여 목숨을 버리셨으니 우리가 이로써 사랑을 알고(요일 3:16).

나는 많은 사람이 "오, 예수님이 내 친구였으면" 하고 감정을 표현하는 것을 들었다. 그 소원은 이미 이루어졌다. 예수님은 당신의 친구이시다.

그분이 당신의 친구가 되기로 하시고 당신을 선택하셨기 때문이다.

어떤 사람이 당신의 친구면 좋겠다고 생각한 적이 있는가? 어쩌면 '그 사람을 내 친구로 만들 수 있다면 뭐든지 할 거야'라고 생각했다가 그가 자신의 일에만 신경 쓰느라 당신처럼 친구가 되기를 바라지 않아서 실망만 할 수도 있다. 그러나 당신이 이미 가진 것을 생각하라. 바로 우주의 하나님 말이다. 그분은 당신의 삶에서 만날 수 있는 가장 중요한 분이다. 그런 분이 당신을 택하셨다!

내가 어떻게 그리스도의 친구가 될 수 있는가

중요한 질문은 "어떻게 내가 이 관계에 화답할 수 있는가? 내가 어떻게 하나님의 친구가 될 수 있는가?"다. 먼저 친구가 되려면 무엇이 필요한지 다시 생각해 보자. 당신이 할 수 있는 가장 중요한 일은 하나님께 자신을 드러내고, 온전히 정직해지며, 빛 가운데 행하고, 하나님 앞에 자신을 내려놓는 것이다. 하나님이 당신을 사랑하시고 당신에게 가장 좋은 유익을 생각하신다는 사실을 알기 때문이다.

또한 우정은 한 사람을 헌신적으로 사랑하고, 그의 필요를 채워주는 것이다. 아마 당신은 "하나님은 아무것도 필요한 게 없으실 텐데요"라고 말할 것이다. 근본적으로 맞는 말이다. 그렇다면 하나님이 깊이 갈망하시고 요구하시는 것은 무엇인가? 다른 무엇보다 하나님을 사랑하는 것과 이웃을 사랑하는 것이다. 요한은 "우리가 이 계명을 주께 받았나니 하나님을 사랑하는 자는 또한 그 형제를 사랑할지니라"(요일 4:21)고 말한다.

우리가 사랑하는 사람들과 함께 위에 거하는 것은
나에게 영광일 것이다.
그러나 우리가 아는 사람들과 함께 아래 거하는 것,
그것은 전혀 다른 이야기다.[1]

기억하라. 그리스도는 우리에게 서로 사랑하라고 명령하셨다.

친구로서 형제를 사랑하려면 무엇이 필요한가?

첫째, 진실해야 한다. 어떤 사람이 마저리 윌리엄스가 쓴 『벨벳 토끼 인형』(The Velveteen Rabbit)에 나오는 사랑스럽고 짧은 일화를 내게 들려주었다. 놀이방에서 동물인형들이 서로 나누는 이야기를 들어보자.

"진짜가 뭐예요?" 어느 날 토끼가 물었다. "안에서 윙윙 소리가 나고 튀어나온 손잡이가 있는 걸 말하는 거예요?"
"진짜란 네가 어떤 모습인지를 말하는 게 아냐." 가죽 말이 말했다. "그건 한 아이가 너를 오래오래 사랑해 줄 때, 그냥 갖고 노는 게 아니라 너를 정말로 사랑할 때 너에게 일어나는 일이야. 그때 넌 진짜가 되는 거지!"
"많이 아픈가요?" 토끼가 물었다.
"때로는 그렇지"라고 가죽 말이 말했다. 그는 항상 진실했다. "그렇지만 진짜가 되면 아픈 것 따윈 신경 쓰지 않아."
"태엽을 감을 때처럼 갑자기 모든 일이 일어나는 건가요, 아니면 조금씩 달라지는 건가요?" 토끼가 물었다.

"모든 일이 갑자기 일어나진 않아. 넌 서서히 변해가지. 아주 오랜 시간에 걸쳐서 말이야. 그렇기 때문에 쉽게 부서지거나, 모서리가 날카롭거나, 조심히 다뤄야 하는 아이들한테는 그 일이 자주 일어나지 않는 거란다. 대부분 네가 진짜가 될 때는 털도 빠지고 눈도 파여 있고 관절도 느슨해져서 아주 추레한 모습일 거야. 그동안 많이 사랑받았으니까. 하지만 이런 것들은 전혀 중요하지 않아. 일단 진짜가 되면 넌 전혀 추하지 않거든. 그걸 이해하지 못하는 사람들에게는 그렇게 보이지 않을 수도 있지만 말이야."[2]

둘째, 진실해지려면 서로 용서해야 한다. 우리가 함께 사는 사람들은 완벽하지 않기 때문이다. 무엇보다 우리가 용서받을 수 있도록 하나님은 목숨을 내어주셔서 우리에 대한 우정을 분명하게 보여주셨다. 서로 몹시 비벼서 머리카락도 빠지고 다 낡았을 때, 우리는 서로의 죄로 인한 결과를 안고 사는 법을 배워간다.

그리스도가 우리를 용서하신 것처럼 우리도 용서해야 한다(에베소서 4장 32절 참조). 우리를 용서하실 때 주님은 우리 죄의 결과들을 직접 감당하기로 하셨다. 그분은 우리의 지난 잘못들을 약점으로 이용하지 않으실 것이다. 예수 안에서 우리는 어떤 친구를 가졌는지 보라!

> 허물을 덮어주는 자는 사랑을 구하는 자요 그것을 거듭 말하는 자는 친한 벗을 이간하는 자니라(잠 17:9).

사람들이 그리스도 안에서 자유를 발견하도록 도우면서 나는 사탄이 교회에 접근하는 가장 초기 방법이 바로 "용서하지 않는 마음"이라는 것을 알게 되었다. 그리스도인들이 서로 싸우거나 악의를 품거나 갈라질 때, 사탄은 크게 기뻐한다.

자신을 용서하라

많은 그리스도인이 자기 자신도 용서해야 한다는 것을 깨닫지 못한다. 그것을 깨닫지 못하면 다른 사람을 용서하고 사랑하기도 어렵다. 자신을 용서한다는 것은 하나님의 뜻에 동의하고 그분의 용서를 받아들이는 것이다. 한 여성은 낙태한 사실에 대해 자신을 용서하라는 제안을 받자, 갑자기 긴장하는 증세를 보였다. 그 여성은 이미 하나님께 용서를 구했다. 그러나 사탄은 자신을 용서하는 영역에서 그녀를 계속 결박해 두고 싶어한 것이다. 그 여성이 자신을 용서하자 오랫동안 안고 살아온 괴로움이 사라졌다. 상담한 다음 날, 여성은 다시 상담자를 찾아와 이렇게 말했다. "지금까지 제 마음이 이렇게 고요하고 평안한 적은 없었어요."

또 다른 여성은 이런 이야기를 나누었다.

저는 오랫동안 금식하며 아버지에 대한 미움에서 벗어나려 했지만 소용없었어요. 그런데 "자유에 이르는 일곱 단계"는 훨씬 편안하고 효과가 있었습니다. 즉각적인 변화를 경험했거든요. 저는 이제 그리스도 안에서 제가 누구인지 압니다. 지금은 아버지를 용서하지 못하는 마음에서 벗어나 새로운 눈으로 아버지를 바라보게 되었습니다. 아버지께 감사하고, 전보다 훨씬 아버지를 사랑합니다. 마음의 고통과 음성들도 사라졌고요. 생전 처음으로 밤새 잘 자고 있습니다. 나 자신을 미워하는 마음도 사라졌습니다.

그리스도는 우리에게 그리스도인 형제들을 사랑하라고 명령하셨고, 우리가 그분의 사랑으로 하나 되어 그분이 하나님께 보냄 받은 자임을 세상에 알리기를 기도하셨다(요한복음 17장 20-23절 참조). 나는 그리스도의 친구이므로 그분께 순종하는 것으로 사랑을 보여드리기로 선택한다. 하나님의 은혜로 그분은 내가 열매 맺고 다른 사람들을 사랑할 수 있게 해주신다.

최종적으로 정리해 보자. 당신은 그리스도의 친구다. 주님이 개인적으로 당신을 지명하시고 택하셨기 때문이다. 당신은 지금 이 기도로 그분께 응답할 수 있다.

하늘에 계신 사랑하는 아버지, 당신을 아버지라 부르는 것이 얼마나 큰 특권인지, 당신이 저를 택해 친구 삼아주신 것이 얼마나 감사한지 모릅니다. 제가 주님의 친구가 될 가치가 없다는 거짓말은 믿지 않습니다. 주님이 저를 가치 있게 만들어주셨기 때문입니다. 저를 제외한 모든 사람이 주님의 친구라는 거짓말도 믿지 않습니다. 오히려 저도 주님의 친구라는 진리를 선언합니다. 주님이 저를 택하셨기 때문입니다. 오늘부터 나 자신에 대해 주님께 솔직하게 털어놓고 형제들을 사랑하며 진실하게 대하는 것으로 주님을 향한 제 사랑을 표현하고 싶습니다. 특권에 감사하고, 부르심에 감사하며, 저를 택해 주셔서 감사합니다. 예수님의 귀한 이름으로 기도합니다. 아멘.

4장

나는 의롭다 함을 받았습니다

그러므로 우리가 믿음으로 의롭다 하심을 받았으니
우리 주 예수 그리스도로 말미암아 하나님과 화평을 누리자(로마서 5장 1절).

내가 자란 작은 농촌 마을의 학교들은 화요일 오후마다 종교의 날 교육을 위해 학생들을 일찍 하교시켰다. 자신이 선택한 교회에 가고 싶지 않은 학생들은 학교에서 자습을 했다. 나머지 학생들은 교회로 가서 한 시간 동안 성경을 공부했다. 어느 화요일 오후, 나는 한 친구와 함께 이 시간을 빼먹기로 했다. 그날 우리는 자갈 채취장에 가서 놀았다.

다음 날, 교장 선생님이 나를 불러 수업에 빠진 사실을 언급하셨다. 그리고 내게 그 주 목요일과 금요일에 학교에 오지 않고 집에 있도록 처리했다는 말로 결론을 내리셨다. 나는 깜짝 놀랐다. '이럴 수가! 종교의 날 교육에 빠졌다는 이유로 이틀 동안 정학을 당하다니!'

그날 오후 스쿨버스를 타고 집으로 가는 내내 나는 몹시 두려웠다. 부모님이 화내실 것이 무서워, 집까지 천천히 걸어갔다. '이틀 동안 아픈 척할까? 아니면 평소처럼 학교에 가듯이 옷을 입고 하루 종일 숲 속에 숨어 있을까?' 아니, 부모님께 그렇게 할 수는 없었다. 거짓말은 답이 아니었다.

집으로 터벅터벅 걸어가는 동안 마음이 매우 불안했다. 정학을 당했기 때문에 부모님께 내가 한 짓을 감출 수 없었다. 결국 나는 부모님께 솔직히 말씀드렸다. 어머니는 처음에 깜짝 놀라셨다가 이내 웃기 시작하셨다. 알고 보니 그 주초에 나 몰래 어머니가 교장 선생님께 전화를 걸어 가을 추수를 거들어야 하니 이틀 동안 학교를 빠지게 해달라고 부탁하신 것이다. 나는 이미 이틀 동안 학교에 가지 않을 정당한 이유가 있었던 것이다!

당신이 할 일은 아무것도 남아 있지 않다

많은 그리스도인이 진노하시는 하나님을 대면할 일을 두려워한다. 하나님은 거룩하시고 우리는 죄인임을 알기 때문이다. 그들은 우리가 이미 의롭다 함을 받았다는 사실을 이해하지 못하고 있다. 헬라어를 살펴보면 "칭의"라는 개념이 매우 명확해진다. 헬라어 동사는 매우 정밀해서 이미 일어난 일(과거 시제), 일어나고 있는 일(현재 시제), 앞으로 일어날 일(미래 시제), 그리고 지속적인 행동을 분명하게 묘사한다. 로마서 5장 1절은 우리가 이미 거룩하신 아버지 앞에서 의롭다 함을 받았고, 예수님이 우리의 죗값을 치르셨으며, 우리를 하나님 아버지와 화평하게 해준다고 분명히 말한다.

어떤 일이 이미 이루어졌다면 당신이 할 일은 남아 있지 않다. 많은 그리스도인이 이미 의롭다 함을 받았는데도 그렇게 되려고 필사적으로 애를

쓴다. 성경은 그리스도에 의해 이미 이루어진 일을 당신 스스로 할 수 없다고 말하고 있는데 말이다. 원수는 당신에게 행위를 통해 스스로 죄를 대속해야 하며, 그것으로 하나님을 향한 사랑을 증명하라고 거짓말한다. 기독교가 아닌 종교들과 주술은 모두 그렇게 가르친다.

매우 자주 사람들은 과거의 죄들을 깨닫고, (어쩌면 여러 번) 고백하고, 그 죄들을 버릴 것이다. 그러나 여전히 후회하고 정죄하는 생각들이 계속 따라다닌다. 한 여성은 이렇게 말했다. "저는 하루에 8-10시간 정도 성경을 공부하고 기도했지만, 여전히 과거에서 자유로워지지 못했어요. '자유에 이르는 일곱 단계'를 거치고 그리스도께서 저를 위해 하신 일을 받아들일 때까지 말이에요." 우리를 밤낮 참소하는 사탄(요한계시록 12장 10절 참조)이 거짓말로 그녀를 계속 결박해 둔 것이다.

어떻게 하면 죄를 씻을 수 있을까?

많은 그리스도인이 의무감이나 죄책감 때문에 봉사를 하는 것도 사실이다. 그들에게 나는 "주를 섬기는 일을 그만두고, 당신의 동기를 살펴보라"고 말해 주고 싶다. 어떤 사람들은 스스로 상처를 입히고, 먹은 것을 토하고, 여러 방법으로 몸을 아프게 해서 자신을 벌준다. 그들은 그런 행위와 생각들이 바로 우리가 그리스도께 온전히 의존하는 걸 원치 않는 사기꾼에게서 온다는 것을 깨닫지 못한다. 원수는 우리를 결박해 두길 원하며, 우리가 죗값을 스스로 지불하려 들게 만든다.

하루에도 몇 번씩 폭식하고 토하기를 반복하는 여성에게 왜 그렇게 하는지 물었다. 그녀는 그러고 나면 깨끗해진 기분이 든다고 대답했다. 나는 그녀에게 토하는 것을 그만두고 오직 그리스도의 정결케 하는 사역을 믿겠느냐고 물었다. 그녀는 그러기로 했다. 그리고 "나를 깨끗하게 하는 것은 십자가에서 흘린 그리스도의 보혈입니다!"라고 기쁘게 선포했다. "빈 손 들고 앞에 가 십자가를 붙드네"[1]라는 옛 찬송가 가사처럼 말이다.

오직 그리스도 안에서, 그리스도를 통해, 그리스도에 의해 의롭게 되다

믿음은 당신과 내가 하나님과 관계를 맺게 해주는 유일한 수단이다.

> 사람이 의롭게 되는 것은 율법의 행위로 말미암음이 아니요 오직 예수 그리스도를 믿음으로 말미암는 줄 알므로 우리도 그리스도 예수를 믿나니 이는 우리가 율법의 행위로써가 아니고 그리스도를 믿음으로써 의롭다 함을 얻으려 함이라 율법의 행위로써는 의롭다 함을 얻을 육체가 없느니라 (갈 2:16).

나를 위해 오직 그리스도만 하실 수 있는 그 일은 내 힘으로는 할 수 없는 것이다.

신약성경에서 "……안에"(in)라는 단어는 중요하다. 당신이 **그리스도 안에** 있다는 사실, 즉 그분과 **하나 되었다**는 사실은 바로 당신이 영적으로 살아 있다는 뜻이다. 당신은 이미 하나님 앞에서 **의롭다 함을 받았다**.

그것은 정확히 무엇을 의미하는가? 로마서 5장 9-11절을 보라.

그러면 이제 우리가 그의 피로 말미암아 의롭다 하심을 받았으니 더욱 그로 말미암아 진노하심에서 구원을 받을 것이니 곧 우리가 원수 되었을 때에 그의 아들의 죽으심으로 말미암아 하나님과 화목하게 되었은즉 화목하게 된 자로서는 더욱 그의 살아나심으로 말미암아 구원을 받을 것이니라 그뿐 아니라 이제 우리로 화목하게 하신 우리 주 예수 그리스도로 말미암아 하나님 안에서 또한 즐거워하느니라.

그것이 전부가 아니다

다음은 로마서 5장 9-11절에 나오는 칭의의 네 가지 결과다.

첫째, 우리는 "하나님의 진노에서 구원받는다." 하나님의 진노가 해결되었기 때문에 우리의 미래는 안전하다. 당신은 "좋아, 난 영원한 지옥살이에서 벗어났어"라고 말할 수 있다.

맞는 말이지만, 그것이 **전부가 아니다**. 우리는 "하나님과 화목하게 된다." 전에는 우리가 하나님의 원수였으나 이제 하나님과 친구가 되는 것이다. 우리가 의롭다 함을 받지 못했다면 하나님을 대면하는 일이 매우 불편했을 것이다. 하나님이 소멸하는 불이라면 당신은 하나님을 따르겠는가? 학교에 가지 않은 날, 나는 내가 마주하게 될 부모님의 심판이나 거절, 처벌을 예상하지 못했다. 내가 이미 정당화되었고 용서받았다는 걸 알았다면, 두려워하기보다 부모님의 사랑의 품으로 달려가고 싶었을 것이다. 우리는 하나님과 화목하게 되었다. 화목해지려고 노력하지 않아도 된다. 하나님의 은혜로 지금 그것을 누리고 있기 때문이다.

하지만 **아직 더 있다!** 훨씬 많은 것이 있다. 우리는 "그리스도의 생명을 통해 구원받았다." 지금 내 생명은 이미 그리스도 안에 살아 있다. 이제 나에겐 영적인 생명이 있다. 영생은 죽을 때 얻는 것이 아니라, 지금 소유하는 것이다.

이제 다 되었을까? 아니다. **더 많은 것이 남아 있다.** 우리는 또한 "즐거워한다." 요한은 첫 서신서의 목적을 다음과 같이 설명한다. "우리가 보고 들은 바를 너희에게도 전함은 너희로 우리와 사귐이 있게 하려 함이니 우리의 사귐은 아버지와 그의 아들 예수 그리스도와 더불어 누림이라 우리가 이것을 씀은 우리의 기쁨이 충만하게 하려 함이라"(요일 1:3-4).

많은 그리스도인이 형벌을 면하기 위해 진노하신 하나님을 진정시키려고 애쓴다. 사실 그들은 독생자의 희생으로 공의를 만족시키신 사랑의 하나님께 나아가야 하는데 말이다. 우리는 의롭다 함을 받았다. 따라서 **바로 지금** 하나님과 화목한 기쁨을 누린다. 다음과 같이 감사 기도를 드리지 않겠는가?

하늘에 계신 사랑하는 아버지, 제가 의롭다 함을 받을 수 있도록 독생자를 보내어 죗값을 치러주셔서 감사합니다. 저의 주님이신 예수 그리스도를 통해 하나님과 화목하게 되었음을 믿음으로 받아들입니다. 우리가 원수라는 거짓말을 믿지 않고, 하나님의 아들의 죽음으로 화해하여 친구가 되었다는 진리를 주장합니다. 지금 그리스도 안에서 누리는 삶을 기뻐하며, 주님을 대면하여 뵐 날을 고대합니다. 예수님의 귀한 이름으로 기도합니다. 아멘.

5장
나는 주님과 합하여 한 영이 되었습니다

주와 합하는 자는 한 영이니라(고린도전서 6장 17절).

처음 그리스도인이 되었을 때 내가 접한 가장 흥미로운 사실은 성령이 내 안에 거하신다는 것이었다. 나는 주님과 합하여 그분과 한 영이 되었다. 과거의 영적 이해로는 전혀 생소한 개념이었다. 처음에 이것을 설명하는 제자훈련 교재를 보았을 때는 이단이 아닐까 생각했다. 그러나 하나님의 말씀을 보기 시작하면서 그것이 사실임을 깨달았다. 그리스도를 영접하기 전에는 내가 하는 일들에서 내 정체성을 찾았다. 나는 농부였고, 선원이었고, 레슬링 코치였고, 마지막으로 엔지니어였다. 삶의 목적과 의미를 세상에서 찾았던 것이다. 정말이지 나는 세상과 하나라고 생각했다. 세상이 내가 아는 전부였기 때문이다.

진리를 왜곡한 뉴에이지

오늘날 세상을 휩쓸고 있는 뉴에이지 운동은 케케묵은 옛 철학에 초점을 두고 있다. 당신이 세상과 하나라는, 우주의 통합에 초점을 두는 것이다. 그것은 (내 죄가 대속되었다는) 기독교의 대속(atonement) 교리를 왜곡한다. 뉴에이지는 그 개념을 취하여 "하나임"(at-one-ment) 또는 "우주와 하나 됨"으로 만든다. 그것은 믿기지 않을 만큼 매력적이다. 죄의 문제를 직면하지 않고도 영적인 "온전함"을 약속하기 때문이다.

우리 모두가 하나라면 우리는 모두 신이다. 따라서 그들은 이렇게 추론한다. "진정으로 알아야 할 것은 당신이 신이라는 것뿐이다. 당신의 죄를 위해 죽을 구세주는 필요 없다. 당신은 그저 깨우치기만 하면 된다." 뉴에이지 교리는 다시 원점으로 돌아가 에덴동산의 거짓말을 믿는다. "너희는 하나님처럼 될 것이다"라는 거짓말 말이다. 그것은 궁극적인 거짓말이다.

당신은 하나님이 아니다. 그러나 하나님의 은혜로 **하나님의 자녀**가 되었다.

당신의 몸은 그리스도의 지체다

당신은 주님과 하나 된 것을 **느끼지** 못하기 때문에 하나님의 말씀이 말하는 진리를 의심할 수 있다. 그래서 이렇게 묻는다. "이 말씀은 내 몸을 포함하지 않는 영적인 연합을 말하는 건가요?" 사실 성경은 그보다 훨씬 많은 것을 포함한다고 가르친다.

예수를 죽은 자 가운데서 살리신 이의 영이 너희 안에 거하시면 그리스도 예수를 죽은 자 가운데서 살리신 이가 너희 안에 거하시는 그의 영으로 말미암아 너희 죽을 몸도 살리시리라 (롬 8:11).

고린도전서 6장 15절은 이렇게 말한다. "너희 몸이 그리스도의 지체인 줄을 알지 못하느냐?" 계속해서 15절과 16절은 창녀와 합하지 말라고 경고한다. 그 말은 하나님과 하나됨을 느끼지 못하도록 몸을 사용하는 것을 포함한다. 내 친한 친구들과 몇몇 그리스도의 일꾼이 거짓 교사의 가르침에 넘어갔다. 그 거짓 교사는 육신 안에서, 육적인 몸으로 행하는 일은 중요하지 않다고 가르쳤다. 중요한 것은 오로지 그들이 하나님과 하나라는 영적 사실뿐이라고 말이다. 그는 이 잘못된 가르침을 이용해 많은 사람과 성적인 관계를 가졌고, 그들을 끔찍한 속박 가운데 내버려두었다.

당신의 몸으로 무엇을 해야 할까?

성경은 우리가 육신으로 해야 할 일을 매우 분명하게 말한다.

이와 같이 너희도 너희 자신을 죄에 대하여는 죽은 자요 그리스도 예수 안에서 하나님께 대하여는 살아 있는 자로 여길지어다 그러므로 너희는 죄가 너희 죽을 몸을 지배하지 못하게 하여 몸의 사욕에 순종하지 말고 또한 너희 지체를 불의의 무기로 죄에게 내주지 말고 오직 너희 자신을 죽은 자 가운데서 다시 살아난 자같이 하나님께 드리며 너희 지체를 의의 무기로 하나님께 드리라 (롬 6:11–13).

우리는 죄에 대하여 죽기 위해 노력하지 않아도 된다. 그저 사실대로 받아들이기만 하면 된다. 그리스도 예수 안에서 우리는 하나님에 대하여 살아 있고, 죄에 대하여는 이미 죽은 자다.

그러나 우리 몸을 죄에서 보호하고 불의의 도구가 되지 않도록 지킬 책임은 있다. 그러지 못하면 우리와 주님의 연합, 영적인 하나 됨이 훼손될 것이다. 우리가 몸을 악의 도구로 사용하면 실제로 우리 몸을 죄가 다스릴 것이며, 그러지 않아도 되는데도 결국 악한 욕망에 복종하게 될 것이다.

당신의 몸은 하나님을 위한 것이다

교회의 중요한 문제인 성적인 죄를 살펴보자. 고린도전서 6장 13절에 따르면 "몸은 음란을 위하여 있지 않고 오직 주를 위하여 있으며 주는 몸을 위하여 계신다." 18절은 "음행을 피하라 사람이 범하는 죄마다 몸 밖에 있거니와 음행하는 자는 자기 몸에 죄를 범하느니라"고 말한다. 몸에 죄를 범하는 것은 당신과 하나 된 주님께 죄를 범하는 것임을 기억하라.

성경은 성적인 죄들을 모두 한 부류로 보는 것 같다. 성적인 죄를 범하면, 몸을 불의의 도구로 사용할 수밖에 없다. 당신이 죄를 범하는 순간, 당신은 죄가 다스리도록 육신을 내어주는 셈이다.

어느 젊은 여성이 콘퍼런스 휴식시간에 나에게 자신의 간음죄를 고백했다. 나는 다음 날 그 여성을 만나기로 했다. 그녀가 건넨 첫마디는 이것이었다. "그 사람(간음한 상대)을 포기한다는 건 상상할 수도 없어요." 그녀에게는 친아버지가 없었고, 어린 시절의 성적 학대가 그녀 자신과 하나님에 대한 이미지를 왜곡시킨 것이 분명했다. 그녀는 하나님이나 자신의 남편에게 친밀함을 느끼지 못했다.

그 여성은 나와 함께 "자유에 이르는 일곱 단계"를 밟기로 했다. 그 과정을 하면서 몇 번의 성적인 만남을 고백했고, 그녀는 그 모든 것을 끊기로 했다. 용서하고 용서받았다. "엄청나게 무거운 짐이 사라진 것 같아요."

그 여성은 자신의 아버지를 알지 못했다. 나는 아버지뻘 정도로 나이가 많았기 때문에 그녀에게 딸이라고 생각하고 이야기해도 되겠느냐고 물었다. 그녀는 그러라고 했다. "나는 네가 행복하고 만족스러운 삶을 살길 원한단다. 양심의 가책 없이 하나님과 이야기를 나누고 성경을 읽을 수 있으면 좋겠고, 너 자신을 편안하게 받아들이고, 아침에 일어나서 거울에 비친 네 모습을 사랑하길 바란단다." 그녀 눈에 눈물이 고이기 시작했다.

"네가 내 손주들을 위해 옳은 일을 하면 좋겠구나. 언젠가 또다시 외도를 저질러서 사과해야 하는 일은 없길 바라. 네가 남편에게 다시 한 번 기회를 주길 기도하마." 이쯤 되자 우리는 둘 다 울고 있었다. 뭔가 특별한 일이 일어났다. 내가 감동받은 이유는 내 딸 하이디가 훌륭한 그리스도인 남자와 결혼한 지 얼마 안 되었기 때문이었다. 그러나 그 여성이 감동한 이유는 내가 아니었다. 하늘에 계신 아버지와 하나 되었기 때문이었.

하나님은 창녀와 성적으로 결합하지 말라고 경고하신다. 그러면 우리가 그들과 한 몸이 될 것이기 때문이다(고린도전서 6장 16절 참조). 그것은 우리 몸을 불의의 도구로 사용해서 죄가 우리 육신을 다스리게 하는 것이다. 그 결과는 영적 속박이다. "거룩하지 못한" 성관계가 거룩하지 못한 결합으로 이어지고, 하나님이 정하신 배우자와 성관계하기를 원하지 않게 만들며, 하나님과 결합할 수 없을 것처럼 만드는 것을 나는 매우 많이 보았다. 세상의 연구 결과들 역시 결혼 전 지나친 성적 표현이 부부간 성관계를 거리끼게 만든다는 걸 보여주었다. 많은 사람이 내게 이런 고백을 했다. "저는 다른 사람들과 성관계를 즐겼지만, 막상 결혼을 하니까 배우자가 내 몸을 만지는 걸 견딜 수가 없어요."

사탄이 성을 왜곡하다

하나님은 성을 아름답고 유익하게 만드시고 오직 부부관계에만 허용하셨다. 그런데 이 성을 원수가 왜곡하고 있다. 현대 문화에서 성은 사랑과 동의어이자, 숭배해야 할 "신"이 되었다. 그리고 많은 그리스도인이 그 거짓말을 믿는다.

미국에서 젊은 그리스도인 여성이 성관계한 사람의 이름을 30명 넘게 대는 일은 흔하다. 아마 몇몇 관계는 오랫동안 이어졌을 것이다. 어떤 사람은 이렇게 말한다. "저는 사랑받는다고 느끼는 관계를 찾고 있었어요."

나는 그리스도인 리더들을 많이 상담하는데, 그중 많은 사람이 금지된 성의 영역에서 원수에게 사로잡혀 있었다. 리더가 성적인 악행에서 떠나지 않아 모든 사역이 심각하게 훼손되는 것을 보면서 그리스도의 몸 안에 있는 우리는 모두 슬퍼했다.

아름다운 아내와 자녀를 둔 어느 그리스도인 남성이 우리 직원 한 명을 찾아와서 간절하게 도움을 청했다. 그는 이중생활을 하고 있었다. 겉으로는 교회에 다니는 가정적인 남자로 헌신적이고 신실해 보였으나, 남몰래 매춘부를 찾아다니고 외설물과 성적 도착에 사로잡혀 있었다. 그는 "자유에 이르는 일곱 단계"를 거치면서 사탄과 한 약속들을 버려야겠다고 생각했다. 걷잡을 수 없이 눈물을 쏟으며 그는 "제가 했던 약속이 생각나요"라고 말했다. 언젠가 거울 앞에 서 있을 때 사탄이 그에게 한 약속이 떠오른 것이다. 사탄을 사랑한다고 말하기만 하면 그가 원하는 아름다운 여자를 모두 주겠다고 했다.

극단적인 예처럼 보이겠지만, 사탄이 붉은 옷을 입고 긴 꼬리를 단 채 방 안으로 들어온다면 당신은 그를 알아볼 것이다. 그런데 사탄은 그런 식으로 접근하지 않는다. 처음에는 매우 미묘하게 다가온다. 당신이 가장 갈망하거나 연약한 영역을 통해 접근할 것이다. 그 모든 일은 당신의 마음속에서 시작될 것이다. 바로 그곳에서 우리는 싸움에서 이기기도 하고 지기도 한다. 그렇기 때문에 모든 생각을 사로잡아 그리스도께 복종시키는 것이 매우 중요하다(고린도후서 10장 5절 참조).

너희 몸을 잘못 사용하는 것을 그만두라

사람들이 그리스도 안에서 자유를 발견하도록 도우면서 알게 된 사실이 있다. 성적으로 자신의 몸을 불의의 도구로 사용한 모든 일을 드러내달라고 하나님께 기도하는 일이 반드시 필요하다는 것이다. 하나님이 그들 마음에 이 죄들이 생각나게 하시면, 나는 이렇게 말하라고 제안한다. "이제 나는 성적으로 내 몸을 불의의 도구로 사용하지 않겠습니다." 그것이 강요된 것이든 자발적으로 참여한 것이든 간에, 우리는 이것이 매우 중요하다는 것을 알게 되었다. 나는 내 책 『구속에서 벗어나다』(Released From Bondage)에서 사람들이 어떤 경우든 그 과정을 거치는 것에 대해 이야기했다. 어떤 사람들은 '나는 시간이 오래 걸릴 텐데'라고 생각할 것이다. 하루 종일 걸린다 해도 뭐 어떤가? 남은 평생 동안 매여 사는 것보다 낫지 않은가?

때로는 내게 찾아온 육체적 질병에 대해서도, 기도하고 내 몸을 산 제물로 하나님께 드리는 것과 사탄에게 나를 떠나라고 명령하는 것이 중요하다는 것을 발견했다. 알면서 내 몸을 잘못 사용해 왔다면, 고백해야 한다.

우리가 하나님과 하나 됨을 느끼지 못하는 이유는 대부분 우리 몸을 불의의 도구로 사용해 왔기 때문이다. 바울이 "그러므로 형제들아 내가 하나님의 모든 자비하심으로 너희를 권하노니 너희 몸을 하나님이 기뻐하시는 거룩한 산 제물로 드리라 이는 너희가 드릴 영적 예배니라"(롬 12:1)고 말하는 것은 놀랄 일이 아니다. 당신은 하나님과 하나 됨을 느끼고 그분과 한 영이 되기를 원하는가? 그렇다면 바울처럼 당신의 몸을 산 제물로 하나님께 드리라.

하늘에 계신 사랑하는 아버지, 주의 자녀로 주께 나아갑니다. 주님의 임재를 느끼지 못하기 때문에 주님과 분리되어 있다는 거짓말을 믿지 않습니다. 제가 영적으로 주님과 하나가 되었음을 믿기로 선택합니다. 이제 제 몸을 불의의 도구로 사용할 때마다 제 마음에 깨우쳐주시기를 간구합니다(하나님이 당신에게 깨우치실 때 구체적으로 당신의 몸을 불의의 도구로 사용한 것, 특히 성적으로 사용한 것들을 각각 고백하고 버리라).
지금 제 몸을 의의 도구로 주님께 드리며, 사탄에게 떠나가라고 명령합니다. (당신이 결혼을 했다면) 오직 제 배우자를 위해서만 제 몸을 성적으로 사용할 것입니다. 주의 성령으로 저를 충만케 해주시기를 간구합니다. 예수님의 귀한 이름으로 기도합니다. 아멘.

6장
나는 값으로 산 것이 되었고 하나님께 속하였습니다

너희 몸은 너희가 하나님께로부터 받은 바 너희 가운데 계신 성령의 전인 줄을 알지 못하느냐 너희는 너희 자신의 것이 아니라 값으로 산 것이 되었으니 그런즉 너희 몸으로 하나님께 영광을 돌리라(고린도전서 6장 19-20절).

하나님은 우리 영혼이 주인 역할을 하도록 만들지 않으셨다. 게다가 우리는 동시에 두 주인을 섬길 수 없다.

한 사람이 두 주인을 섬기지 못할 것이니 혹 이를 미워하고 저를 사랑하거나 혹 이를 중히 여기고 저를 경히 여김이라 너희가 하나님과 재물을 겸하여 섬기지 못하느니라(마 6:24).

인본주의자는 "내가 내 운명의 주인이며, 내 영혼의 선장이다"라고 주장한다. 그러나 그렇지 않다. 당신은 주인이 아니다! 자기 유익을 구하며, 자신을 섬기고 정당화하며, 자신을 영화롭게 하고, 자기중심적이며 자신을 믿는 삶은 사실상 세상과 육신과 마귀를 섬기는 것이다. 세상이 말하는 자유란 당신 마음대로 하는 것, 도덕적으로 "자유 행위자"가 되어 당신의 독립성을 발휘하는 것이다. 반면 하나님이 말씀하시는 참된 자유는 우리가 자발적으로 하나님 뜻대로 행하는 것이다. 그러기 위해서는 우리가 하나님께 의존해야 한다. 그분은 우리를 값 주고 사셨으며, 우리는 그분께 속하였다.

속박을 자유로 착각하다

몇 년 전 일반 대학에서 "결혼과 성에 관한 그리스도인의 도덕성"이라는 주제로 강의를 요청받았다. 교실은 대부분 젊은 여성으로 꽉 차 있었다. 그런데 한 젊은 남성이 의자를 구석으로 가져다 앉으면서 대놓고 내 강의에 관심이 없음을 드러냈다. 그는 가끔씩 약간 거만한 말을 던지며 강의를 방해했다. 교실 뒤쪽에 앉은 한 젊은 여성이 나에게 그리스도인들은 자위를 어떻게 생각하는지 물었다. 그런데 내가 대답하기도 전에 그 남성이 큰 소리로 말했다. "저는 매일 자위하는데요."

나는 잠시 쉬었다가 이렇게 말했다. "오, 그러시군요. 그러면 자위를 끊을 수 있나요?"

강의가 끝나고 모두 나갈 때까지 나는 그의 목소리를 다시 듣지 못했다. 그가 내게 다가와 말했다. "제가 무슨 이유로 그걸 끊고 싶겠습니까?"

나는 말했다. "난 그렇게 묻지 않았는데요. 당신이 **끊을 수 있는지** 물었지요. 당신이 자유라고 생각하는 것이 사실은 전혀 자유가 아니니까요. 그건 속박이에요."

누구든 자신이 하나님인 양 행동하는 사람은 죄악 된 본성에 매여 있는 것이다. 우리는 죄의 노예 시장에 팔려간 자들이었다. 그런데 예수님이 어둠의 왕국에서 우리를 사셔서 우리 자신에게서 우리를 구원해 주셨다. 우리는 우리 것이 아니라, 매우 비싼 값을 주고 산 것이 되었다. 그 값은 바로 그리스도의 보혈이다. 이제 우리는 죄의 종이 아니라 그리스도의 종이다. 사도들에게 이 진리는 그들이 전해야 할 모든 것의 기초였다.

사도들이 서신서를 어떻게 시작하는지 잘 살펴보라. "그리스도 예수의 종 바울과 디모데"(빌 1:1). "하나님과 주 예수 그리스도의 종 야고보"(약 1:1). "예수 그리스도의 종이며 사도인 시몬 베드로"(벧후 1:1). "예수 그리스도의 종이요 야고보의 형제인 유다"(유 1절).

종이 되면 자유를 얻는다

회의론자는 이렇게 말할 것이다. "그러면 뭐합니까? 종은 여전히 종일 뿐인데요." 반드시 그렇지만은 않다. 용어 때문에 헷갈리지 말라. 하나님의 자녀가 되어 얻는 가장 실제적인 현재의 유익은 바로 자유다. 죄의 종이 되는 것은 속박이지만, 하나님의 종이 되는 것은 자유다.

하나님께 속한 자로서 우리는 세 가지 측면에서 자유롭다. 첫째, **율법**에서 자유롭다. 율법은 의롭게 되기 위해 "이것을 하지 말라"고 말하지만, 갈라디아서 5장 1절은 "그리스도께서 우리를 자유롭게 하려고 자유를 주셨으니 그러므로 굳건하게 서서 다시는 종의 멍에를 메지 말라"고 말한다. 율법주의에 이끌리는 사람은 모든 삶에서 저주받고 정죄당하는 기분이 들지만, 성령에 의해 살면 생명과 자유를 얻는다.

둘째, **과거**에서 자유롭다.

너희가 아들이므로 하나님이 그 아들의 영을 우리 마음 가운데 보내사 아빠 아버지라 부르게 하셨느니라 그러므로 네가 이 후로는 종이 아니요 아들이니 아들이면 하나님으로 말미암아 유업을 받을 자니라 그러나 너희가 그때에는 하나님을 알지 못하여 본질상 하나님이 아닌 자들에게 종노릇하였더니(갈 4:6-8).

하나님이 사람들을 과거에서 자유롭게 해주시는 것을 보는 것이 얼마나 큰 특권인지 모른다. 하나님의 자녀로서 우리는 이제 과거의 산물이 아니다. 우리는 새로운 유업을 가지고 있다. 즉 우리는 하나님의 상속자다.

셋째, **죄**에서 자유를 얻을 수 있다. 우리가 이 일을 할 수 있는 유일한 방법은 우리가 값으로 산 것이 되었으며 성령이 지금 우리 안에 사시므로 죄의 속박에서 벗어나 주를 위해 살 수 있게 해주신다는 것을 깨닫는 것이다. 그분은 우리가 사탄의 공격에 민감하게 만드시고, 죄를 짓지 않고 하늘 아버지께 순종하며 살 수 있는 능력을 주신다. 그러나 선택은 여전히 우리에게 있다. 다음 예화로 그리스도 안에 있는 우리의 자유를 설명해 보겠다.

노예 해방

1865년 12월 18일, 미국 수정 헌법 13조로 미국의 노예제도는 폐지되었다. 그렇다면 12월 19일에는 노예가 몇 명이나 있었을까? 사실상 하나도 없어야 했다. 그러나 당시에도 많은 사람이 여전히 노예처럼 살고 있었다. 그들은 진리를 배우지 못했기 때문이다. 어떤 이들은 자신이 해방되었다는 걸 알고 믿었지만, 늘 살아온 대로 살기로 했다.

몇몇 농장 주인은 노예해방선언에 큰 충격을 받았다. "우리는 망했어! 노예제도가 폐지되다니……. 노예들을 지키기 위한 싸움에서 진 거야." 그러나 그들의 최고 대변인은 교활하게 대답했다. "꼭 그렇지만은 않습니다. 이 사람들이 아직도 노예라고 생각하는 한, 실제로 노예해방선언은 효과가 없을 겁니다. 이제 우리는 그들에게 법적 권리가 없지만, 아직 많은 사람이 그걸 모르고 있어요. 여러분의 노예들이 진실을 알지 못하게 막으세요. 그러면 그들을 지배하는 것이 어렵지 않을 겁니다."

목화를 재배하는 농부가 물었다. "하지만 그 소식이 퍼지면 어떡하죠?"

"걱정 마세요. 우리에게는 다른 방법이 하나 더 있으니까요. 그들이 소식 듣는 것을 막지 못하더라도 그것을 이해하지 못하게 할 수는 있습니다. 사람들이 나를 괜히 '거짓의 아비'라고 부르는 게 아니거든요. 우리는 여전히 온 세상을 속일 수 있습니다. 그냥 그들이 수정 헌법 13조를 잘못 이해한 거라고 말하세요. 그들이 자유로워지겠지만, 아직 자유로운 것은 아니라고 말하세요. 그들이 들은 사실은 단지 입지적 사실일 뿐 실제 사실이 아니라고요. 언젠가는 혜택을 받겠지만 지금은 아니라고 말입니다."

"하지만 그들도 내가 그렇게 말할 거라고 예상할 거예요. 내 말을 믿지 않을 거라고요."

"그러면 자신을 여전히 노예라고 확신하고 그렇게 설득할 수 있는 사람을 몇 명 뽑아서 당신 대신 이야기하게 하세요. 명심하세요. 지금 자유를 얻은 이 사람들은 대부분 태어날 때부터 노예였고, 평생 노예로 살아왔습니다. 우리가 할 일은 그들을 속여서 여전히 노예처럼 생각하게 만드는 겁니다. 노예가 하는 일을 계속 하는 한, 그들을 여전히 노예라고 확신시키는 일은 어렵지 않을 겁니다. 자신이 하는 일들 때문에 노예의 정체성을 계속 지닐 테니까요. 그들이 이제는 노예가 아니라고 주장하려 하면, 그들 귀에 대고 이렇게 속삭이세요. '여전히 노예가 하는 일들을 그대로 하고 있는데 어떻게 노예가 아니라고 생각할 수 있지?' 우리는 밤낮으로 형제들을 참소할 수 있습니다."

몇 년 후에도 많은 사람이 살던 대로 계속 살아갔다. 자신이 해방되었다는 놀라운 소식을 듣지 못했기 때문이다. 어떤 이들은 좋은 소식을 들었으나 자신에게 이렇게 말했다. "나는 여전히 노예처럼 살고 있고, 늘 하던 일들을 여전히 하고 있어. 내가 겪고 있는 일들이 내가 자유로울 수 없다는 걸 말해 주고 있어. 노예해방선언은 사실일 리가 없어. 그 선언이 있기 전과 달라진 게 아무것도 없으니까. 나는 여전히 노예야." 그렇게 그들은 자유를 얻지 못한 것처럼 계속 살아갔다.

그러던 어느 날, 예전에 노예였던 한 사람이 좋은 소식을 듣고 크게 기뻐하며 그것을 받아들였다. 그는 노예해방선언의 효력을 확인해 보았고, 그것이 최고 권위자에게서 나온 법령이라는 것을 알았다. 뿐만 아니라, 그 권위자는 개인적으로 노예들을 해방시키기 위해 막대한 대가를 치렀다. 노예들의 삶은 달라졌다. 비록 여전히 노예라는 생각이 들지만, 계속 노예처럼 사는 것은 위선이라고 생각했다. 그가 사실이라고 아는 바에 따라 살기로 결심하자, 그의 경험들이 극적으로 달라지기 시작했다. 자신의 옛 주인이 그에게 아무 권위가 없으며 전혀 순종할 필요가 없다는 것을 알았다.

그는 자신을 자유롭게 해준 사람을 기쁘게 섬겼다.[1]

종이 되는 것은 소속되는 것이다

그리스도의 종이 되어 얻는 또 한 가지 실제적인 유익은 소속감을 갖게 된다는 것이다. 소속은 모든 사람이 지닌 기본적인 욕구를 충족시켜준다. 그것이 타당한 욕구임을 이해하지 못하면, 결코 또래의 압력을 이해할 수 없을 것이다. 순응해야 하고 거절당하지 말아야 한다는 압박감은 몹시 강하기 때문에 그리스도인들도 사람들에게 인정받기 위해 타협하게 될 것이다. 그러나 나 자신이 하나님께 속해 있음을 안다면, 즉 나를 결코 떠나거나 버리지 않으실 하늘 아버지께 속해 있음을 안다면, 나는 인정받기 위해 타협하지 않고 굳게 서 있을 수 있는 힘이 생긴다. 비록 홀로 서 있어야 할지라도 말이다.

당신이 특정한 그룹에 속해 있다면 그 그룹에서 세운 규칙을 따를 책임이 있다. 그 규칙을 어기면 아마 당신은 회원자격을 잃을 것이다. 그러나 당신이 하나님께 속해 있다면, 그분은 절대로 당신을 떠나거나 버리지 않을 거라고 약속하신다. 또한 당신에게 성령을 주셔서 당신이 그분의 자녀임을 증명하실 것이다. 당신이 하나님의 규칙을 어기더라도 결코 회원자격을 잃지 않을 것이다. 비록 자유는 잃어버리더라도 말이다.

어린 시절 무명선수였을 때 꽤 인상적인 소프트볼 경기에 투수로 나간 적이 있다. 관람석에 있는 사람들은 내가 누군지 궁금해했다. 어떤 사람이 이렇게 말하는 소리가 들렸다. "저 선수 누구야? 누구네 선수야?" 나는 그런 소리를 들으며 매우 흡족해한 기억이 난다. 그것은 긍정적인 경험이었다. 그러나 누군가가 잘못해서 사람들이 "저 말썽꾼은 어디 소속이야?"라고 물을 때는 난처해질 수도 있다.

나는 하나님께 속한 사람이기에 책임감을 느낀다. 사람들이 "어디 소속이십니까?"라고 물을 때 나는 "저는 하나님께 속해 있습니다"라고 대답할 수 있다. 성경은 우리가 하나님께 속한 사람이라고 분명히 말한다. 따라서 우리는 우리 몸으로 하나님을 영화롭게 해야 한다. 하나님의 종이 되는 것은 부정적인 일이 아니다. 내가 값으로 산 것이 되었고, 하나님께 속한 자라고 말하는 것은 기쁜 일이다.

하늘에 계신 사랑하는 아버지, 저를 죄의 노예 시장에서 사시고 아버지의 빛의 나라로 들어오게 하셔서 감사드립니다. 제가 하나님께 속해 있다는 사실을 기쁘게 선포합니다. 저는 하나님의 자녀가 될 자격이 없고 하나님이 저를 사랑하지 않으신다는 거짓말을 믿지 않습니다. 제가 아직 죄인일 때에 하나님이 저를 사랑하셨고 저를 위해 죽으셨다는 진리를 받아들이고 선포합니다. 이제 저는 그리스도 안에서 살아 있고, 값으로 산 것이 되었으며, 영원히 하나님께 속한 사람입니다. 나 자신과 제 몸을 산 제물로 주님께 드리니, 제가 주님을 찬양하게 하소서. 예수님의 귀한 이름으로 기도합니다. 아멘.

7장
나는 그리스도의 몸의 지체입니다

너희는 그리스도의 몸이요 지체의 각 부분이라(고린도전서 12장 27절).

사람들과 깊은 대화를 나누다 보면, 종종 본질적으로 자신을 좋게 느끼고 있지 않다는 걸 알 수 있다. 우리는 처음부터 가치 의식을 가지고 태어나는 것이 아니다. 자연인은 그리스도 안에서의 정체성이 없다. 따라서 이 세상에 태어나는 순간부터 우리는 항상 자신의 정체성, 인생의 목적이나 의미를 찾으려 한다.

자존감 운동(self-esteem movement)은 삶의 모든 면에 깊이 영향을 끼쳐 왔다. 갈수록 사람들은 의미를 찾고 있으며, 자기 안에서 그 의미를 찾으려 하는 철학이 교회 안까지 들어왔다.

남자는 직업에서 정체성을 찾고 여자는 자녀나 가족 안에서 정체성을 찾는다고 말하는 그리스도인들이 있다. 어떤 사람은 이런 가르침이 창세기 3장에 근거한다고 말한다. 남자는 이마에 땀을 흘리며 일할 것이고 여자는 고통 속에서 아이를 낳을 것이라고 말하는 부분이다. 그러나 그것은 타락의 저주이며, 인간이 하나님과 관계없이 살기로 선택한 결과다. 남자가 직업에서 정체성을 발견한다면, 그 직업을 잃으면 어떻게 되는가? 여자가 가족이나 자녀에게서 정체성을 발견한다면, 결혼하지 못할 땐 어떻게 되는 것인가?

우리가 본질적으로 누구인지 결정하는 것은 우리가 하는 일이나 사회에서 수행하는 역할이 아니다. 우리가 누구인지에 따라 우리가 하는 일이 결정되며, 우리가 하는 일은 만족감과 성취감을 가져다준다.

나의 가치는 어디에서 비롯되는가?

문제는 "자신의 정체성이나 가치를 어디서 찾느냐"다. 재능에 있을까? 아니다. 그럴 수 없다. 하나님은 어떤 사람에게는 한 달란트를, 어떤 사람에게는 두 달란트를, 어떤 사람에게는 다섯 달란트를 주셨다(마태복음 25장 14-28절 참조). 당신은 이렇게 말할지 모른다. "어떻게 그러실 수 있죠? 자존감이 높고 정체성이 건강한 사람은 다섯 달란트 받은 사람뿐이라는 걸 하나님도 아시지 않습니까?" 그렇지 않다. 나는 다섯 달란트 받은 사람들 가운데 한 달란트 받은 사람과 마찬가지로 자신의 가치를 찾기 위해 분투하고 있는 사람을 많이 알고 있다.

그렇다면 우리의 가치는 지성에 있을까? 고린도전서 1장 27절에 따르면 그렇지 않다. "하나님께서 세상의 미련한 것들을 택하사 지혜 있는 자들을 부끄럽게 하려 하시고." 좋다. 그러면 외모는 어떤가? 외모만 좋아도 다른 사람들에게 인정과 지지를 받을 것이다. 그러나 이사야 53장 2절에 따르면, 예수님은 "고운 모양도 없고 풍채도 없었다."

한번은 아들에게 이렇게 물었다. "칼, 너희 학교에 감자 같은 몸매에 머릿결은 거칠고, 피부도 안 좋고, 말할 때 더듬거리고, 걷다가 잘 넘어지는 여학생이 있다고 하자. 그 아이가 행복해질 희망이 있을까?"

아들은 잠시 말이 없다가 이렇게 말했다. "음, 아마 없을 걸요." 세상의 시스템 안에서는 그럴 수 없겠지만, 하나님의 시스템 안에서는 합당한 자존감을 가질 수 있을까? 물론이다.

우리의 가치는 영적 은사에서 발견되는가? 아니다. 나는 그렇지 않다고 확신한다. 하나님은 은사나 재능, 지성을 똑같게 분배하지 않으셨다. 그러나 하나님 자신은 똑같이 나누어주셨다. 우리의 정체성은 하나님의 자녀로서 우리가 누구인지 아는 데서 나오며, 우리의 가치는 주님을 닮아가기 위해 헌신하면서 자라난다.

그리스도 안에 있는 합당한 가치 의식

하나님의 자녀로서 자신이 누구인지 알고 하나님께 헌신한 사람을 내게 보여 달라. 그러면 나는 그들이 올바른 자아의식과 가치의식을 가졌다는 사실을 보여주겠다. 성령의 열매를 맺으며 꾸준히 성장하고 있는 사람, 사랑, 희락, 화평, 인내, 양선, 충성, 온유, 절제가 삶에 나타나는 사람을 내게 보여 달라. 그 사람은 훌륭한 정체성과 가치의식을 지니고 있을까? 그렇다. 나는 그렇다고 확신한다. 이 진리에서 멋진 부분은 모든 사람이 정확히 같은 기회를 갖는다는 것이다.

어떤 사람들은 그리스도의 몸의 지체로 상당히 눈에 띄는 역할을 하는 것처럼 보인다. 반면 어떤 사람들은 자신이 필요하지 않다고 느낄 것이다. 그러나 바울은 이렇게 말한다.

> 눈이 손더러 내가 너를 쓸 데가 없다 하거나 또한 머리가 발더러 내가 너를 쓸 데가 없다 하지 못하리라 그뿐 아니라 더 약하게 보이는 몸의 지체가 도리어 요긴하고 우리가 몸의 덜 귀히 여기는 그것들을 더욱 귀한 것들로 입혀주며(고전 12:21-23).

나는 하나님이 약한 자를 더 귀하게 여겨주시는 것이 기쁘다. 우리는 재능이나 은사를 덜 가진 사람들을 무시하는 경향이 있기 때문이다.

강의를 할 때마다 나는 내 발표만큼이나 음향담당자의 역할이 강의를 좌우한다는 사실을 절실히 깨닫는다. 사람들이 내게 집중하는 것은 온도조절장치를 담당하는 사람과도 직접 관련된다. 모든 "선수"에게는 맡은 역할이 있다. 팀이 함께 노력하는 것처럼 모든 사람은 서로에게 의존하면서 자기 역할을 수행하고 자신의 특별한 재능과 은사를 사용한다.

안타깝지만 대부분은 좀 더 눈에 띄는 은사를 지닌 사람들이 관심을 받는다. 그래서 하나님은 어떻게 하시는가? 고린도전서 12장 24-25절은 이렇게 말한다. "우리의 아름다운 지체는 그럴 필요가 없느니라 오직 하나님이 몸을 고르게 하여 부족한 지체에게 귀중함을 더하사 몸 가운데서 분쟁이 없고 오직 여러 지체가 서로 같이 돌보게 하셨느니라."

선물이 아니라 선물을 주시는 분을 따르라

삶에서 추구해야 할 것은 우리가 가진 은사를 충분히 활용하는 것이다. 몇 년 전, 어느 청년이 자신이 지닌 은사와 관련해서 새로운 사실을 발견하고는 매우 흥분해서 나를 찾아왔다. 그는 내게 그의 은사가 예언이라고 생각하는지 아니면 권면이라고 생각하는지 물었다. 그를 아주 잘 아는 나는 그를 쳐다보며 대답했다. "지미, 난 어느 것도 네 은사라고 생각하지 않아. 내 생각에 넌 섬김의 은사를 갖고 있어. 내가 돕는 은사를 가진 사람을 만난 적이 있다면, 그건 바로 너야. 넌 다른 사람이 곤경에 처한 걸 보면 본능적으로 뭘 해야 할지 알고 신속하게 움직이지. 그 방면으로 하나님이 너를 통해 일하시는 것을 보면 얼마나 흥분되는지 몰라."

그는 고개를 떨구며 낮은 목소리로 말했다. "저도 알고 있었어요."

"지미, 네가 아닌 다른 사람이 되려고 하면 절대 만족을 느낄 수 없을 거야. 네가 생산적인 삶을 사는 유일한 길은 자신에 대해 좋게 생각하고 네가 진정 누구인지를 발견하기 위해 삶에서 네 사명을 수행하는 거란다. 하나님이 네 안에 심어주신 것, 네게 주신 은사들을 발견하렴. 하나님의 영광을 위해 그리스도의 몸을 이롭게 하는 데 그 은사들을 사용하면 만족을 느끼게 될 거야. 네가 아닌 다른 사람이 되려고 애써봐야 실패와 좌절감만 얻을 거야."

지미는 내 충고를 받아들이고 섬기는 삶을 추구했다. 25년이 지난 지금도 그는 내게 크리스마스 카드를 보낸다. 그 카드에는 그가 공립학교 교육을 위해 봉사하고 교회 일에 돕는 자로 동참하면서 발견한 기쁨이 확연히 드러나 있다.

당신이 하나님의 자녀임을 알라

처음 사역을 시작하고 이 진리를 스스로 이해하기 전에, 한 여자 청년이 우리 교회 대학부에 왔다. 아들에게 물어보니 그 청년은 그리 매력적이지 않고 재능도 없어 보이며 평범했다. 외모도 그다지 눈에 띄지 않았다. 집안 배경도 좋지 않았다. 아버지는 몇 년 전에 가정을 버린 술고래였다. 오빠는 마약에 취해서 집을 들락날락하며 문제만 일으켰다. 어머니가 변변찮은 두 직장에서 일하며 근근이 살아갔다. 이 청년은 자신이 세상의 시스템과 경쟁할 수 없다는 걸 알았다. 그러나 하나님의 자녀로서 자신이 누구인지 발견하는 것은 할 수 있었다. 그리고 그 일을 했다. 나는 그 청년만큼 건강한 정체성과 가치의식을 가진 사람을 본 적이 없다. 그녀는 모든 사람의 친구가 되었고, 결국 우리 청년부에서 가장 멋진 청년과 결혼했다.

그 당시에 나는 이런 의문이 들었다. '이 청년의 비밀은 뭘까? 이 청년에게는 무엇이 있는 걸까?' 당시 그녀는 하나님의 자녀가 되어 하나님이 원하시는 모습이 되기 위해 헌신하는 것이 무엇을 의미하는지를 나보다 잘 이해하고 있었다. 그녀는 그 정체성을 받아들였고, 그것을 충실히 따르며 다른 사람들보다 훨씬 즐겁게 신앙생활을 했다.

지금 나와 함께 기도하며, 당신이 그리스도의 몸의 지체이며 당신의 가치는 그 근본 진리에 근거한 것임을 알고 기쁨을 누리겠는가?

하늘에 계신 사랑하는 아버지, 저를 주님의 몸의 지체로 만들어주셔서 감사합니다. 그리스도의 몸 안에서 제가 할 역할이 없고 중요한 기여를 할 수 없다는 거짓말을 믿지 않습니다. 주님이 제 안에 창조하신 것과 주님이 주시는 특별한 영적 은사들을 받아들입니다. 제 은사와 능력들이 주님의 교회에 덕을 세우는 데 사용될 수 있도록 주님을 닮아가는 일에 헌신하겠습니다.

제 정체성과 가치가 일을 수행하는 능력에서 발견된다는 거짓말을 믿지 않습니다. 제 정체성과 가치는 그리스도 안에서 발견되며 제가 그리스도를 닮아갈수록 그것이 실현될 거라고 믿습니다. 주님의 가족이 되게 해주시고, 주님이 내 아버지 되실 뿐만 아니라 그리스도 안에서 삶을 함께 나눌 수 있는 형제자매들이 있다는 걸 깨닫게 해주셔서 감사합니다. 놀라운 예수님의 이름으로 기도드립니다. 아멘.

8장
나는 성도입니다

에베소에 있는 성도들과 그리스도 예수 안에 있는 신실한 자들에게
(에베소서 1장 1절).

미국에 있는 아무 교회나 들어가서 자신이 은혜로 구원받은 죄인임을 알고 있는 사람은 손을 들어보라고 한다면 아마 거의 모든 사람이 손을 들 것이다. 그러나 자신을 성도(saints)로 인식하고 있는지 묻는다면 아마 손을 드는 사람이 몇 안 될 것이다. 그러면 나는 이렇게 말할 것이다. "그리스도인으로서 여러분이 누구인지를 성경적으로 가장 정확하게 표현하는 말은 무엇입니까? 성경은 믿는 자를 죄인이라 부릅니까, 성도라 부릅니까? 바울이 편지를 보낸 무리는 에베소의 죄인들입니까, 성도들입니까?"

고린도전서 1장 2절에 담긴 진리를 보라. "고린도에 있는 하나님의 교회 곧 그리스도 예수 안에서 거룩하여지고 성도라 부르심을 받은 자들과

또 각처에서 우리의 주 곧 그들과 우리의 주 되신 예수 그리스도의 이름을 부르는 모든 자들에게." 슬프게도 많은 그리스도인은 마치 이 구절이 다음과 같이 쓰여 있는 것처럼 살고 있다. "교회 안에서 거룩해지려고 애쓰고 있는 사람들, 죄인이라 불리는 자들(또는 열심히 노력해서 성도가 된 자들), 그리고 그들의 주님인지는 잘 모르겠지만 나의 주 되신 예수 그리스도의 이름을 부르는 자들에게"라고 말이다.

하나님의 자녀는 모두 성도다

신약성경이 압도적이고 한결같이 전하는 메시지는 우리 모두 하나님의 은혜로 **성도**가 되었으며, 우리가 그리스도 예수 안에 있으므로 거룩해진다는 것이다. 하나님의 자녀는 모두 그리스도 안에 있기 때문에 성도다. 에베소서 전반부에서 가장 강력한 개념은 우리가 그리스도 안에서 엄청난 기업을 받았다는 것이다.

> 찬송하리로다 하나님 곧 우리 주 예수 그리스도의 아버지께서 **그리스도 안에서** 하늘에 속한 모든 신령한 복을 우리에게 주시되 곧 창세전에 **그리스도 안에서** 우리를 택하사(엡 1:3-4).

"에베소서"라는 한 책 안에서만 "당신이 그리스도 안에 있다"라거나 "그리스도가 당신 안에 계신다"라는 말이 40번이나 나온다. 성경 전체로 보면, "당신 안에 계신 그리스도"에 대해 말하는 구절보다 "그리스도 안에 있는 당신"에 대해 말하는 구절이 10배는 많다. 에베소서 1장 나머지 부분을 읽으면서 이 진리를 얼마나 여러 번 발견할 수 있는지 살펴보라. 7절은 "우리는 **그리스도 안에서** …… 속량 곧 죄 사함을 받았느니라"고 말하며, 11절은 "우리가 예정을 입어 **그 안에서** 기업이 되었으니"라고 말한다. 12절은 당신의 소망이 **그리스도 안에** 있음을 말해 주고, 13절은 당신이 진리의 말씀을 들을 때 **그리스도 안에** 있었다고 말한다.

문제는 성경이 명확하게 신자들을 성도로 간주하지 않는 것이 아니다. 성경은 그것을 분명히 밝히고 있다. 우리가 그것을 보지 못한다는 것이 가장 문제다! 그래서 바울은 이렇게 말한다.

> 너희 마음의 눈을 밝히사 그의 부르심의 소망이 무엇이며 **성도 안에서** 그 기업의 영광의 풍성함이 무엇이며 …… 너희로 알게 하시기를 구하노라(엡 1:18-19).

그리스도 안에 있는 우리의 정체성

성도가 되는 것은 신자의 삶에서 이루어진 그리스도의 놀라운 구속 사역을 나타낸다. 전에는 우리 안에 존재하지 않았던 것이 우리의 옛 자아를 대신하게 되는 것이다. 우리는 새로운 피조물이 된다(고후 5:17, 갈 6:15). 이 새 생명은 바로 신자 안에 있는 예수 그리스도의 생명이다(갈 2:20, 골 3:4). 우리는 주님과 한 영이 되었다(고전 6:17). 매일의 삶 속에서 그리스도인은 "새사람을 입으라"는 권면을 받는다(엡 4:24). 믿음으로 우리는 우리의 참된 정체성, 즉 그리스도 예수 안에서 우리가 누구인지를 알고 그에 맞게 행동한다.

바울은 신자를 그리스도와 동일시한다.

그리스도의 죽음 안에서	로마서 6장 3, 6절
	갈라디아서 2장 20절
	골로새서 3장 1-3절
그리스도의 장사 안에서	로마서 6장 4절
그리스도의 부활 안에서	로마서 6장 5, 8, 11절
그리스도의 생명 안에서	로마서 5장 10-11절
그리스도의 능력 안에서	에베소서 1장 19-20절
그리스도의 기업 안에서	로마서 8장 16-17절
	에베소서 1장 11-12절

이 모든 특성을 밝힌 사도 바울은 자신을 죄인 중에 괴수로 묘사한다(딤전 1:15). 그러나 문맥을 보면(12-16절) 이것은 그가 구원받지 못한 상태를 말한다는 것을 분명히 알 수 있다. 그는 고린도전서 15장 9절에서 이와 비슷한 자기 비하 발언을 하지만 바로 이어서 "그러나 내가 나 된 것은 하나님의 은혜로 된 것이니 내게 주신 그의 은혜가 헛되지 아니하여"(10절)라고 말한다.

"새사람"은 예수 그리스도의 생명이 신자 안에 심겨진 결과이며, 그리스도인이 성령의 능력으로 도덕적인 선택을 할 때 실제적으로 나타난다. 우리는 어느 부분은 새사람이고 어느 부분은 옛사람이거나, 어느 부분은 빛 가운데 있고 어느 부분은 어둠 속에 있는 것이 아니다. 우리는 주님 안에서 **완전히 새로운** 피조물이다.

죄의 힘이 꺾이다

이것은 우리에게 죄가 없다는 뜻인가? 결코 그렇지 않다. 죄는 계속해서 우리 육체 안에 거하며 호소할 수 있다. 그러나 옛사람이 십자가에 못 박히면서 죄의 힘은 꺾였다(로마서 6장 7절, 14절 참조). 우리는 죄를 섬기거나 죄에 복종하거나 반응할 의무가 없다. 하나님의 은혜로 빛의 자녀답게 살 수 있다. 하나님을 거스르는 행동을 하는 과정에서 정체성과 삶의 목적을 발견할 수 있다는 거짓말을 믿는다면, 우리는 계속 양심의 가책을 느끼며 살 것이다. 그것은 그리스도 안에 있는 우리의 진정한 자아와 다르게 행동하는 것이기 때문이다.

신약성경은 그리스도 안에서 우리의 정체성을 발견하는 것을 거듭 가르치고 있다. 정체성을 어떻게 인식하느냐에 따라 삶의 태도가 달라지기 때문이다. 우리의 태도, 삶의 환경에 대한 반응은 의식적 또는 무의식적 자기 인식에 달려 있다. 앞에서 말했듯이, 자신에 대한 인식과는 다른 태도로 계속 행동할 수 있는 사람은 없다. 내적으로 비그리스도인과 다를 바 없거나 자신을 그들과 다르지 않게 인식한다면, 그리스도인은 새로운 피조물답게 살지 못할 것이다.

잘못된 정체성

자신에게 상처 준 사람들을 용서하도록 도와달라는 사람들이 있으면 나는 그들에게 용서하려는 잘못들이 무엇인지 말해 보라고 한다. 그리고 종종 이렇게 묻는다. "그 사람이 한 잘못 때문에 어떤 기분이 들었습니까?"

그러면 그들은 "더럽다", "무가치하다", "부당하다", "거부당하다"와 같은 단어들로 대답한다. 그런 일들을 용서할 때 그들은 자신의 상처와 고통에 진지하게 관심을 기울이고, 자신을 어떻게 인식해 왔는지 드러낸다. 아마 그 정보는 그들 안에 그대로 받아들여져서 그들의 "컴퓨터"(기억) 안에 프로그램화되어 인식의 한 부분이 되었을 것이다. 당신의 신념 체계 안에서 자신을 부족하거나 쓸모없는 사람으로 여긴다면, 당신은 아마 그렇게 살 것이다. 우리는 모두 자기가 믿는 것을 따라 살아간다. 자신에 대해 잘못된 믿음을 가지고 있으면, 그것이 삶에 영향을 끼칠 것이다.

사탄은 그리스도인의 삶에서 반복되는 패배를 이용한다. 사탄이 심어준 죄책감이 율법주의적인 교사들의 부정적인 영향력과 결합하면, 그리스도인들은 종종 자신의 구원을 의심하거나 들쭉날쭉한 영적 생활을 당연하게 받아들인다. 그들은 자신의 가증스러움과 죄를 잘 짓는 성향을 고백하고 더 잘하려고 노력하지만, 마음속으로는 자신을 은혜로 구원받은 죄인으로만 여기며 휴거 때까지 기다리는 것이다.

많은 그리스도인에게 왜 이런 일이 일어나는가? 그리스도 안에 있는 우리의 참된 정체성을 모르기 때문이다. 하나님을 찬양하라. 우리는 이제 과거의 산물이 아니다.

> 그런즉 누구든지 그리스도 안에 있으면 새로운 피조물이라 이전 것은 지나갔으니 보라 새것이 되었도다(고후 5:17).

하나님이 보시는 것처럼 자신을 하나님의 자녀이자 성도로 여길 때, 당신의 삶을 변화시키는 하나님의 사역에 협력하는 것은 기쁨이 된다.

하나님의 위대한 성취

죄인을 성도로 변화시키는 대속 사역은 예수님이 이루신 가장 큰 성취이며, 그 변화는 구원의 순간에 일어난다. 그리고 그 영향은 평생 신자의 일상생활에서 계속 나타난다. 즉 이것은 성화의 사역이다. 그러나 근본적인 내면의 변화, 우리가 그리스도 안에서 새사람이 된 것을 믿음으로 깨닫고 받아들일 때에만 점진적인 성화의 사역이 우리 삶 속에서 충분히 강한 영향을 끼치게 된다.

거룩한 능력이 경건한 삶을 위해 필요한 모든 것을 우리의 것이 되게 한다. 그 능력은 그리스도의 생명 안에 있다. 신자의 정체성과 목적은 그리스도 안에 있다. 누군가가 말씀대로 행하는 사람이 되는 것은 이미 그가 그런 사람이기 때문이다. 그는 인정받기 위해 애쓸 필요가 없다. 이미 그리스도와 하나이기 때문에 순종하며 말씀을 행하는 것이다(야고보서 1장 22-25절 참조).

성경에서 신자는 "형제", "자녀", "하나님의 아들", "빛의 자녀", "하나님 안에 있는 빛", "성도"로 불린다. 신자들을 죄인이라 부르는 곳은 아무 데도 없다. 심지어 "은혜로 구원받은 죄인"이라고도 하지 않는다. 참된 그리스도인이 자신을 죄인으로 여긴다면 그의 정체성의 핵심은 죄다. 이것은 성경이 말하는 것과 정반대다. 성경은 신자가 믿음으로 의롭다 함을 받았다고 말하기 때문이다. 자신을 죄인으로 보는 영향은 치명적이다. 죄인은 무엇을 하는가? 죄를 저지른다. 죄인에게 무엇을 기대하겠는가?

그러나 나는 다시 한 번 이렇게 묻는다. "신자는 결코 죄를 짓지 않는가?" 그렇지 않다. 우리는 여전히 죄를 짓는다. 우리는 은혜로 구원받은 죄인이 아니다. 우리는 "죄를 저지르는 성도"다. 성경에서 신자를 묘사하는 말은 그리스도 안에 있는 그들의 새로운 정체성과 일치한다. 즉 "죄에 대해 죽고 지금은 예수 그리스도 안에서 살아 있는 자"다. 믿음으로 신자는 그런 사람이 되기로 선택할 수 있다. 그런데 사실 그리스도 안에서 우리는 이미 그러한 사람이다. 우리의 정체성을 확립하고 죄의 힘이 꺾였다는 걸 이해하면, 이제 성령의 능력으로 우리의 의지는 진리를 선택할 수 있고 그 진리가 우리를 자유롭게 해준다.

너희가 전에는 어둠이더니 이제는 주 안에서 빛이라 빛의 자녀들처럼 행하라(엡 5:8).

우리가 성도가 아닌 것보다 성도답게 살지 않는다는 것이 문제다.

하늘에 계신 사랑하는 아버지, 제가 단지 죄인일 뿐이라는 거짓말을 믿지 않습니다. 제가 어떤 노력을 해서가 아니라 그리스도 안에서 구원받았기 때문에 성도임을 고백합니다. 그리스도 안에 있는 새 정체성을 받아들여 제가 성도임을 인식하고, 믿음으로 그렇게 살기로 선택합니다. 주의 성령으로 저를 충만케 하시고, 성도라는 제 참된 정체성을 따라 죄를 범하지 않을 수 있게 해주시옵소서. 빛 가운데 행함으로 주님께 영광을 돌리게 하옵소서. 나의 주님이자 구세주이신 예수 그리스도의 놀라운 이름으로 기도드립니다. 아멘.

9장
나는 하나님의 자녀로 입양되었습니다

그 기쁘신 뜻대로 우리를 예정하사 예수 그리스도로 말미암아
자기의 아들들이 되게 하셨으니(에베소서 1장 5절).

19세기 중반 동안 네브래스카 주 평원에서 여러 교회와 마을을 돌아다니며 사역하는 순회설교자가 있었다. 어느 마을에서 그는 작은 그리스인 고아를 한 명 발견했다. 피터 포파비치라는 이민자였다. 많은 사람이 타격을 입은 큰 전쟁에서 피터 역시 가족을 잃었다. 피터는 다른 사람들이 진저리 치며 피할 만큼 구제 불능이었다.

아무도 피터를 돌봐주려 하지 않았기 때문에 순회설교자는 자신이 그 아이를 책임져야 한다고 생각했다. 그래서 가는 곳마다 소년을 데리고 다녔지만 곧 계속 이럴 수는 없다는 걸 알았다. 마침 그는 그리스도인인 스미스 부부에 대한 이야기를 들었다. 그들에게는 피터 또래인 아들 새미가

있었다. 순회설교자는 스미스 부부의 농장을 찾아가 피터를 키우는 걸 생각해 봐달라고 했다. 부부는 그 문제를 두고 기도했다. 그리고 마침내 그 가족은 그것이 그들의 삶을 위한 하나님의 뜻이라는 데 동의했다. 스미스 부부는 그 책임을 떠맡았다.

관계의 화학반응은 참 흥미롭다. 새미는 사랑스럽고 남을 잘 도와주는 소년인 반면, 피터는 여전히 구제 불능이었다. 그런데도 두 소년은 둘도 없는 친구가 된 것이다.

어느 날 그들은 오염 때문에 격리된 웅덩이 근처에서 놀고 있었다. 분명히 위험을 알리는 표지판이 세워져 있었다. 피터는 그곳에 가서 수영하자고 했지만 새미는 거절했다. 피터가 말했다. "그래도 난 갈 거야." 그는 정말 가버렸다. 돌아온 그는 열이 40도까지 오르며 심하게 아팠다. 그곳을 둘러싸고 있는 철조망에 발을 베인 것이 틀림없었다. 발이 세균에 감염된 것이다. 지금처럼 항생제가 있었다면 치료할 수 있었겠지만 그때는 항생제를 구할 수 없었다. 시간이 갈수록 피터의 생명은 위태로워졌다.

어느 날 오후, 스미스 부부는 물품을 사러 시내로 나갈 계획이었다. 피터의 병이 옮을까 봐 걱정이 된 그들은 새미에게 문 앞에서만 피터와 이야기하고 방 안에 들어가지는 말라고 당부해 두었다. 부모님이 자리를 비우자 두 소년은 다시 함께 놀고 싶은 마음이 커졌다. 집에 돌아온 스미스 부부는 두 아이가 서로 껴안고 잠들어 있는 모습을 발견했다. 그 후 피터는 좋아졌으나 새미가 아프기 시작했다. 며칠 뒤 새미는 세상을 떠나고 말았다. 누구도 하나님의 섭리를 온전히 이해할 수 없었다.

몇 년이 흘렀다. 순회설교자는 또다시 같은 지역을 방문하게 되었다. 몇 년 전 자신이 부탁한 피터가 생각난 그는 농장에 들러 어떻게 지내는지 보기로 마음먹었다. 농장에 간 설교자는 스미스를 알아보았으나 그 옆에 서 있는 건장한 소년은 알아보지 못했다. 설교자가 물었다. "몇 년 전에 제가 이 집에 부탁한 소년은 어떻게 되었습니까?"

스미스는 팔을 올려 소년을 감싸며 말했다. "바로 이 아이입니다. 이제 피터 스미스라고 불러주세요. 우리 가족으로 입양했거든요."

당신은 이제 하나님의 사람이다

입양되기 전에는 피터에게 가족이 없었다. 스미스 부부는 피터가 **필요하지** 않았지만 그 아이를 **원했다**. 피터는 과거에 버림받은 느낌을 떨쳐버리고, 자신을 입양하기로 선택한 아버지의 사랑을 받아들였다. 하늘에 계신 우리 아버지는 우리가 **필요하지** 않지만 우리를 **원하셨다**. 하나님의 조건 없는 사랑과 수용은 우리의 거룩한 삶에 반드시 필요한 기반이다.

> 그러나 너희는 택하신 족속이요 왕 같은 제사장들이요 거룩한 나라요 그의 소유가 된 백성이니 이는 너희를 어두운 데서 불러내어 그의 기이한 빛에 들어가게 하신 이의 아름다운 덕을 선포하게 하려 하심이라 너희가 전에는 백성이 아니더니 이제는 하나님의 백성이요 전에는 긍휼을 얻지 못하였더니 이제는 긍휼을 얻은 자니라 (벧전 2:9-10).

하나님께는 사생아가 없다. 우리 가운데 하나님이 원하지 않았거나 예상하지 못한 사람은 아무도 없다. "곧 창세전에 그리스도 안에서 우리를 택하사 우리로 사랑 안에서 그 앞에 거룩하고 흠이 없게 하시려고"(엡 1:4).

우리는 고아원에 버림받아서 누군가에게 입양되기 위해 최선을 다하는 아이가 아니다. "우리 구주 하나님의 자비와 사람 사랑하심이 나타날 때에 우리를 구원하시되 우리가 행한 바 의로운 행위로 말미암지 아니하고 오직 그의 긍휼하심을 따라 중생의 씻음과 성령의 새롭게 하심으로 하셨나니"(딛 3:4-5). 예전에는 자비를 받지 못했으나 지금은 자비를 얻은 자인 것이다. "그러므로 이제부터 너희는 외인도 아니요 나그네도 아니요 오직 성도들과 동일한 시민이요 하나님의 권속이라"(엡 2:19).

하나님과의 관계를 막는 장애물

어느 남성 모임에서 다른 사람을 용서하는 것을 주제로 이야기를 나눈 후, 두 형제가 나를 찾아왔다. 한 사람이 오랫동안 교회에 다니지 않은 자기 형제를 데려온 것이다. 그의 첫마디는 이것이었다. "박사님, 저는 정경성을 받아들이기가 어렵습니다. 그 주제를 다룬 책을 일곱 권이나 읽었는데도 아직 받아들일 수가 없어요."

처음에는 그가 무슨 말을 하는지 몰랐다. 나중에야 그가 "어떤 책이 정확하게 권위적으로 성경에 포함될 수 있는지 결정하는 것"에 대해 이야기하고 있다는 것을 알았다. "아, 성경의 정경화 작업을 말하는 거군요!"

그런데 정말 그것이 그의 문제였을까? 나는 그가 성경의 책들을 수집한 근거에 동의하지 않기 때문에 신앙이 무너졌다는 것을 믿을 수 없었다. 나는 그를 더 압박해서 진짜 문제가 무엇인지 알아냈다.

두 형제는 자신들의 이야기를 들려주었다. 주로 그들을 받아주지 않은 의붓아버지에 대한 이야기였다. 의붓아버지는 나쁜 사람이 아니었으나,

그 형제들은 그와 가까워질 수 없었다. 심지어 어머니와도 유대관계가 없었다. 그러다 보니 결국 그들과 하나님의 관계도 학문적인 수준에 머물렀다. 그들 부모와의 관계처럼 기능적인 것에 지나지 않은 것이다.

내가 유대관계의 본질을 설명하기 시작하자, 한 명이 시계를 보더니 말했다. "시간이 늦었네요."

"자, 보세요. 누군가가 개인적으로 가까이 다가가려 하면 당신은 화제를 바꿉니다." 그날 밤 신앙을 버렸던 그 형제는 의붓아버지를 용서했고, 다음 날 아침에 남성 모임에서 간증하는 노래를 불러도 되는지 물었다. 그 순간 우리 모두 눈에 눈물이 고였다.

이 형제들과 비슷한 사람이 많다. 누군가가 가까이 다가가면 빠져나갈 출구를 찾는 것이다. 그러나 삶에 있는 개인적인 문제들을 대면할 때까지는 하나님과 가까워질 수 없을 것이다. 어떤 사람들은 그들의 신학 뒤에 숨는다. 컨퍼런스에서는 어떤 사람, 주로 남성들이 성경을 들고 찾아와 논쟁하고 싶어하는 일이 흔하다. 상황에 따라 필요하다면 나는 이렇게 말한다. "네, 타당한 질문입니다. 그런데 당신이 개인적으로 싸우고 있는 문제가 무엇인지 물어도 될까요? 혹시 결혼생활이나 가정에 문제가 있나요? 인생의 목적의식 때문인가요?" 어떤 사람들은 내가 관심을 보이며 질문하는 것에 감동하기도 하지만, 내가 가까이 다가가지 못하도록 계속 논쟁하며 연막을 치는 사람들도 있다.

우리는 모두 하나님의 자녀

사탄이 많이 하는 거짓말은 어떤 식으로든 당신과 내가 다른 사람들과 다르다는 것이다. 우리는 이렇게 생각한다. '이 사람들은 하나님이 받아주시지만 나는 받아주지 않으실 거야.' 자칭 그리스도인이라는 청년 1,725명을 대상으로 조사한 적이 있다. 그중 74퍼센트는 기독교가 다른 사람들에게 도움이 되지만 자신에게는 그렇지 않다고 믿었다. 정말 그럴까? 당연히 아니다. 그러나 그렇게 믿는다면 그것이 그들의 삶의 방식에 영향을 끼칠 것인가? 그렇다. 이성적으로 살아가는 많은 성인이 나를 찾아와서는 자신은 다른 사람들과 다르다고 생각한다는 말을 한다. 이상하게 들릴 수도 있지만, 사탄이 그들의 생각에 많은 영향을 끼쳐서 실제로 자신은 다른 사람들과 완전히 다르다고 믿게 된 것이다. 그러나 그것은 사실이 아니다. 모든 그리스도인은 하나님의 자녀이며, 하나님의 백성과 함께 살아가는 하늘나라의 시민이다.

하늘에 계신 사랑하는 아버지, 저를 사랑하시고 택해 주셔서 감사합니다. 하나님이 저를 원치 않으시거나 보살펴주지 않으신다는 사탄의 거짓말을 믿지 않습니다. 이제 제가 하나님께 낯선 사람이 아니라는 것을 믿기로 선택합니다. 저는 하나님의 백성과 함께 하늘나라의 시민이며 하나님의 가족입니다. 주님의 큰 사랑으로 제가 주님의 가족으로 입양된 사실을 기쁨으로 받아들입니다. 주의 자비로 저는 구원받았습니다. 내 주요 구주이신 예수 그리스도의 놀라운 이름으로 감사하며 기도드립니다. 아멘.

10장
나는 성령을 통해 하나님께 직접 나아갈 수 있습니다

또 오셔서 먼 데 있는 너희에게 평안을 전하시고 가까운 데 있는 자들에게 평안을 전하셨으니 이는 그로 말미암아 우리 둘이 한 성령 안에서 아버지께 나아감을 얻게 하려 하심이라(에베소서 2장 17-18절).

해군이 되기 위해 기본 훈련을 마친 뒤, 나는 당직 사관과 저녁 당직을 서게 되었다. 그는 아주 매력적인 중위였다. 우리는 공통점이 많았고 저녁마다 이야기를 나누며 즐거운 시간을 보냈다. 그러나 그는 군대에서 높은 권위를 대표하고 있었고, 나는 그의 명령을 수행해야 하는 사람이었다.

당직을 서는 4시간 동안 신병 몇 명이 징계를 받기 위해서나 다양한 요구 사항을 들고 그의 사무실을 찾아왔다. 용무가 무엇이든 그를 찾아오는 사람은 모두 해군 규정에 따라 명확하게 "큰소리로 말해야" 했다. 제대로 못하면 다시 해야 했다. 어떤 사람은 두려움이 역력한데도 제대로 할 때까지 몇 번이고 반복했다. 그들은 그를 무서워했고 그에게 자비를 바랐다.

최고 권위자에게 다가간다는 것

나 역시 출근을 하면 조금은 두려운 마음으로 이 권위자에게 다가갔다. 그러나 나는 그곳에 있을 권리가 있으며, 이 중위와 좋은 관계를 유지하는 한 그곳이 본부에서 가장 안전한 장소라는 것을 곧 깨달았다. 내 안정감은 이 권위자에 대한 나의 순종과 존경에 달려 있었다. 나는 무례하게 행동하거나 불순종해서 그 권리를 남용하려 하지 않았다. 또한 다른 신병들도 겸손하고 올바른 태도로 다가가면 그와 같은 안정감을 누릴 수 있다는 것을 알게 되었다.

하나님께 나아가는 길은 단 하나다. "내가 곧 길이요 진리요 생명이니 나로 말미암지 않고는 아버지께로 올 자가 없느니라"(요 14:6)고 말씀하신 예수 그리스도를 통하는 것이다. 예수님이 문이시다. 그분을 통해서 우리는 은혜의 보좌로 나아갈 수 있다. 우리가 그곳에 있을 수 있는 것은 오로지 주 예수 그리스도의 보혈과 은혜 덕분이다.

히브리서 기자는 이렇게 말한다. "그러므로 우리는 긍휼하심을 받고 때를 따라 돕는 은혜를 얻기 위하여 은혜의 보좌 앞에 담대히 나아갈 것이니라"(히 4:16).

> 우리가 그 안에서 그를 믿음으로 말미암아 담대함과 확신을 가지고 하나님께 나아감을 얻느니라(엡 3:12).

우리는 하나님 앞에 나아갈 **권리**가 있고 **그리스도 안에** 있으며, 그리스도는 하늘 아버지와 함께 앉아 계신다.

두려워하지 말라

일부 권위자가 권력과 지위를 남용하면서 많은 사람이 권위자를 두려워하게 되었다. 어린아이들은 부모에게 다가가길 두려워하고, 고용인은 상사에게 위협을 느끼며, 일부 교인들은 율법주의 지도자와 대면하는 걸 두려워한다. 사람들은 종종 인간 권위자를 하나님께 투영하여 반응한다. 그들이 "중간 목자"에게 다가갈 수 없다면 어떻게 하나님께 다가갈 수 있겠는가? 그러나 하나님은 그들과 다르다. 하나님은 사랑이시며, 우리가 받아야 할 벌을 자신의 독생자에게 부과하셨다. 요한이 첫 서신서에서 말하는 것이 바로 이것이다.

하나님이 우리를 사랑하시는 사랑을 우리가 알고 믿었노니 하나님은 사랑이시라 사랑 안에 거하는 자는 하나님 안에 거하고 하나님도 그의 안에 거하시느니라 이로써 사랑이 우리에게 온전히 이루어진 것은 우리로 심판 날에 담대함을 가지게 하려 함이니 주께서 그러하심과 같이 우리도 이 세상에서 그러하니라 사랑 안에 두려움이 없고 온전한 사랑이 두려움을 내쫓나니 두려움에는 형벌이 있음이라 두려워하는 자는 사랑 안에서 온전히 이루지 못하였느니라(요일 4:16-18).

확신 있게 나아가라

하나님을 두려워하는 것은 새로운 문제가 아니다. 구약성경에서는 하나님께 다가가는 것을 금하고 있고, 사람들은 하나님의 심판을 두려워했다.

오직 속죄일에 대제사장만 지성소에 들어갈 수 있었다. 그것은 놀라운 경험이었다. 그는 먼저 지성소에 들어갈 자격을 얻기 위해 정결 의식을 거쳤다. 대제사장은 다리에 끈을 묶고 옷 아랫자락에는 방울을 달았다. 밖에 있는 사람들이 방울소리를 들을 수 있도록 한 것이다. 방울소리는 그가 하나님 앞에서 아직 살아 있다는 뜻이었다. 방울소리가 들리지 않으면 끈을 잡아당겨 그를 밖으로 끌어냈다.

옛 언약 아래에서는 하나님이 계시는 성소에 들어가는 길이 사람들에게 닫혀 있었다. 짐승 제물의 피는 그들의 죄를 온전히 대속하지 못하기 때문이다. 그러나 오늘날에는 신자들이 은혜의 보좌에 나아갈 수 있다. 완전한 제사장이 완전한 제사를 드려 단번에 영원한 대속을 이루셨기 때문이다. 예수님이 죽으셨을 때 성소와 지성소 사이의 휘장이 "위로부터 아래까지 찢어져 둘이 되었다"(막 15:38). 휘장은 고난당한 그리스도의 몸을 상징한다. 그분의 몸이 찢겨서 하나님 앞에 나아갈 길이 열린 것이다.

히브리서 기자는 주 예수 그리스도가 우리를 위해 마련해 주신, 하나님의 임재로 들어가는 길을 아름답게 묘사한다.

그러므로 형제들아 우리가 예수의 피를 힘입어 성소에 들어갈 담력을 얻었나니 그 길은 우리를 위하여 휘장 가운데로 열어놓으신 새로운 살 길이요 휘장은 곧 그의 육체니라 또 하나님의 집 다스리는 큰 제사장이 계시매 우리가 마음에 뿌림을 받아 악한 양심으로부터 벗어나고 몸은 맑은 물로 씻음을 받았으니 참 마음과 온전한 믿음으로 하나님께 나아가자 또 약속하신 이는 미쁘시니 우리가 믿는 도리의 소망을 움직이지 말며 굳게 잡고 서로 돌아보아 사랑과 선행을 격려하며(히 10:19-24).

하나님께는 우회로가 없다

나는 주 예수 그리스도의 보혈을 통하지 않고 다른 것을 기반으로 하나님께 나아가기를 원치 않는다. 하나님의 권위를 존중하지 않는 거만한 사람들, 자신의 노력으로 하나님께 나아가려는 사람들이 기대할 수 있는 것은 끔찍한 심판뿐이다. 히브리서 기자는 계속해서 이렇게 말한다.

> 우리가 진리를 아는 지식을 받은 후 짐짓 죄를 범한즉 다시 속죄하는 제사가 없고 오직 무서운 마음으로 심판을 기다리는 것과 대적하는 자를 태울 맹렬한 불만 있으리라 모세의 법을 폐한 자도 두세 증인으로 말미암아 불쌍히 여김을 받지 못하고 죽었거든 하물며 하나님의 아들을 짓밟고 자기를 거룩하게 한 언약의 피를 부정한 것으로 여기고 은혜의 성령을 욕되게 하는 자가 당연히 받을 형벌은 얼마나 더 무겁겠느냐 너희는 생각하라 원수 갚는 것이 내게 있으니 내가 갚으리라 하시고 또다시 주께서 그의 백성을 심판하리라 말씀하신 것을 우리가 아노니 살아 계신 하나님의 손에 빠져 들어가는 것이 무서울진저(히 10:26-31).

참된 신자는 그리스도의 희생을 거부하지 않는다. 따라서 이 구절은 구원을 잃어버릴 수 있다며 그리스도인들을 협박하려는 것이 아니다. 그리스도의 속죄 제사를 거부하는 것은 유일한 제사를 거부하는 것이다. 다른 희생 제사는 없다. "이것들을 사하셨은즉 다시 죄를 위하여 제사 드릴 것이 없느니라"(히 10:18). 그리스도가 최종적으로 죽으셨으며 우리 죄는 사하여졌다. 당신이 하나님의 자녀라면 그리스도의 희생을 거부하지 않은 것이며, 그것을 구원의 기초로 받아들인 것이다. 어떤 그리스도인도 용서받지 못할 죄를 범할 수는 없다. 유일하게 용서받을 수 없는 죄는 불신이다. 이것은 사람들로 하여금 영원히 하나님의 은혜를 누리지 못하게 만든다. 그러나 당신은 은혜를 받았으니 죄를 용서받은 것이다.

그러나 이 구절은 그리스도인에게 죄의 공격적인 본성과, 죄가 우리 자신과 우리의 증거와 그리스도의 인격에 끼치는 해를 진지하게 받아들이라는 냉철한 경고 역할을 한다.

예수 안에 있는 승리

오랫동안 사람들이 그리스도 안에서 자유를 발견하도록 도와온 나는 사탄이 성경의 다른 구절보다 특히 히브리서 6장과 10장(용서받을 수 없는 죄의 개념)에 대한 잘못된 가르침과 개인적인 오해를 이용한다는 것을 분명하게 말해 줄 수 있다. 이 강력한 간증을 읽고 잘 생각해 보라.

『이제 자유입니다』를 읽고 라디오에서 박사님 이야기를 듣고 나서 저는 박사님께 편지를 쓰지 않을 수 없었습니다. 하나님은 9년 동안 사탄의 굴레에 붙들려 있던 저를 구해 주셨습니다. 그동안 저는 정상적으로 생활할 수 없을 만큼 두려움 속에서 살았습니다.

제가 다니던 교회에서는 우리가 그리스도 안에서 안전하다는 것을 가르쳐 주지 않았습니다. 목사님은 용서받을 수 없는 죄를 범한 후 용서받으려고 노력했지만 그러지 못한 사람들의 이야기를 들려주셨습니다. 저는 그 이야기를 떨쳐버리려 했습니다. 그런데 얼마 후 집을 청소하는데 마음속에서 처음으로 음성이 들렸습니다. 하나님을 모독하는 말이었습니다. 마치 배를 한 대 얻어맞은 것 같았습니다. 고통에 몸을 구부리자 두려움이 저를 압도해 왔습니다.

그후 그 음성은 더 거칠어지고 하나님과 예수님을 더 자주 모독했습니다. 그리고 결국에는 성령님을 모독하는 말까지도……. 신성모독적인 생각들 뒤에는 이런 비난이 따라왔습니다. "네가 그렇게 했으니 넌 지옥에 가야 마땅해. 하나님은 너를 사랑하실 수 없어." 마음속에서 그 음성을 몇 번이고 반복해서 듣다 보니 급기야는 미쳐버릴 것 같았습니다. 아무에게도 말할 수 없었고, 잠도 잘 수 없었습니다. 악몽 때문에 밤이 두려웠습니다. 한 번은 제 이름을 부르는 무서운 목소리에 잠이 깼습니다. 눈을 떠보니 서랍장 위에 기괴한 형체가 앉아 있는 게 보였습니다. 마귀의 존재가 어찌나 강력하던지 마치 지옥 끝에 있는 것 같았습니다.

기도하려고 하면 그 음성이 더 심하게 들렸습니다. 아무도 저를 이해하지 못할 것 같은 두려움에 누구에게도 말할 수 없었지요. 제 삶은 온통 두려움에 휩싸였습니다. 교회에 알렸더니 장로님들이 안수기도를 해주셨지만 아무리 기도해도 소용없었습니다. 저는 건강과 가족, 분별력을 잃어가고 있었습니다. 심지어 자살까지 시도할 정도였으니까요.

그러다가 진정으로 하나님의 말씀을 가르치는 다른 교회에 다니게 되었습니다. 성경을 공부하고 암송하면서 저는 다시 영적으로 성장하기 시작했습니다. 어느 날 우연히 누가복음 10장 19절을 보는데 하나님의 임재가 느껴졌습니다. 어떻게 된 건지는 모르겠지만, 고통스러운 9년 동안 하나님의 능력이 저를 지켜주었다는 걸 알게 됐습니다. 로마서 8장 38-39절에서 말하듯이, 아무것도 저를 해치거나 하나님에게서 떼어낼 수 없었습니다.

하나님은 늘 저를 보호하셨습니다. 제가 할 일은 그리스도 안에서 제게 있는 권위를 행사하는 것이었습니다. 하지만 두려움이 계속 그 일을 하지 못하게 막고 있었던 거죠. 처음으로 제가 두려워할 것이 아무것도 없다는 걸 깨달았습니다. 하나님은 결코 저를 떠나지 않으실 테니까요. 저는 하나님의 사랑을 매우 강하게 느꼈습니다. 하나님은 제가 하나님의 자녀라는 걸 보여주셨습니다. 그렇지 않다면 사탄의 공격을 견디지 못했을 거예요. 그때 제가 완전히 자유롭다는 걸 알았습니다. 이제는 두려움과 씨름하지 않습니다. 박사님이 책에서 말한 것처럼, 사탄은 이빨 빠진 사자입니다. 으르렁거리기만 할 뿐이지요. 이제 저는 그리스도 안에서 제가 승리한 것을 주장합니다.

예수 그리스도 안에 있는 권위를 사용하여 마귀를 대적하기만 하면 되는데, 저는 몇 년을 흘려보냈습니다. 하지만 내가 용서받지 못할 죄를 범해서 구원을 잃어버렸다고 생각하면 나 자신에게 권위가 없다고 생각되거든요. 이것이 마귀의 악한 수법이었습니다. 제 최악의 두려움을 이용해서 몇 년 동안 저를 결박해 온 겁니다.

제가 얻은 놀라운 구원, 주님이 제게 주신 자유, 제가 그분 안에서 누리는 안정감에 날마다 감사드립니다. 이제는 사탄이 밤늦게 위협 전술을 쓰며 다가올 때 그에 대한 제 권한을 주장하면 그가 떠나갑니다. 모든 그리스도인이 자신이 그리스도 안에서 누구인지, 사탄에 대해 어떤 권한을 지녔는지 알면 좋겠습니다. 우리가 섬기는 하나님이 얼마나 크고 놀라운 분인지를요. 하나님의 자녀로 우리는 과거를 용서받았고, 현재는 안전하며, 미래가 밝다는 것을 알아야 합니다!

오직 주의 은혜로

우리는 무슨 자격으로 하나님의 보좌로 나아가는가? 우리 주 예수 그리스도의 보혈을 통해, 오직 그분의 은혜로 말미암아 나아간다. 우리의 위대한 대제사장이신 예수님 덕분에 우리는 확신 있게 지성소로 들어간다. 예수님의 의로 우리는 그곳에 서 있다. 히브리서 기자는 이렇게 말한다. "참 마음과 온전한 믿음으로 하나님께 나아가자 또 약속하신 이는 미쁘시니 우리가 믿는 도리의 소망을 움직이지 말며 굳게 잡고"(히 10:22-23). 그리스도가 우리를 위해 십자가 위에서 이루신 일에 근거하여 우리는 기도할 수 있다.

하늘에 계신 사랑하는 아버지, 당신은 거룩하고 가장 높으신 우주의 주님입니다. 저는 당신의 권위를 인정합니다. 주 예수 그리스도의 보혈로 주의 임재 앞에 나아갑니다. 제가 주님 앞에 설 자격이 없다는 것을 고백합니다. 제 생명의 주이신 주님을 높이고 신뢰하며, 주님께 순종하기 위해 헌신합니다. 주의 사랑으로 이제는 형벌이 두렵지 않습니다. 대신 유일하게 안전한 장소인 주님의 임재에 거하기를 구합니다. 주님이 저를 사랑하지 않는다거나 제가 주님 앞에 설 자격이 없다는 사탄의 거짓말을 믿지 않습니다. 그러므로 자유와 확신 가운데 진실한 마음과 온전한 믿음으로 주께 나아갑니다. 예수님의 귀한 이름으로 기도합니다. 아멘.

11장

나는 구원받았고 모든 죄를 용서받았습니다

그가 우리를 흑암의 권세에서 건져내사 그의 사랑의 아들의 나라로 옮기셨으니 그 아들 안에서 우리가 속량 곧 죄 사함을 얻었도다(골로새서 1장 13-14절).

사역 초기에는 어둠의 영역이 얼마나 악하고 컴컴한지 몰랐다. 나는 좋은 부모 밑에서 자랐고 부유한 나라의 유산을 받았기 때문에 그러한 악을 겪어본 적이 없었다. 지금은 거의 날마다 직면하지만 잘 믿기지 않는다. 말할 수 없는 잔혹 행위의 희생자들에게 끔찍한 이야기들을 들으면, 어떻게 그런 가증스러운 이야기를 듣고도 세상은 해결책을 찾지 않는지 의문이 들 수밖에 없다. 그리스도 안에서 자유를 찾도록 사람들을 돕는 법을 배우지 않았더라면 나는 그런 이야기들을 듣고 겁에 질렸을 것이다. 배려하는 마음이 있는 사람은 누구나 염려할 것이다. 그러나 해결책이 없으면 그러한 이야기를 멀리하거나 자신을 보호하기 위해 감정적으로 무뎌질 수

밖에 없을 것이다.

포로가 자유로워지다

우리 콘퍼런스에 참석한 교도소 사역 목사에게 받은 편지를 소개한다.

지난봄에 박사님의 콘퍼런스에 참석했는데, 그 일이 제 사역에 엄청난 영향을 끼쳤다는 걸 알려주고 싶었어요. 교도소 목사인 제가 만나는 사람들은 대부분 어떤 식으로든 속박되어 있습니다. 저는 재소자들에게 "자유에 이르는 일곱 단계"를 진행할 기회가 몇 번 있었습니다. 그때마다 그들이 삶의 속박에서 자유를 찾는 일이 일어났습니다. 박사님의 사역은 제 사역에 혁신을 일으킬 것입니다. 그것은 모든 전쟁 문제의 핵심을 강타합니다. 프레드릭은 자유에 이르는 일곱 단계를 모두 거친 사람입니다. 그는 남아메리카 출신으로, 박사님이 상상할 수 있는 온갖 악한 일을 모두 경험했습니다. 그의 부모는 주술사와 관계되어 있었고, 그도 마찬가지였지요. 오랫동안 조직범죄에서 청부살인을 했고, 총이나 칼로 많은 사람을 죽였습니다. 그의 몸은 온통 마귀의 문신으로 가득했습니다. 용, 뱀, 666 같은 것이죠. 그는 남녀 모두와 온갖 성도착 행위에 몰두했고, 성매매를 하기도 했습니다. 사탄 숭배에도 가담했고요.
프레드릭은 3년 반 전에 기독교 사회복귀훈련시설에서 그리스도를 영접했으나 여전히 압박감을 느꼈고, 항상 사람들에게 상처를 주라고 말하는 목소리가 들린다고 했습니다. 침대에 누워 있는데 누군가가 그를 목 졸라 죽이려고 하는 걸 느낀 적도 여러 번 있었죠. 영혼들이 그 옆에 나타나는 것도 자주 보았습니다. 몇 주 전, 저는 그와 함께 "자유에 이르는 일곱 단계"를 시작했습니다. 그는 즉시 자유를 얻었고 그후로는 목소리가 들리거나 영혼들이 보이지 않게 되었습니다. 주님을 찬양합니다.

사탄의 결박이 풀리다

또 다른 극단적인 경우가 있다. 좋은 집안에서 자란 매력적이고 젊은 대학생이 자신의 삶을 위한 도움을 간절히 구하며 내 사무실에 찾아왔다. 우리는 함께 이야기를 나누고 기도했는데, 몇 달 후 이런 편지를 받았다.

우리가 만났을 때, 주님이 저를 붙잡고 있던 사탄에게서 완전히 벗어나게 해주셨어요. 잘 설명하지는 못하겠고 때로 말하기 쑥스럽기도 하지만, 제 머리는 완전한 자유를 느끼고 있어요! 이제는 제 머리를 무겁게 짓누르는 목소리나 느낌이 없고, 온몸이 자유를 느낍니다.

여러 번 사탄이 돌아와서 하나님에 대해, 또 저와 하나님의 관계에 대해 낡고 부정적인 생각들로 공격하려 했지만, 예전처럼 제 삶을 장악할 수는 없었어요. 우리가 기도한 후로 정말 많은 일이 일어나서, 다 기록하려면 끝도 없을 것 같아요. 솔직히 저는 아무도 의지할 사람이 없고 제 감정을 이해해 줄 수 있는 사람이 없을 것 같았거든요.

추신. 명석한 두뇌를 가진 분과 직접 만나서 문제를 해결하는 것은 놀랍고 흥미진진한 경험이었습니다.

그리스도가 자유롭게 해주실 때 우리는 정말로 자유로워진다!

값이 지불되다

자유에 이르는 일곱 단계를 인도하고 나서 어느 정도 시간이 지나면 사람들이 이렇게 묻는다. "어떻게 보답해야 할까요?" 그럴 때면, "저한테는 아무것도 갚을 게 없습니다. 이미 대가를 다 지불했으니까요"라고 말하는 것이 얼마나 기쁜지 모른다. 고통당하는 사람들이 그리스도 안에서 자유를 찾는 모습을 보는 일은 나의 특권이다. 그리고 이 특권은 당신도 누릴 수 있다. 이 시간들이 지나고 내 기억 속에 남는 것은 학대와 잔혹 행위가 아니라 자유다.

역사적, 전통적으로 교회는 하나님이 죄의 노예 시장에서 죄인들을 사기 위해 십자가에 못 박히신 주 예수 그리스도의 보혈로 몸값을 다 지불하셨다고 가르친다(베드로전서 1장 18-19절 참조). 여기서 말하는 것은 우리가 구속받았으며, 몸값을 지불하고 자유를 부여받았다는 사실이다. 디도서는 이렇게 말한다.

> 우리의 크신 하나님 구주 예수 그리스도 …… 그가 우리를 대신하여 자신을 주심은 모든 불법에서 우리를 속량하시고 우리를 깨끗하게 하사 선한 일을 열심히 하는 자기 백성이 되게 하려 하심이라(딛 2:13-14).

자유가 행위를 바꾸다

영적으로 갇힌 사람들이 자유로워지면, 선한 일에 열정을 갖게 된다. 예를 들어 당신이 창녀였는데, 왕이 모든 창녀를 용서한다고 선언했다고 하

자. 당신은 그 칙령과 그 위에 찍힌 도장을 본다. 정말 좋은 소식이지 않은가? 당신은 아마 매우 기뻐할 것이다. 그러나 그 소식을 들은 것만으로 당신 자신에 대한 관점이 바뀔 것 같은가? 그렇지 않다. 당신은 아마 자신을 여전히 창녀로 인식할 것이다. 그것이 당신의 행동을 바꿀 것 같은가? 역시 그러지 않을 가능성이 크다. 당신은 그저 이제 몰래 숨어서 거래하지 않아도 될 뿐이다.

그러나 만일 왕의 칙령에 당신이 용서받았을 뿐만 아니라 당신을 왕의 신부로 삼는다고 되어 있다면 어떻겠는가? 당신이 왕비가 된다면 그 변화가 당신 자신에 대한 관점을 바꾸겠는가? 그것이 당신의 행동을 바꿀 것인가? 당연히 그럴 것이다! 왕비인데 왜 창녀처럼 살겠는가?

요한계시록 17장 5절은 사탄의 왕국이 다음과 같다고 말한다.

비밀
큰 바벨론
땅의 음녀들과 가증한 것들의 어미

반면 요한계시록 21장 9절은 교회를 "그리스도의 신부", "어린양의 아내"라고 말한다. 하나님의 관점에서 볼 때 하나님의 백성은 극진히 사랑받는 신부로 모두 특별하다. 그들이 그것을 진정으로 알고 믿었다면 사랑이 충만한 마음으로 선한 일을 했을 것이다. 그것이 요한일서 3장 3절에서 "주를 향하여 이 소망을 가진 자마다 그의 깨끗하심과 같이 자기를 깨끗하게 하느니라"고 말하는 이유다.

하나님의 사람들은 특별하다

1년 전에 나는 한 구제선교회에서 직원과 담당 사역자들에게 말씀을 전해 달라는 요청을 받았다. 이 모임은 단순히 여러 교회가 참여하여 집 없고 궁핍한 사람들과 함께 나누는 평범한 예배가 아니었다. 그리스도를 믿고 첫 걸음을 내딛은 노숙인들의 모임이었다. 내가 들어가서 소개하기도 전에 모든 사람이 일어나 박수를 쳤다. 순간 어리둥절했다. 나는 이 사람들을 만난 적이 없었기 때문이다.

잠시 뒤, 그들이 우리가 제작한 비디오 시리즈인 "개인적, 영적 갈등 해결하기"(Resolving Personal and Spiritual Conflicts)를 보았다는 것을 알았다. 사실 그들은 내게 박수를 친 것이 아니었다. 그들이 들은 메시지, 즉 그들이 단지 술주정뱅이, 부랑자, 놈팽이들이 아니라 하나님의 자녀이며 어둠의 왕국에서 빛의 왕국으로 옮겨진 특별한 사람들이라는 메시지에 박수를 보낸 것이었다. 그들은 구속과 죄 사함을 받아들였다. 바울은 이렇게 말한다. "너희가 전에는 어둠이더니 이제는 주 안에서 빛이라 빛의 자녀들처럼 행하라"(엡 5:8).

하늘에 계신 사랑하는 아버지, 저를 어둠의 지배에서 구원해 주셔서 감사합니다. 주님의 큰 은혜로 이제 저는 어둠의 자식이 아니라 빛의 자녀임을 선포하며 빛 가운데서 행하기로 선택합니다. 또한 주께서 제게 그렇게 행할 수 있는 능력을 주시길 간구합니다. 제가 단지 과거의 산물일 뿐이라는 거짓말을 믿지 않으며, 그리스도가 십자가에서 이루신 사역의 결과물이라는 진리를 선포합니다. 계속 저를 과거에 매여 있게 하고 사탄의 거짓말을 믿게 하는 것들이 제 삶에 있는지 보여주십시오. 과거에 속한 모든 어둠의 활동과 사탄의 거짓말을 거부할 수 있는 은혜를 주옵소서. 이제 영원히 나 자신을 주님께 드립니다. 예수님의 귀한 이름으로, 그분의 보혈을 통해 기도합니다. 아멘.

12장
나는 완전합니다

그 안에는 신성의 모든 충만이 육체로 거하시고 너희도 그 안에서 충만하여졌으니 그는 모든 통치자와 권세의 머리시라(골로새서 2장 9-10절).

디트로이트에서 가장 고급스럽고 강한 자동차라고 광고하는 신형 차가 생산되어 나왔다고 하자. 배터리 때문에 그 자동차는 시동에 필요한 전원을 공급받을 수 있으나 아직 기름은 채워져 있지 않다. 아마존의 외딴곳에 사는 한 부족민을 데려와서 이 아름다운 차를 살펴보게 했다. 자동차에 대한 사전 지식이 없는 그는 이 물건의 목적이 무엇인지 궁금했다.

아름다운 선, 대칭, 크롬, 페인트 등을 유심히 관찰한 아마존 부족민은 조각상처럼 아름다움을 표현하기 위한 물건이라고 생각했다. 앞좌석에 앉아 의자를 뒤로 젖혀보고 위아래로 움직일 때는 작은 집처럼 편안하게 쉬게 해주는 물건이 아닐까 생각했다. 4채널 입체음향을 켜보고는 음악을 즐기기 위해 만들어진 것일지 모른다고 생각했다. 전조등과 실내등을 켜 봤을 때는 빛을 밝히기 위한 것일까 생각했다. 경적을 울려보고는 자동차가 주의를 주기 위한 것이라고 생각했다. 그때 어떤 사람이 차에 휘발유를 가득 채우고 기어를 넣자 차가 앞으로 움직이기 시작했다. 마침내 부족민은 자동차가 만들어진 진짜 목적을 이해했다.

자동차의 목적은 "운송"이다. 그러나 휘발유가 없으면 그 목적을 완수할 수 없다. 차체와 액세서리들이 아무리 고급스러워도, 그것으로는 차를 움직일 수 없다. 엔진 자체에도 힘은 없다. 엔진의 역할은 휘발유를 사용가능한 에너지로 전환시키는 것이다. 그때 비로소 자동차는 목적을 완수할 수 있다.

우리의 목적을 완수하기

우리는 결코 하나님과 상관없이 살아가도록 만들어지지 않았다. 하나님은 아담과 하와를 영적으로 살아 있게 만드셨다. 즉 그들의 영혼은 하나님과 하나였다. 오직 이 길을 통해서만 그들이 창조된 목적을 이룰 수 있었다. 그러나 인간은 반역하여 하나님에게서 독립된 삶을 택했다. 죄를 통해 하나님과 분리된 것이다. 그러나 하나님의 계획은 우리를 다시 그리스도 안에서 온전케 하는 것이다. 주님 없이는 우리가 불완전하기 때문이다. 다음과 같은 한 여성의 간증이 이것을 잘 설명해 준다.

우리 가족을 잘 묘사하는 단어를 꼽으라면 "장애"일 거예요. 우리 어머니는 근위축증, 아버지는 소아마비, 오빠는 뇌성마비였으니까요. 저는 신체적인 문제가 없었지만 사람들의 시선을 보면 항상 우리 가족이 정말 이상하게 느껴졌어요.

아버지는 매우 난폭했고 주기적으로 우리를 때렸어요. 한번은 분노가 폭발해서 휠체어에 앉아 있는 어머니의 머리를 붙잡고 주방 조리대에 마구 찧었어요. 아버지는 포르노에 중독되어 있었는데, 종종 저를 "잡년"이나 "창녀" 같은 끔찍한 단어로 불렀어요. 제가 재봉 수업에서 만든 드레스를 찢으면서 그런 옷은 창녀만 입는 거라고 말한 적도 있어요. 저는 어머니가 울면서 주님께 힘을 달라고 부르짖는 걸 자주 들었어요. 반면 저는 서서히 희망을 잃어갔습니다. 7학년이 되어서는 술을 통해, 그 다음엔 성관계를 통해 탈출구를 찾으려 하다가 결국 낙태까지 하고 말았지요. 제가 열일곱 살 때 어머니가 돌아가셨고, 열여덟 살에 집에서 나와 혼자 생활하게 되었답니다.

마침내 평안을 찾을 수 있을 거라 생각했지만, 오히려 공허감과 죄책감만 가득했어요. 제 삶을 어떻게 해야 할지는 몰랐지만, 제게 도움이 필요하다는 건 알았어요.

하루는 우연히 교회에 들어가서 하나님의 용서와 사랑에 관한 설교를 들었습니다. 저는 흐느끼면서 예수님께 제 삶에 들어와 달라고 기도했어요. 그러자 제 마음에서 거대하고 무거운 짐이 떠나가면서 말로 표현할 수 없는 기쁨을 경험했어요. 몇 달 동안 성경공부 모임에 나가 다른 그리스도인들을 만나면서 영적으로 고조되었어요. 하지만 교회에 다니지 않는 제 남자친구는 계속 제가 이상해지고 있다고 했어요. 그런 그의 말에 저는 겁이 났습니다. 아직 성경을 많이 알지 못했거든요. 게다가 저는 그와 함께 살고 있었고, 실제로는 제가 그 친구를 먹여 살리고 있었지만 그래도 그가 필요하다고 느꼈어요.

우리는 결혼을 했는데 모든 상황이 더 나빠졌습니다. 그는 도박을 했고 저는 다시 술을 마시기 시작했거든요. 우리의 첫 아기에게서 제가 그토록 갈망해 온 만족감이 채워지길 바랐지만, 그런 일은 일어나지 않았어요. 둘째 아기가 6개월 되었을 때 남편은 도박으로 우리 돈을 모두 날려버렸고, 끝내 저는 그를 떠났습니다.

몇 달 동안 절망과 어둠 속에서 살았지요. 그러다 어느 날 밤 "다시 삶을 시작해 보자"고 결심했습니다. 저는 파티를 열고 남자들의 관심을 끌기 시작했어요. 그들이 결혼을 했는지 안 했는지는 중요하지 않았어요. 다만 제가 괜찮다고 말해 줄 수 있는 사람을 원했을 뿐이었죠. 하지만 또 한 번 파괴적인 관계를 겪고 나서 주님이 제게 이렇게 말씀하시는 걸 들었어요. "너에게 필요한 건 너를 행복하게 해줄 남자들이 아니다. 너에겐 오직 내가 필요하다." 하지만 저는 하나님께 돌아오라는 그 부드러운 부르심에 귀를 기울이지 않았어요.

그리고 멋진 남자를 만나 결혼했죠. 이제부터 멋진 삶을 살게 될 거라 확신했어요. 하지만 결혼하고 처음 몇 년 동안 우리 두 사람 안에 있는 추한 모습이 다 드러났어요. 결국 제가 술을 마시는 것이 알코올의존증자인 남편에게 도움이 되지 않는다는 걸 깨닫고, 주님께 술을 끊을 수 있는 힘을 달라고 기도했어요. 제가 한 모든 잘못된 선택과 반항에도 하나님의 사랑이 저를 지켜주셨다는 걸 느꼈어요. 제가 하나님께 집중하고 풍성하신 주님 안에 거하기 시작하면 하나님이 남편을 책임져주실 거라고 말씀하시는 걸 느꼈어요.

그러다 훌륭한 목사님이 계신 작은 교회를 발견했고, 남편은 가끔 한 번

씩 저와 함께 교회에 갔어요. 목사님 사모님이 제 친구이자 훈련자가 되어 주셨어요. 그러던 어느 날 남편이 변했다는 걸 깨달았어요. 더 친절해지고 편안해진 거예요. 제가 그 이유를 묻자 몇 주 전에 교회에서 그리스도를 영접했다고 말해 주었어요. 그리고 그로부터 1년 반이 지난 뒤 어느 날 밤, 그가 하나님께 알코올의존증에서 벗어나게 해달라고 기도하는 걸 들었어요. 하나님은 은혜롭게 응답해 주셨죠.

그 즈음에 저는 "그리스도 안에 있는 자유"라는 콘퍼런스에 참석했고 나중에 친구와 함께 "자유에 이르는 일곱 단계"에서 기도했어요. 정말이지 눈과 마음이 열려 진리를 맞닥뜨리는 경험이었어요! 제 마음에서 아버지를 용서하자 나의 참되신 하늘 아버지가 어떤 분인지에 대해 새로운 계시가 열렸어요. 이제 저는 과거에 매어 있지 않아도 되고, 제 정체성은 그리스도 안에 있으며, 저는 주님 안에서 완전해지고 만족감을 얻는다는 걸 깨달았어요. 저는 창세전에 거룩하고 흠이 없는 사람이 되도록 그리스도 안에서 택함 받은 사람이었어요. 날마다 이 "성전" 안에서 하나님의 갑옷을 입고, 하나님의 은혜로 지금의 제가 된 것을 감사하며 하나님을 찬양합니다.

어쩌면 이 귀한 여성처럼 당신도 여러 일을 겪으며 성취와 온전함을 추구해 왔을 것이다. 다른 누군가나 물질적인 것으로는 공허함을 채울 수 없다는 것을 기억하라. 당신은 하나님과 한 영을 이루도록 창조되었고, 하나님을 온전히 신뢰할 때에만 삶에서 평안과 목적을 찾을 수 있다.

바울은 이렇게 말한다. "술 취하지 말라 이는 방탕한 것이니 오직 성령으로 충만함을 받으라 시와 찬송과 신령한 노래들로 서로 화답하며 너희의 마음으로 주께 노래하며 찬송하며"(엡 5:18-19). 오직 성령으로 충만해지면 즐겁게 생명의 길을 가며 우리의 목적을 성취할 수 있다. 내가 성숙해 가는 과정에서 어디에 있든지, 성령의 능력으로 행하지 않으면 아무것도 성취할 수 없다. 나는 오직 그리스도 안에서만 완전하다.

처음 그리스도인이 되었을 때 당신은 잔디 깎는 기계의 작은 엔진과 같았다. 당신은 필요한 임무를 완수하며 가치 있는 목적을 성취할 수 있었다. 그러나 당신의 목표는 거대한 트랙터로 성숙해가는 것이며, 더 큰 일들을 이루는 것이다. 당신이 성숙했을 때에도 잊지 말아야 할 것은 작은 엔진이든 거대한 트랙터든 연료가 없으면 아무 일도 성취할 수 없다는 사실이다. 오직 성령으로 충만할 때에만 우리가 이곳에 존재하는 목적을 성취할 수 있다.

그리스도 안에서의 온전한 삶

내가 생각하는 제자도란, 모든 사람을 그리스도 안에서 "완전한" 자로 세운다는 목표를 향해 나아가는 것이다(골로새서 1장 28절 참조). 골로새서 2장 10절에 따르면, 우리는 이미 그리스도 안에서 "완전하다"(현대인의성경 참조). 곧 그리스도가 없으면 불완전하다는 것이다. 그러나 골로새서 1장 28절에 나오는 "완전하다"에 해당하는 헬라어는 다르다. 이때는 모든 사람을 그리스도 안에서 성숙하게 한다는 뜻이다. 제자도는 그리스도 안에 굳게 뿌리를 내리고, 그 안에서 세워져 계속 그 안에서 살아가는 것이다.

하나님은 은혜롭게도 모든 그리스도인에게 **지금** 그리스도 안에서 완전한 자라는 확신을 가지라고 말씀하신다. 바울은 이렇게 말한다.

하나님이 그들로 하여금 이 비밀의 영광이 이방인 가운데 얼마나 풍성한지를 알게 하려 하심이라 이 비밀은 너희 안에 계신 그리스도시니 곧 영광의 소망이니라 우리가 그를 전파하여 각 사람을 권하고 모든 지혜로 각 사람을 가르침은 각 사람을 그리스도 안에서 완전한 자로 세우려 함이니 이를 위하여 나도 내 속에서 능력으로 역사하시는 이의 역사를 따라 힘을 다하여 수고하노라(골 1:27-29).

하늘에 계신 사랑하는 아버지, 아버지의 사랑에 감사하며, 또 제가 주님 없이는 불완전한 자임을 알게 해주셔서 감사합니다. 지금 제가 그리스도 안에서 완전한 자임을 감사드립니다. 이제 어떤 식으로든 주님과 상관없이 제 삶의 목적을 추구하지 않기로 선택합니다. 육체를 신뢰하지 않습니다. 지금 제가 주님께 의존하고 있음을 선포하며, 주의 성령으로 저를 충만케 해주시기를 간구하여 제 목적을 이루고자 합니다. 어떠한 경우에도 주님이 아닌 다른 곳에서 능력이나 만족을 찾으려 하지 않겠습니다. 주님, 저는 주님 안에서, 주님의 강한 능력 안에서 강해지겠습니다. 예수님의 귀한 이름으로 기도합니다. 아멘.

여호와께서는 지혜로 땅에 터를 놓으셨으며 명철로 하늘을 견고히 세우셨고 그의 지식으로 깊은 바다를 갈라지게 하셨으며 공중에서 이슬이 내리게 하셨느니라 내 아들아 완전한 지혜와 근신을 지키고 이것들이 네 눈앞에서 떠나지 말게 하라 그리하면 그것이 네 영혼의 생명이 되며 네 목에 장식이 되리니 네가 네 길을 평안히 행하겠고 네 발이 거치지 아니하겠으며 네가 누울 때에 두려워하지 아니하겠고 네가 누운즉 네 잠이 달리로다 너는 갑작스러운 두려움도 악인에게 닥치는 멸망도 두려워하지 말라 대저 여호와는 네가 의지할 이시니라 네 발을 지켜 걸리지 않게 하시리라.

잠언 3장 19-26절

2부

나는 그리스도 안에서
안전한 자입니다

13장
나는 안전합니다

여호와께서는 지혜로 땅에 터를 놓으셨으며 명철로 하늘을 견고히 세우셨고 그의 지식으로 깊은 바다를 갈라지게 하셨으며 공중에서 이슬이 내리게 하셨느니라 내 아들아 완전한 지혜와 근신을 지키고 이것들이 네 눈앞에서 떠나지 말게 하라 그리하면 그것이 네 영혼의 생명이 되며 네 목에 장식이 되리니 네가 네 길을 평안히 행하겠고 네 발이 거치지 아니하겠으며 네가 누울 때에 두려워하지 아니하겠고 네가 누운즉 네 잠이 달리로다 너는 갑작스러운 두려움도 악인에게 닥치는 멸망도 두려워하지 말라 대저 여호와는 네가 의지할 이시니라 네 발을 지켜 걸리지 않게 하시리라
(잠언 3장 19-26절).

안전을 이해하려면 지금 이 세상이 아니라 영원한 삶을 이해해야 한다. 우리가 통제할 권리도 없고, 통제할 수도 없는 세속적인 것들에 의존할 때, 우리는 불안해진다. 그러나 영원한 관계와 영원한 관점이 없는 사람은 종종 다음과 같이 세속적인 것에서 안전감을 찾으려 한다.

물리적인 장소

어떤 사람들은 물리적인 장소에서 안전감을 찾으려 한다. 해외를 다니며 콘퍼런스를 인도할 때 필리핀에서 아내에게 전화를 건 일이 있다. 아내

는 나에게 어떻게 지내는지 물었다. 그때는 피나투보산이 두 번째 폭발을 앞둔 상황이었고, 그 지역은 지진과 거센 태풍으로 흔들리고 있었다. 게다가 내가 살던 캘리포니아 남부에서 40년 만에 큰 지진을 경험한 지 얼마 안 되었을 때다. 그러나 그것은 모든 사람이 일어날 거라고 예측해 온 "큰일"이 아니었다. 세계의 많은 곳이 안전하지 않지만, 그리스도 안에 있는 우리는 늘 안전하다.

경제적 자산

어떤 사람들은 경제적 자산에서 안전감을 찾으려 한다. 그러나 예수님은 이렇게 말씀하셨다.

삼가 모든 탐심을 물리치라 사람의 생명이 그 소유의 넉넉한 데 있지 아니하니라 하시고 또 비유로 그들에게 말하여 이르시되 한 부자가 그 밭에 소출이 풍성하매 심중에 생각하여 이르되 내가 곡식 쌓아둘 곳이 없으니 어찌할까 하고 또 이르되 내가 이렇게 하리라 내 곳간을 헐고 더 크게 짓고 내 모든 곡식과 물건을 거기 쌓아두리라 또 내가 내 영혼에게 이르되 영혼아 여러 해 쓸 물건을 많이 쌓아두었으니 평안히 쉬고 먹고 마시고 즐거워하자 하리라 하되 하나님은 이르시되 어리석은 자여 오늘 밤에 네 영혼을 도로 찾으리니 그러면 네 준비한 것이 누구의 것이 되겠느냐 하셨으니 자기를 위하여 재물을 쌓아두고 하나님께 대하여 부요하지 못한 자가 이와 같으니라(눅 12:15-21).

나는 이 세상의 재무구조가 철저히 흔들리고 있다고 믿는다. 앞으로 몇 년 동안 이 세상의 금융시장이 어떻게 될지 어느 누가 자신 있게 예측할 수 있겠는가? 바울은 이렇게 말한다.

그러나 자족하는 마음이 있으면 경건은 큰 이익이 되느니라 우리가 세상에 아무것도 가지고 온 것이 없으매 또한 아무것도 가지고 가지 못하리니 우리가 먹을 것과 입을 것이 있은즉 족한 줄로 알 것이니라 부하려 하는 자들은 시험과 올무와 여러 가지 어리석고 해로운 욕심에 떨어지나니 곧 사람으로 파멸과 멸망에 빠지게 하는 것이라 돈을 사랑함이 일만 악의 뿌리가 되나니 이것을 탐내는 자들은 미혹을 받아 믿음에서 떠나 많은 근심으로써 자기를 찔렀도다(딤전 6:6-10).

우리가 겪는 주된 경제적 문제는 돈이 없는 것이 아니다. 문제는 충분한 음식과 옷에도 만족하지 못한다는 것이다.

일시적인 관계

많은 사람이 일시적인 관계에서 안전감을 찾는다. 부부는 배우자가 자기를 떠날지도 모른다는 생각에 불안해하며, 룸메이트들은 서로 상대방이 나갈까 봐 안달하고, 고용주는 고용인이 일을 그만둘까 봐 두려워하며, 고용인은 해고당할까 봐 긴장한다. 일시적인 관계에서 궁극적인 안전을 찾으려 하면, 엄청난 불안감과 상실감을 겪게 된다. 나는 내 곁에 있는 훌륭한 친척들과 친구들에 대해 하나님께 감사하지만, 그 관계가 모두 일시적이라는 것도 알고 있다.

세상의 관계를 지나치게 신뢰하다 보면, 어느새 우리 삶에 있는 하나님의 자리를 중요한 다른 사람이 차지할 것이다. 바울은 하나님이 아니라 사람에게 인정받으려고 하는 것을 경고한다. "이제 내가 사람들에게 좋게 하랴 하나님께 좋게 하랴 사람들에게 기쁨을 구하랴 내가 지금까지 사람들의 기쁨을 구하였다면 그리스도의 종이 아니니라"(갈 1:10). 당신이 사람을 기쁘게 한다면 누구의 종이겠는가? 그 결과, 당신은 하나님보다 사람을 더 두려워하게 된다.

> 사람을 두려워하면 올무에 걸리게 되거니와 여호와를 의지하는 자는 안전하리라(잠 29:25).

어떤 사람들은 오직 자신을 믿는 데서 안전감을 찾으려 하겠지만, 잠언은 이렇게 말한다. "자기의 마음을 믿는 자는 미련한 자요 지혜롭게 행하는 자는 구원을 얻을 자니라"(잠 28:26). 우리가 완전히 신뢰할 수 있는 분은 오직 한 분이며, 그분이 미래를 주관하신다.

흔들리는 기반, 확실한 약속

우리는 물리적 장소, 재정, 일시적 관계라는 흔들리는 기반 위에 서서 그리스도의 재림이라는 현실을 직시한다. 우리는 두려워하지 않아도 되지만, 바울의 냉철한 경고는 의식해야 한다.

주의 날이 밤에 도둑같이 이를 줄을 너희 자신이 자세히 알기 때문이라 그들이 평안하다, 안전하다 할 그때에 임신한 여자에게 해산의 고통이 이름과 같이 멸망이 갑자기 그들에게 이르리니 결코 피하지 못하리라 형제들아 너희는 어둠에 있지 아니하매 그날이 도둑같이 너희에게 임하지 못하리니 너희는 다 빛의 아들이요 낮의 아들이라 우리가 밤이나 어둠에 속하지 아니하나니(살전 5:2-5).

멸망이 그들에게 이를 것이나 우리에게는 이르지 않을 것이다. 우리는 모두 빛의 아들들이기 때문이다.

안전, 그리스도 안에서 우리가 소유한 것

나는 사람들에게 종종 자신에게 일어날 수 있는 최악의 일이 무엇인지 묻는다. 어떤 사람은 "글쎄요, 제가 죽는 거 아닐까요?"라고 대답한다. 그러면 나는 재빨리 대답한다. "그것은 당신에게 일어날 수 있는 최고의 일이 될 겁니다." 빌립보서 1장 21절은 "이는 내게 사는 것이 그리스도니 죽는 것도 유익함이라"고 말한다. 다른 것을 그 공식에 넣으면 어떻게 되는지 보라. 당신이 경력을 위해 살고 있다면 죽는 것은 손해다. 오로지 가족을 위해서 살고 있다면 어떻겠는가? 역시 죽는 것은 손해일 것이다. 대궐같은 집과 멋진 차를 위해 살고 있다면, 역시나 죽는 것은 손해다.

실제로 이 공식이 통하는 경우는 하나뿐이다. "이는 내게 사는 것이 그리스도니 죽는 것도 유익함이라." 우리가 영원한 관점을 가지고 있다면 생명을 잃는 것도 유익해 보일 수 있다. "내가 평안히 눕고 자기도 하리니 나를 안전히 살게 하시는 이는 오직 여호와이시니이다"(시 4:8).

이어지는 열한 장은 모두 그리스도 안에서 소유한 것들로 인한 안전과 안정감을 다룰 것이다. 주님이 당신의 눈을 열어주셔서 당신이 주님 안에서 안전하다는 것을 알게 되길 기도하라.

하늘에 계신 사랑하는 아버지, 제 생명이 그리스도 안에 있음을 감사드립니다. 저와 주님의 관계가 영원하다는 것을 압니다. 주님의 관점으로 삶을 바라보도록 가르쳐 주옵소서. 제 눈을 열어 성경 말씀을 보게 하사, 제가 주님 품 안에서 안전하다는 걸 알게 해주시옵소서. 악한 자들에게서 제 마음과 생각을 보호해 주옵소서. 영원히 주님을 신뢰하며, 육체를 신뢰하지 않겠습니다. 예수님의 귀한 이름으로 기도합니다. 아멘.

14장
나는 영원히 정죄받지 않습니다

그러므로 이제 그리스도 예수 안에 있는 자에게는 결코 정죄함이 없나니 이는 그리스도 예수 안에 있는 생명의 성령의 법이 죄와 사망의 법에서 너를 해방하였음이라 (로마서 8장 1-2절).

내가 해군으로 복무할 때 가장 좋아하는 취미 중 하나가 사진 찍기였다. 한번은 일본을 탐색하는 동안 사진을 800장 넘게 찍었다. 나는 우리 선박이 다음 항구에 이르렀을 때, 그 필름들을 모두 현상하려고 맡겼다. 그런데 마침 맡은 임무가 있었기 때문에 항해를 나가기 전날 다른 친구에게 사진들을 찾아다 달라고 부탁했다. 그리고 그 사진들이 몹시 궁금해서 새벽녘에 친구를 찾아보았다. 그런데 어디에서도 그를 찾을 수가 없었다.

한참 찾아다닌 끝에 친구가 제2갑판에서 나를 기다리고 있다는 것을 알았다. 2층으로 올라가는 사다리에서 올려다보니 친구가 주먹을 들어 올린 채 나를 기다리고 있었다. "그래, 빨리 끝내버리자."

"왜 그래? 무슨 일이야?" 내가 물었다.

알고 보니 그가 술에 취해서 내 사진을 모두 잃어버렸다는 게 아닌가! 나는 불같이 화가 났다. 여태 한 번도 누군가를 때려본 적이 없지만 솔직히 그러고 싶은 적은 몇 번 있었다. 그중 한 번이 바로 이때였다. 우리가 싸웠다면 내 친구는 무사하지 못했을 것이다. 내가 친구보다 체중이 20킬로그램은 더 나갔고 몸도 훨씬 탄탄했기 때문이다.

"주먹 내려." 내가 말했다. "난 너한테 아무 짓도 하지 않을 거야. 그냥 어떻게 된 건지나 말해 줘. 할 수 있는 일을 찾아보자." 그는 자초지종을 이야기했다. 그러나 우리가 할 수 있는 일은 아무것도 없었다! 사진은 모두 사라졌다. 이제 나는 하나를 선택해야 했다. 친구에게 복수하거나, 친구를 용서하는 것이다. 나는 후자를 택했고, 그의 죄가 가져온 결과를 감내했다. 그가 잃어버린 것은 내게 매우 소중한 것이었다.

참 역설적이게도 그 일이 있기 몇 달 전에 이 친구가 술에 취해 미드웨이 섬에서 수영을 하다가 물에 빠진 것을 내가 구해낸 일이 있었다. 나는 그에게 일종의 부자관계와 같은 책임감이 있는 것 같았다.

우리 안에 그리스도의 생명이 있을 때 자기도 모르게 하늘 아버지의 형상을 닮게 되는데, 우리가 깨닫는 것보다 많이 닮는다. 요점은 예수님이 우리 죄를 짊어지심으로 우리를 구원하셨으며, 우리가 용서받았기 때문에 정죄받지 않는다는 것이다.

정신적으로 불안정한 사람들 가운데 75퍼센트는 자신이 용서받았다고 확신할 수만 있어도 병음이 좋아진다고 한다. 겉보기에 건강한 많은 그리스도인이 자신이 실제로 정죄받지 않는다는 사실을 믿기 어려워한다. 어떤 사람은 이렇게 말할 것이다. "예수님이 제 죄를 위해 죽으셨고 제가 이미 저지른 죄들이 용서받았다는 것은 알아요. 그런데 제가 내일 죄를 저지른다면 어떻게 되나요?"

로마서 6장 10절을 생각해 보라. "그가 죽으심은 죄에 대하여 단번에 죽으심이요 그가 살아 계심은 하나님께 대하여 살아 계심이니." 그리스도는 우리 죄를 위해 단번에 죽으셨고, 다시 죽으실 필요가 없다. 구약성경에서는 대부분 용서를 확신하지 못했다. 짐승 제물의 피는 죄를 대속하기에 충분치 않았기 때문이다.

> 염소와 송아지의 피로 하지 아니하고 오직 자기의 피로 영원한 속죄를 이루사 **단번에** 성소에 들어가셨느니라(히 9:12, 강조는 저자 추가).

그리스도가 우리 죄를 위해 단번에 죽으셨을 때 미래의 죄는 얼마나 포함되었을까? 모두 다 포함되었다! 우리는 **그리스도 안에** 있기 때문에 과거의 죄나 미래의 죄에 대해 정죄함이 없다.

> 하나님이 죄를 알지도 못하신 이를 우리를 대신하여 죄로 삼으신 것은 우리로 하여금 그 **안에서** 하나님의 의가 되게 하려 하심이라(고후 5:21, 강조는 저자 추가).

예수님이 십자가로 나아가실 때 과거와 현재와 미래의 모든 세상 죄가 그분께 넘어갔다. 하나님 아버지께서 독생자에게 등을 돌리셨고, 지금까지 범한 모든 죄에 대한 정죄를 그분이 담당하셨다. 예수님이 무덤에서 부활하셔서 아버지 오른편에 앉으셨을 때, 그분께는 아무 죄가 없으셨다. 우리에게도 하나님이 정죄하실 만한 죄가 없다. 믿는 자인 우리는 **그리스도 안에** 있기 때문이다. 우리는 **그리스도 안에** 살아 있다.

이것은 우리가 결코 죄를 짓지 않는다는 뜻인가? 당연히 아니다. 물론 죄를 짓지 말아야 하지만, 죄를 지어도 정죄받지 않는다.

> 나의 자녀들아 내가 이것을 너희에게 씀은 너희로 죄를 범하지 않게 하려 함이라 만일 누가 죄를 범하여도 아버지 앞에서 우리에게 대언자가 있으니 곧 의로우신 예수 그리스도시라(요일 2:1).

죄와 사망의 법을 이기다

로마서 8장 1절에서 정죄함이 없다고 말하는 근거는 2절에 설명되어 있다. "이는 그리스도 예수 안에 있는 생명의 성령의 법이 죄와 사망의 법에서 너를 해방하였음이라"(롬 8:2). 예를 들기 위해 **죄의 법**을 중력의 법칙과 비슷한 것으로, **사망의 법**을 그 중력 법칙의 결과로 생각해 보자. 우리는 "죄의 삯이 사망"이며(로마서 6장 23절 참조) 죄가 중력처럼 계속 우리를 끌어내릴 거라는 사실을 알고 있다. 좋은 생각은 지속되지 않을 수 있는 것과 달리, 법칙은 계속 효력을 갖기 때문에 법칙이다.

비행기가 하늘을 날 수 있는 것은 오로지 비행기의 힘이 중력의 끌어당기는 힘보다 크기 때문이다. 중력 법칙이 여전히 효력이 있다는 것을 믿지 않는다면, 엔진을 끄고 비행기가 얼마 만에 추락하여 타버리는지 보라. 육신 안에서 "날려고"(그리스도인의 삶을 살려고) 애쓰는 모습을 상상할 수 있는가? 우리는 독수리처럼 날도록 부름 받았으나 결국 칠면조처럼 걸어 다닐 것이다! 당신이 육신 안에서 산다면 죄와 사망의 법에 지배당할 것이다. 어떤 법을 극복하려면 그보다 큰 법을 따르는 수밖에 없다.

그러나 우리는 육신 안에서 "날려고" 애쓰지 않는다. 이제 육신 안에 있지 않고 그리스도 안에 있기 때문이다. 로마서 8장 9절은 "만일 너희 속에 하나님의 영이 거하시면 너희가 육신에 있지 아니하고 영에 있나니 누구든지 그리스도의 영이 없으면 그리스도의 사람이 아니라"고 말한다. 당신이 육신 안에 있으면 그리스도인이 아니다. 하나님의 자녀는 모두 그리스도 안에 있기 때문이다. 그러나 우리가 그리스도 안에 있더라도 육신은 여전히 우리와 함께 남아 있다. 그래서 우리는 육신을 따라 행하기로 선택할 수도 있고, 성령을 따라 행할 수도 있다.

행위를 분별하라

어떤 사람은 이렇게 물을 것이다. "자신이 육신을 따라 행하는지 성령을 따라 행하는지 어떻게 알죠?" 갈라디아서 5장 19-21절에 따르면 그것은 분명하다. "육체의 일은 분명하니 곧 음행과 더러운 것과 호색과 우상 숭배와 주술과 원수 맺는 것과 분쟁과 시기와 분 냄과 당 짓는 것과 분열함과 이단과 투기와 술 취함과 방탕함과 또 그와 같은 것들이라." 반면 갈라디아서 5장 22절은 다른 면을 보여준다. "오직 성령의 열매는 사랑과 희락과 화평과 오래 참음과 자비와 양선과 충성과 온유와 절제니."

육신을 따라 행하는지 성령을 따라 행하는지 판단하려면, 당신의 삶에서 흘러나오는 것을 잘 관찰해 보라. 우리가 그리스도 예수 안에 있더라도 여전히 육신을 따라 행하기로 할 수 있다. 분노가 치밀어 오른다면 무엇이 문제인가? 무엇이 당신을 화나게 만드는가? 다른 사람의 육신의 행위인가, 아니면 당신의 행위인가?

우리는 자신의 태도와 행동에 책임을 져야 한다. 당신이 육신을 따라 행한다고 느낀다면 그것을 고백하고 주님께 다시 당신의 삶을 다스려달라고 기도하라. 우리가 성령으로 충만하다면 마음으로 주께 노래하며 찬송할 것이다(에베소서 5장 18-20절 참조). 생명의 성령의 법은 언제나 있으며, 우리는 그 법에 따라 행하는 법을 배워야 한다. "너희는 성령을 따라 행하라 그리하면 육체의 욕심을 이루지 아니하리라"(갈 5:16).

죄가 다스리게 하지 말라

바울은 "이와 같이 너희도 너희 자신을 죄에 대하여는 죽은 자요 그리스도 예수 안에서 하나님께 대하여는 살아 있는 자로 여길지어다"(롬 6:11)라고 말한다. 그렇게 여기는 것이 우리 자신을 죄에 대하여 죽게 만드는 것이 아님을 아는 것이 중요하다. 즉 우리가 그러하기 때문에 그렇게 여기는 것이다. 죄가 죽었는가? 당연히 그렇지 않다. 죄의 법은 여전히 강하고 매혹적이지만, 당신을 매혹할 때 그것에 반응할 필요는 없다. 당신은 죄를 지어서는 안 된다. 책임지고 죄가 당신의 육신을 다스리지 못하게 하거나 육신을 따라 행하지 말아야 한다. 그렇게 되더라도 당신은 구원을 잃어버리지 않을 것이지만, 하나님과 상관없는 삶을 선택한 결과를 감내하게 될 것이다. 육신의 행위는 분명히 드러난다.

고린도 교회는 매우 육적인 상태였다. 바울은 그들에게 하나님과 계속 교제하고, 그에 따라 스스로 판단하라고 권면했다. 그들이 책임을 지지 않았기 때문에 바울은 이렇게 말했다.

> 그러므로 너희 중에 약한 자와 병든 자가 많고 잠자는 자도 적지 아니하니 우리가 우리를 살폈으면 판단을 받지 아니하려니와 우리가 판단을 받는 것은 주께 징계를 받는 것이니 이는 우리로 세상과 함께 정죄함을 받지 않게 하려 하심이라(고전 11:30-32).

하나님은 우리를 정죄하여 처벌하시는 것이 아니다. 다만 우리를 징계하여 그분의 거룩하심에 참여하게 하신다.

> 그들은 잠시 자기의 뜻대로 우리를 징계하였거니와 오직 하나님은 우리의 유익을 위하여 그의 거룩하심에 참여하게 하시느니라 무릇 징계가 당시에는 즐거워 보이지 않고 슬퍼 보이나 후에 그로 말미암아 연단 받은 자들은 의와 평강의 열매를 맺느니라(히 12:10-11).

새 언약의 종들

로마서 6장 14절은 "너희가 법 아래에 있지 아니하고 은혜 아래에 있음이라"고 말한다. 이제 법 아래에 있지 않으므로 사탄은 당신을 고소할 근거가 없다. 정해진 법만이 고소의 근거가 된다. 당신이 운전을 하다가 경찰관에게 걸려 과속 딱지를 뗐다고 하자. 그런데 입법자들의 부주의로, 당신은 그 특정 도로에 속도를 규제할 법이 없다는 걸 알게 되었다. 그러면 판사가 당신을 유죄로 판결할 수 있는가? 당연히 그럴 수 없다.

비판하는 자들은 이렇게 비웃을지도 모른다. "좋아, 법이 없으면 누구든 하고 싶은 대로 죄를 지을 수 있겠네." 틀렸다! 바울은 그와 같은 추론에 반대한다. "그런즉 우리가 무슨 말을 하리요 은혜를 더하게 하려고 죄에 거하겠느냐 그럴 수 없느니라 죄에 대하여 죽은 우리가 어찌 그 가운데 더 살리요"(롬 6:1-2). 영원한 지옥살이가 두려워 죄를 회피해서는 안 된다. 우리가 죄를 짓지 말아야 하는 것은 더는 속박된 상태에서 살길 원하지 않으며 우리 주님과 그분의 교회를 부끄럽게 하고 싶지 않기 때문이다.

그가 또한 우리를 새 언약의 일꾼 되기에 만족하게 하셨으니 율법 조문으로 하지 아니하고 오직 영으로 함이니 율법 조문은 죽이는 것이요 영은 살리는 것이니라(고후 3:6).

그리스도와 함께하지 않은 자만이 심판 날에 정죄를 받는다. 우리는 이미 심판을 받았고 죄가 없는 것으로 밝혀졌다. 우리 죄에 대해 대신 형벌을 받으신 그리스도 예수 안에 있기 때문이다.

주는 영이시니 주의 영이 계신 곳에는 자유가 있느니라(고후 3:17).

할렐루야, 참으로 놀라운 구세주이시다! 우리를 정죄받지 않게 해주신 주님께 감사하자.

하늘에 계신 사랑하는 아버지, 아들을 보내셔서 저 대신 십자가를 지게 해주셔서 감사합니다. 그리스도 예수 안에 있는 자에게는 정죄함이 없다는 진리를 믿기로 선택합니다. 저를 주님의 자녀로 단련하셔서 의의 열매를 맺게 해주심을 감사드립니다. "사랑 안에 두려움이 없고 온전한 사랑이 두려움을 내쫓나니 두려움에는 형벌이 있음이라"(요일 4:18)는 진리를 믿습니다. 주님이 저를 징계하실 때 저를 벌하시는 것이 아님을 압니다. 주님은 저를 사랑하시기 때문입니다. 제가 여전히 죄와 사망의 법 아래에 있다는 사탄의 거짓말을 믿지 않습니다. 빛 가운데서 행할 책임을 받아들이며, 제가 육신을 따라 행한 순간들을 제게 보여주시기를 간구합니다. 이것들을 주님께 고백합니다. 그리고 저를 용서하시고 정결케 해주시는 주님께 감사드립니다. 이제 주의 성령으로 저를 충만케 해주셔서 성령을 따라 행하게 해주시옵소서. 예수님의 귀한 이름으로 기도합니다. 아멘.

15장
나는 모든 것이 합력하여
선을 이룬다고 확신합니다

우리가 알거니와 하나님을 사랑하는 자 곧 그의 뜻대로 부르심을 입은 자들에게는 모든 것이 합력하여 선을 이루느니라 하나님이 미리 아신 자들을 또한 그 아들의 형상을 본받게 하기 위하여 미리 정하셨으니 이는 그로 많은 형제 중에서 맏아들이 되게 하려 하심이니라 또 미리 정하신 그들을 또한 부르시고 부르신 그들을 또한 의롭다 하시고 의롭다 하신 그들을 또한 영화롭게 하셨느니라(로마서 8장 28-30절).

엔지니어로 일하던 시절, 한 동료가 내게 흥미로운 소식을 전해 주었다. 그가 다니는 교회가 70만 달러 이상의 가치가 있는 재산의 수혜자가 되었다는 것이다. 1960년대의 작은 교회가 받기에는 정말 놀라운 금액이었다. 며칠 동안 우리는 교회가 그 돈을 어떻게 사용할지에 대해 여러 가능성을 추측해 보았다. 6개월 후, 나는 그 사건이 생각나서 동료에게 물어보았다.
"너희 교회가 받은 70만 달러는 어떻게 됐어?"
"말도 마. 그 돈 때문에 교회가 둘로 갈라져버렸어."
한때는 하루하루 하나님이 공급해 주시는 것에 의존하며 행복해하던 작은 공동체가 좋은 일로 보이던 것 때문에 분열된 것이다.

무엇이 좋은 것인가?

중국 옛 속담에 가난한 농부의 이야기가 있다. 어느 날 농부의 집에 있던 말이 달아나버렸다. 그런데 그후 그 말이 다른 훌륭한 말을 끌고 돌아왔다. 그 농부는 정말 믿기지 않는 선물을 받은 것이다. 그의 경제적 수준에서는 정말 놀라운 것이었다.

다음 날 그 농부의 아들이 말을 타고 가다가 말에서 떨어져 다리가 부러졌다. 어쩌면 말을 갖게 된 것이 좋은 일이 아니라 나쁜 일이었을지도 모른다. 그런데 다음 날 몇몇 장군이 산에서 내려와 그 아들에게 함께 말을 타고 전쟁에 나가야 한다고 했다. 그런데 농부의 아들은 갈 수가 없었다. 다리가 부러졌기 때문이다. 갑자기 다리가 부러진 것이 좋은 일이 되었다!

이런 이야기는 계속 이어진다. 어느 날 좋은 일처럼 보였던 것이 다음 날 나쁜 일로 변할 때가 비일비재하다. 문제는 우리에게 진짜 좋은 것이 무엇인지를 모른다는 것이다. 하나님은 무엇을 통해서든 일하실 수 있다. 좋은 것은 하나님이 원하시는 것이다. 하나님이 어떻게 역경을 사용하셔서 사람들을 자신께 이끄셨는지에 대한 이야기는 이 책에 다 담을 수 없을 만큼 많다.

좋은 것과 나쁜 것에서 오는 연단

하나님은 나쁜 것을 좋은 것으로 만들어주겠다고 약속하지 않으셨다. 우리가 나쁜 일을 겪지 않게 해주실 거라고 장담하지도 않으셨다. 하나님은 자신을 사랑하는 자들에게는 모든 일(끔찍한 일까지도) 가운데 선한 것이

나올 수 있다고 약속하셨다. 로마서 8장 26-28절에서 바울은 로마서 5장 3-5절에서 시작한 생각을 완성하고 있다.

> 다만 이뿐 아니라 우리가 환난 중에도 즐거워하나니 이는 환난은 인내를, 인내는 연단을, 연단은 소망을 이루는 줄 앎이로다 소망이 우리를 부끄럽게 하지 아니함은 우리에게 주신 성령으로 말미암아 하나님의 사랑이 우리 마음에 부은 바 됨이니(롬 5:3-5).

3절에서 "즐거워한다"는 것은 고조된 기쁨을 뜻한다. "환난"은 압박받는 것을 의미한다. "인내"는 압박을 받으며 견디는 것을 뜻한다. 이것을 생각하면 하나님이 우리에게 일종의 기독교적 자기 학대를 겪게 하시는 것처럼 보일 수 있다. 그러나 그것은 잘못된 생각이다. 하나님은 그저 시련과 환난 가운데서도 연단의 결과를 이루어내고 거기에 우리의 소망이 있다는 것을 보여주시려는 것이다.

오늘날 많은 사람이 자신의 결혼생활에 희망이 없다고 여긴다. 그들의 해결책은 무엇인가? 배우자를 바꾸는 것이다! 직장생활이 불행하면 직장을 바꾼다! 교회에 문제가 있으면 교회를 옮긴다! 어려운 상황을 회피하기만 하면 소망이 없다. 하나님의 계획은 우리가 "꿋꿋이 견디면서" 성장하는 것이다. 우리의 소망은 좋은 환경이 아니라 연단에 있다. 좋은 환경에 근거한 소망은 언제나 실망을 가져오지만, 하나님의 사랑과 우리의 연단에 근거한 소망은 결코 우리를 실망시키지 않을 것이다.

그렇더라도 우리는 잘못된 소망을 인식해야 한다. 하나님은 모든 것이 우리가 원하는 그대로 될 거라고 약속하지 않으셨다. 우리의 소망은 인생이 순탄해야 한다거나 지금은 상황이 어려워도 언젠가는 좋아질 거라고 믿는 데 있지 않다. 하나님이 우리를 더 나은 사람으로 만드시고, 힘든 상황을 통해 하나님의 형상을 닮아가게 하실 거라는 사실에 있다.

당신이 깊이 근심하며 내 사무실로 와서는 배우자가 당신을 떠났다고 말한다고 하자. 당신은 소망이 절실할 것이고, 나는 당신에게 소망을 주고 싶을 것이다. 그런데 내가 "오, 당신의 배우자는 반드시 돌아올 겁니다"라고 말한다면 나는 당신에게 잘못된 소망을 주는 것이다. 나는 그것을 확신할 수 없기 때문이다. 그러나 이렇게 말할 수는 있다. "잘 들으세요. 하나님이 원하시는 최고의 배우자가 되기 위해 과거에 당신이 헌신하지 않았다면 지금 그 일에 헌신하겠습니까?" 비록 장담할 순 없지만 당신의 배우자가 돌아오지 않더라도 당신은 연단으로 이 환난을 이겨낼 수 있다. 그 위기가 닥치기 전보다 더 나은 사람이 될 수 있고, 거기에 당신의 소망이 있는 것이다.

우리를 위한 하나님의 계획

하나님은 세상이 창조될 때부터 우리를 아셨고 우리가 하나님의 아들의 형상을 닮아가도록 예정하셨다. 하나님은 어떻게 우리를 아셨을까? 어떤 사람들은 하나님의 선택을 강력하게 믿는다. 그것은 하나님이 태초부터 우리를 그분의 자녀로 선택하셨다는 뜻이다. 그들은 에베소서 1장 4-5절과 같은 구절에 호소할 것이다. "곧 창세전에 그리스도 안에서 우리를 택하사 우리로 사랑 안에서 그 앞에 거룩하고 흠이 없게 하시려고 그 기쁘신 뜻대로 우리를 예정하사 예수 그리스도로 말미암아 자기의 아들들이 되게 하셨으니." 또 어떤 사람들은 로마서 10장 13절과 같은 구절들을 인용하며 구원이 주로 개인의 선택으로 주어진다고 믿는다. "누구든지 주의 이름을 부르는 자는 구원을 받으리라."

이 문제에 관하여 나는 어느 한 극단으로 치우치지 말라고 경고한다. 한쪽 극단에서는 하나님의 선택을 운명론과 동등하게 여긴다. 즉 인간의 의지는 전혀 개입되지 않는다는 것이다. 반대쪽 극단은 오직 인간의 선택 문제라는 쪽으로 치우친다. 그러나 하나님의 말씀은 하나님의 주권과 인간의 책임을 모두 가르치고 있다.

어떤 사람은 영생으로 들어가는 문을 보면 이런 표지판을 볼 것이라고 한다. "누구든지 주의 이름을 부르는 자는 구원을 받으리라." 그러나 우리가 주의 이름을 부르고 그 문을 통과하여 돌아보면 이런 글을 보게 될 것이다. "창세전부터 하나님이 너를 아셨다." 어떤 것은 인간의 이해력을 초월한다. 그리고 우리는 성경의 다른 부분을 훼손시키면서 특정한 부분을 지지해서는 안 된다. 주권과 자유의지는 서로 평행한 철도와 같다. 그래서 우리가 영원한 삶을 바라볼 때 결국 서로 만나는 것처럼 보이는 것이다.

"모든 것"이란 무엇인가

중요한 것은 창세전부터 우리를 알고 예정하셨다는 것을 깨닫는 것이다. 이것이 영원 전부터 하나님이 믿음으로 자신의 백성이 될 사람들을 알고 계셨다는 사실을 나타내더라도 말이다. 그럼에도 하나님은 우리를 이미 알고 계셨고, 그분의 형상을 닮아가도록 예정하셨다. 로마서 8장 28절에서 말하는, "모든 것"이 합력하여 우리 삶에서 이루는 것이 바로 그것이다. 즉 우리가 그리스도의 성품을 갖게 되는 것이다.

여기에 우리가 또한 영화롭게 될 것이라는 현재의 소망을 덧붙인다. "우리가 소망으로 구원을 얻었으매 보이는 소망이 소망이 아니니 보는 것을 누가 바라리요 만일 우리가 보지 못하는 것을 바라면 참음으로 기다릴지니라"(롬 8:24-25). 여기에 우리의 소망이 있다. 지금 겪는 고통과 시련과 환난 가운데 우리는 하나님의 은혜로 연단되어 나올 수 있다. 소망은 희망적인 생각에 달린 것이 아니다. 성경이 말하는 소망이란, 미래에 온전히 이루어질 하나님의 계획과 약속들에 대한 현재의 확신이다.

하늘에 계신 사랑하는 아버지, 주님이 태초부터 저를 아셨다는 사실에 경외심을 느낍니다. 그것이 정말로 무엇을 의미하는지 제가 충분히 이해하지 못하는 것을 고백합니다. 주님만이 하나님입니다. 제 삶을 위한 주님의 목적은 이 환난의 시간 동안 주님의 형상을 닮아가는 것임을 받아들입니다. 여기에서 오는 소망과, 하나님이 모든 일 가운데 선을 이루어가신다는 확신을 주셔서 감사합니다. 나쁜 일이 생기면, 제가 그리스도인이 아니거나 성령 안에서 행하지 않은 것이 틀림없다고 말하는 사탄의 거짓말을 믿지 않습니다. 힘들거나 소망이 없을 때 주님이 저를 버리셨다는 거짓말도 믿지 않습니다. 주님이 제 삶에서 주님의 뜻을 이루실 수 있도록, 제가 주님의 형상을 닮아가게 하시도록 제 책임을 다하겠습니다. 제가 그리스도를 닮아갈 수 있도록 주님의 은혜를 구합니다. 지금 제 소망은 하나님이 제 삶의 모든 시련을 통해 연단하고 계심을 아는 데 있습니다. 예수님의 귀한 이름으로 기도합니다. 아멘.

16장
나는 모든 비난에서 자유롭습니다

만일 하나님이 우리를 위하시면 누가 우리를 대적하리요 자기 아들을 아끼지 아니하시고 우리 모든 사람을 위하여 내주신 이가 어찌 그 아들과 함께 모든 것을 우리에게 주시지 아니하겠느냐 누가 능히 하나님께서 택하신 자들을 고발하리요 의롭다 하신 이는 하나님이시니 누가 정죄하리요 죽으실 뿐 아니라 다시 살아나신 이는 그리스도 예수시니 그는 하나님 우편에 계신 자요 우리를 위하여 간구하시는 자시니라
(로마서 8장 31-34절).

이 놀라운 구절은 하나님이 우리를 위하시면 다른 사람의 반대는 전혀 중요하지 않다는 사실을 말하고 있다. 하나님이 우리를 비난하지 않으신다면, 누가 우리를 비난하는가? 바로 사탄이다. 요한계시록 12장 10절은 사탄이 형제들을 밤낮 참소한다고 말한다. 우리 영혼의 이 끈질긴 적은 믿지 않는 자들을 결박하여 그들이 그리스도의 영광의 복음의 광채를 보지 못하게 만든다(고린도후서 4장 4절 참조). 사탄의 특사는 우리를 죄의 형벌 아래 두는 임무를 맡는다. 25년 전에 그는 예수님 덕분에 내 삶에서 싸움에 패배했지만 송곳니를 감추고 꼬리를 내리지 않았다. 지금 그는 나와 당신을 죄의 세력 아래 두려고 전념하고 있다. 그의 주된 수단은 "기만"이다.

이 거짓의 아비(요한복음 8장 44절 참조)는 하나님을 아는 지식에 대적하도록 생각을 높이고(고린도후서 10장 5절 참조), 우리와 하나님의 관계의 본질을 왜곡하며 밤낮으로 우리를 참소한다. 바울은 우리에게 사탄의 계책에 무지해서는 안 된다고 경고하지만(고린도후서 2장 11절 참조), 그리스도인들은 종종 눈가리개를 한 전사처럼 행동한다. 우리의 적이 누군지도 모른 채 우리 자신과 서로를 공격하는 것이다.

마음을 위한 싸움

사탄은 그리스도 안에 있는 우리의 지위에 대해 아무것도 할 수 없다. 그러나 그가 우리로 하여금 우리의 지위가 사실이 아니라고 **믿게** 만들 수 있다면, 우리는 그 지위가 사실이 아닌 것처럼 살 것이다. 복음전도자 스티브 루소와 내가 자칭 그리스도인인 청년 1,725명을 대상으로 조사한 결과, 그중 74퍼센트는 자신이 다른 사람들과 다르며, 기독교는 다른 사람에게는 도움이 되지만 자신에게는 아무 소용이 없다고 믿고 있었다. 그들이 믿는 내용이 사실인가? 당연히 아니다. 그러나 그들이 믿는 내용은 그들의 삶의 태도에 영향을 끼칠 것인가? 당연히 영향을 끼친다. 같은 그룹에서 10명 중 7명은 무의식적인 자아가 그들에게 이야기하는 것처럼 어떤 음성을 듣고 있다고 응답했다.

그렇다면 그리스도인 청년 10명 중 7명은 정신병 환자거나 망상형 조현병 환자인 것인가? 아니다. 나는 그렇게 믿지 않는다! 내가 믿는 것은 디모데전서 4장 1절이다. "성령이 밝히 말씀하시기를 후일에 어떤 사람들이 믿음에서 떠나 미혹하는 영과 귀신의 가르침을 따르리라 하셨으니." 이것은 전 세계에서 일어나고 있는 일이다. 내가 어딜 가든, 사람들의 마음속에서는 이러한 전쟁이 벌어지고 있다.

이 전쟁의 주된 특징은 하나님에 대한 우리의 개념을 파괴하고, 우리와 하나님의 관계를 왜곡하거나 내가 하나님의 자녀로서 진정 누구인지에 관한 진리를 의심하게 만드는 것이다. 사탄의 거짓말은 나로 하여금 이렇게 생각하게 만들려고 한다. '나는 어리석어. 난 쓸모없어. 난 추해. 하나님은 날 사랑하시지 않아. 난 용서받지 못할 거야. 기독교는 나에게 아무 도움도 되지 않아.'

사람들을 "자유에 이르는 일곱 단계"로 인도하다 보면 종종 이런 성향이 뚜렷하게 드러난다. 예를 들어, 한 여자가 간통과 낙태를 했다는 것을 알게 됐을 때 나는 그녀에게 책임감을 가지고 다음과 같이 기도하여 문제를 해결할 것을 권한다.

> 주님, 제 몸을 불의의 도구로 사용하여 아이를 잉태했던 것을 고백합니다. 저는 그 생명을 지키지 못했습니다. 용서해 주십시오. 그 아이를 주님께 드리오니 영원히 보살펴주옵소서. 아멘.

한번은 어느 상담사가 내담자에게 이렇게 기도하라고 했다. "주님, 나 자신을 용서하기로 선택하고, 주님의 용서를 받아들입니다." 그러나 그 말을 반복하는 대신 내담자는 그 즉시 긴장성 분열증을 나타냈다. 사탄이 그녀를 결박하고 있던 부분을 정확히 드러낸 것이다. 그녀는 자신의 끔찍한 행위가 용서받을 수 없다고 믿었다. 그것은 사실인가? 아니다. 거짓말이다. 자신을 비난하고 정죄하는 생각들은 하나님에게서 나올 수가 없다. 하나님은 우리를 의롭다 하시는 분이기 때문이다.

> 우리가 아직 죄인 되었을 때에 그리스도께서 우리를 위하여 죽으심으로 하나님께서 우리에 대한 자기의 사랑을 확증하셨느니라(롬 5:8).

하나님은 누구를 꾸짖으시는가?

> 대제사장 여호수아는 여호와의 천사 앞에 섰고 사탄은 그의 오른쪽에 서서 그를 대적하는 것을 여호와께서 내게 보이시니라 여호와께서 사탄에게 이르시되 사탄아 여호와께서 너를 책망하노라 예루살렘을 택한 여호와께서 너를 책망하노라 이는 불에서 꺼낸 그슬린 나무가 아니냐(슥 3:1-2).

여호수아는 대제사장으로 이스라엘을 대표하여 하나님 앞에 서 있었다. 그는 더러운 옷을 입고 있었다. 그것은 좋은 일이 아니었다. 구약성경에서 대제사장이 속죄일에 지성소에 계신 하나님 앞에 나아갈 때는 순결한 모습으로 나아가기 위해 정교한 정결의식을 거쳤다. 우리 앞에 놓인 장면은 이스라엘 백성의 죄를 대표하는 사람의 모습으로, 사탄이 옆에 서서 그를 비난하고 있다. 그러나 하나님은 누구를 책망하시는가? 그분은 사탄을 책망하며 "이는 불에서 꺼낸 그슬린 나무가 아니냐?"(슥 3:2)라고 하신다. 우리는 지옥 불에서 꺼내어진 하나님의 자녀가 아닌가?

오늘 하나님의 자녀를 비난하는 사탄 앞에서 하나님은 무엇을 하고 계실까? 천국 법정의 모습을 그려보자. 판사는 누구인가? 하나님 아버지시다. 피고는 누구인가? 당신과 나다. 기소 검사는 누구인가? 사탄이다. 피고 측 변호사는 누구인가? 예수님이다. 우리는 이 법정 소송에서 질 수 있을까? 그럴 수 없다. 그리스도는 "자기를 힘입어 하나님께 나아가는 자들을 온전히 구원하실 수 있으니 이는 그가 항상 살아 계셔서 그들을 위하여 간구"(히 7:25)하시기 때문이다.

예수님은 하나님의 오른편에 서서 이렇게 말씀하신다. "제 옆구리의 상처를 보십시오. 제 손과 발을 보십시오. 저의 희생으로 충분합니다. 저는 단번에 죽었습니다." 사탄은 어떤 능력이 있는가? 판결을 내릴 수 있는가? 선고를 내릴 수 있는가? 아니다. 그가 할 수 있는 일은 비난하고 고소하는 것뿐이다.

하나님은 우리를 세워주신다

신약성경의 전체적인 요지는 타락한 인류를 회복시키고 우리를 그리스도 안에서 온전케 하는 것이다. 하나님은 우리를 세워주려 하시며, 우리도 서로 그와 같이 하길 요구하신다. 그러므로 우리와 하나님의 관계를 파괴하고, 우리를 넘어뜨리며, 밤낮 우리를 참소하려는 자는 누구인가? 분명 하나님은 아니다!

남은 질문은 이것이다. "내 삶 속의 죄에 관하여 사탄의 참소와 성령의 깨우침을 어떻게 구별할 수 있는가?" 그 답은 고린도후서 7장 9-10절에 있다.

내가 지금 기뻐함은 너희로 근심하게 한 까닭이 아니요 도리어 너희가 근심함으로 회개함에 이른 까닭이라 너희가 하나님의 뜻대로 근심하게 된 것은 우리에게서 아무 해도 받지 않게 하려 함이라 하나님의 뜻대로 하는 근심은 후회할 것이 없는 구원에 이르게 하는 회개를 이루는 것이요 세상 근심은 사망을 이루는 것이니라.

바울은 이렇게 말하고 있다. "나는 너희가 하나님께 유죄판결을 받아 근심하고 있는 것을 기쁘게 생각한다." 왜 그런가? 그것이 후회 없는 삶과 회개로 이어지기 때문이다. 따라서 내 죄들을 하나님께 고백할 때 결코 후회나 정죄가 남지 않는다. 다 끝난 일이 된다. 그러나 세상 근심은 사망을 가져오고, 당신을 쓰러뜨린다.

성경은 하나님이 죄를 깨닫게 하신 감정적인 결과와, 세상 "근심"을 나타내는 데 모두 "근심"(sorrow)이라는 단어를 사용한다. 중요한 것은 그들이 같은 감정을 느낀다는 것이다. 그러나 결과는 다르다. 하나는 생명으로 인도하고, 다른 하나는 사망으로 인도한다. 예를 들어, 그리스도를 배신한 유다는 죄를 깨달았으나 아마 세상 근심에 반응하여 자살을 했을 것이다. 베드로도 그리스도를 배신하고 하나님이 죄를 깨닫게 하시는 것을 느꼈다. 그러나 그는 회개했고, 교회를 위한 대변인이 되었다. 하나님은 우리가 사탄의 정죄하는 생각에서 자유로워지기를, 그래서 자유롭게 그분을 사랑하고 섬기기를 원하신다.

단번에 결정하라

사람들이 그리스도 안에서 자유를 발견하도록 돕는 것이 몇 년 동안 내 사역의 핵심이었다. 사람들이 속박에서 벗어날 때 모든 지각에 뛰어난 하나님의 평강이 찾아온다(빌립보서 4장 7절 참조). 바울은 이렇게 말한다. "너희는 믿음 안에 있는가 너희 자신을 시험하고 너희 자신을 확증하라 예수 그리스도께서 너희 안에 계신 줄을 너희가 스스로 알지 못하느냐 그렇지 않으면 너희는 버림 받은 자니라"(고후 13:5).

단번에 결정하라. 당신이 신뢰하고 믿는 이는 당신 자신인가, 하나님인가? 구원을 위해 당신 자신을 의존하는가, 아니면 그리스도께서 갈보리에서 완성하신 사역에 의존하는가? 하나님은 당신이 하나님과 영원한 관계를 맺고 있음을 알길 원하실까? 당연하다. 요한은 "너희로 예수께서 하나님의 아들 그리스도이심을 믿게 하려 함이요 또 너희로 믿고 그 이름을 힘입어 생명을 얻게"(요 20:31) 하기 위해 글을 썼다고 말한다.

> 내가 하나님의 아들의 이름을 믿는 너희에게 이것을 쓰는 것은 너희로 하여금 너희에게 영생이 있음을 알게 하려 함이라(요일 5:13).

이 장은 기도보다 선언문으로 마치려 한다. 다음 선언문을 읽어보고, 그것이 당신의 마음이 느끼는 갈망을 잘 나타낸다면 당신과 하나님의 관계를 영원히 결정하라. 선언문을 진지하게 읽고 서명하라.

선언문

오늘 나는 나의 구원을 위해 주의 이름을 부릅니다. 하나님 아버지께서 나로 영생을 얻게 하려고 예수님을 죽음에서 살리신 것을 마음으로 믿습니다. 지금 주님을 내 생명의 주로 선언합니다. 나 자신을 구원하려는 모든 노력을 버리고, 내게서 영생에 대한 온전한 확신을 빼앗아가려 하는 사탄의 모든 비난을 듣지 않겠습니다. 나는 어둠의 나라에서 하나님의 사랑하는 아들의 나라로 옮겨졌습니다. 그리스도가 완성하신 사역으로 나 자신이 영원히 하나님의 자녀임을 선언합니다.

서명 _____

17장
나는 하나님의 사랑에서 끊어질 수 없습니다

누가 우리를 그리스도의 사랑에서 끊으리요 환난이나 곤고나 박해나 기근이나 적신이나 위험이나 칼이랴 기록된 바 우리가 종일 주를 위하여 죽임을 당하게 되며 도살당할 양같이 여김을 받았나이다 함과 같으니라 그러나 이 모든 일에 우리를 사랑하시는 이로 말미암아 우리가 넉넉히 이기느니라 내가 확신하노니 사망이나 생명이나 천사들이나 권세자들이나 현재 일이나 장래 일이나 능력이나 높음이나 깊음이나 다른 어떤 피조물이라도 우리를 우리 주 그리스도 예수 안에 있는 하나님의 사랑에서 끊을 수 없으리라(로마서 8장 35-39절).

안전의 핵심은 "관계"다. 신뢰와 헌신의 기반 위에 세워진 관계에서 발견되는 확신보다 더 굳건한 확신은 없다. 마찬가지로 탈선이나 위험, 파괴로 인해 중요한 관계가 위태로워질 때보다 불안한 것도 없다.

헤어짐의 고통

아내와 나는 차를 몰고 콜로라도 산맥에 들어갔다가 우연히 엘크(북아메리카와 동아시아에 서식하는 사슴과 동물_ 옮긴이)떼가 길을 건너는 광경을 보았다. 엘크떼는 철조망이 둘러진 담을 뛰어넘어 숲으로 들어가고 있었다. 그런데 새끼 한 마리가 담을 넘지 못해 무리는 조금밖에 가지 못했다. 새끼 엘크가 기어서 담을 통과하려다가 철조망에 걸리고 만 것이다. 철조망을 빠져나가려고 발버둥치는 새끼 엘크의 모습을 보니 끔찍한 생각이 들었다. 어미가 자기 새끼를 향해 결코 잊을 수 없는 울음소리를 내자 곧 온 무리가 고통스러운 울음소리를 내기 시작했다. 상황은 점점 고조되었다. 친밀한 무리의 안전이 갑자기 위험과 분리에 의해 위태로워졌고, 모든 짐승이 고통을 느끼는 것 같았다. 다행히 새끼 엘크는 무사히 담을 빠져나갔다.

최근에 상아 밀렵꾼들 때문에 고아가 된 새끼 코끼리들에 관한 다큐멘터리를 보았다. 그 코끼리들은 눈에 띄게 불안해했기 때문에 생존을 위해서는 지속적으로 보살펴주어야 했다.

어릴 때 낮잠을 자다가 깼는데 집에 아무도 없었던 기억이 난다. 내가 완전히 혼자라는 생각이 들자 불안은 공포로 바뀌었다. 부모의 이혼을 겪을 때 아이가 어떤 감정을 느낄지 한번 상상해 보라. 아버지가 일자리를 찾기 위해 집을 떠나야 하거나, 아이들이 생존을 위해 다른 곳으로 보내진다면 얼마나 고통스럽고 힘들겠는가? 박해 때문에 헤어지게 된 가족이 겪는 혼란이나, 노예제도가 있던 시기에 어머니와 아버지가 따로 팔려갔을 때 아이들이 느꼈을 극심한 고통은 거의 상상하기가 힘들다.

박탈의 고통

기근과 결핍의 고통도 있다. 이것은 다음 끼니가 어디서 나올지 모를 때, 결핍이 적나라하게 드러날 때 느끼는 괴로움이다. 전쟁의 참화와 관련하여 곧 닥칠 것만 같은 위험은 강한 사람들에게도 금세 쓰러질 듯한 두려움을 일으킨다.

바울은 하나님의 영감을 받아 이런 일시적인 재앙들에 대해 언급했는데, 그것은 또한 자신의 경험에서 나온 것이기도 했다.

유대인들에게 사십에서 하나 감한 매를 다섯 번 맞았으며 세 번 태장으로 맞고 한 번 돌로 맞고 세 번 파선하고 일 주야를 깊은 바다에서 지냈으며 여러 번 여행하면서 강의 위험과 강도의 위험과 동족의 위험과 이방인의 위험과 시내의 위험과 광야의 위험과 바다의 위험과 거짓 형제 중의 위험을 당하고 또 수고하며 애쓰고 여러 번 자지 못하고 주리며 목마르고 여러 번 굶고 춥고 헐벗었노라 이 외의 일은 고사하고 아직도 날마다 내 속에 눌리는 일이 있으니 곧 모든 교회를 위하여 염려하는 것이라 누가 약하면 내가 약하지 아니하며 누가 실족하게 되면 내가 애타지 아니하더냐(고후 11:24-29).

시련 가운데 있는 하나님의 사랑

바울의 모든 고난이 그를 하나님의 사랑에서 떼어놓았는가? 그렇지 않다. 이 세상의 일시적인 불안은 우리가 그리스도 안에서 누리는 영원한 안전을 방해할 수 없다. 하나님의 사랑은 여전히 바울의 삶 속에서 역사하고 있었고, 바울이 그리스도를 전하려 한 사람들의 삶 속에서도 역사하고 있었다. 바울은 시편 44편 22절 말씀을 인용한다. "우리가 종일 주를 위하여 죽임을 당하게 되며 도살할 양같이 여김을 받았나이다." 시편 44편은 이스라엘의 애통하는 시이며, 26절에서 이렇게 끝난다. "일어나 우리를 도

우소서 주의 인자하심으로 말미암아 우리를 구원하소서."

요점은 하나님의 역사가 이루어지기 위해서 하나님이 택하신 사람들은 종종 힘든 시련과 고난을 직면해야 했다는 것이다. 이 세상을 사는 동안 고난이 있을 것이다. 우리는 그리스도를 전한다는 이유로 산헤드린(당시 종교적인 통치 기관)이 비난하고 핍박할 때 초대 교회가 취한 태도를 본받아야 한다. 사도행전 5장 41절을 보면 "사도들은 그 이름을 위하여 능욕 받는 일에 합당한 자로 여기심을 기뻐하면서 공회 앞을 떠나니라"고 쓰여 있다. 바울은 디모데후서 3장 12절에서 이렇게 말한다. "무릇 그리스도 예수 안에서 경건하게 살고자 하는 자는 박해를 받으리라."

하나님의 사랑은 미래까지 이어진다

바울은 "이 모든 일에 우리를 사랑하시는 이로 말미암아 우리가 넉넉히 이긴다"고 외쳤다. 그러나 어떤 사람은 이렇게 말할 것이다. "그러니까 하나님과 우리의 관계로 인해 우리는 세상의 어떠한 재앙에도 꺾이지 않는 영원한 관계를 누리고 있다는 말이죠? 그렇다면 초자연적인 문제들은 어떻습니까? 앞을 가로막고 있는 것 같은 통제 불능의 일들은 또 어떻고요?" 바울의 대답은 이러하다. "내가 확신하노니 사망이나 생명이나 천사들이나 권세자들이나 현재 일이나 장래 일이나 능력이나 높음이나 깊음이나 다른 어떤 피조물이라도 우리를 우리 주 그리스도 예수 안에 있는 하나님의 사랑에서 끊을 수 없으리라"(롬 8:38-39).

삶과 죽음을 주관하는 힘을 가진 이가 누구인가? 천사의 영역을 다스리는 권세를 가진 이가 누구인가? 지금과 영원히 인간과 천사들의 일을 주관하시는 이가 누구인가? 하늘에 계신 우리 아버지는 영원한 주님이다. 우리는 내일 일과 죽음, 마귀, 영원한 삶을 두려워하지 않아도 된다. 우리 영혼의 목자께서 이렇게 말씀하신다. "내 양은 내 음성을 들으며 나는 그들을 알며 그들은 나를 따르느니라 내가 그들에게 영생을 주노니 영원히 멸망하지 아니할 것이요 또 그들을 내 손에서 빼앗을 자가 없느니라 그들을 주신 내 아버지는 만물보다 크시매 아무도 아버지 손에서 빼앗을 수 없느니라"(요 10:27-29). 우리와 하나님의 관계는 우리가 그분을 붙잡고 있을 수 있느냐의 문제가 아니다. 그것은 우리 개인의 능력으로 할 수 있는 일이 아니다. 사실은 하나님이 우리를 붙들고 계시다. 하나님은 그분의 손 안에서 우리를 안전하게 보호하신다.

이해할 수 없는 사랑

"높음이나 기쁨이나"라는 바울의 말은 에베소서 3장 14-19절에 나오는 그의 기도를 떠올리게 한다.

이러므로 내가 하늘과 땅에 있는 각 족속에게 이름을 주신 아버지 앞에 무릎을 꿇고 비노니 그의 영광의 풍성함을 따라 그의 성령으로 말미암아 너희 속사람을 능력으로 강건하게 하시오며 믿음으로 말미암아 그리스도께서 너희 마음에 계시게 하시옵고 너희가 사랑 가운데서 뿌리가 박히고 터가 굳어져서 능히 모든 성도와 함께 지식에 넘치는 그리스도의 사랑을 알고 그 너비와 길이와 높이와 깊이가 어떠함을 깨달아 하나님의 모든 충만하신 것으로 너희에게 충만하게 하시기를 구하노라.

하나님의 사랑은 지식을 초월한다. 하나님이 우리를 얼마나 사랑하시는지 우리는 온전히 이해할 수 없다. 회의적인 사람은 이렇게 물을지도 모른다. "하나님이 나를 사랑하신다면 이 모든 박해와 고난을 왜 허락하시는 겁니까?" 의를 위해 고난받는 것은 우리의 특권이다. 우리는 특정한 목적을 위해 이 땅에 남겨졌기 때문이다. 힘든 삶의 현실 가운데서 우리는 우리의 안전이 일시적인 세상 것들이 아닌, 하늘 아버지와의 영원한 관계에 있다는 것을 나눌 특권이 있다.

어떤 피조물도 우리를 우리 주 그리스도 예수 안에 있는 하나님의 사랑에서 끊을 수 없다. 삶의 일시적인 어려움과 씨름하고 있는가? 당신을 위한 하나님의 영원한 관계와 사랑의 본질을 온전히 이해하기가 어려운가? 바울의 기도를 당신의 기도로 삼으라.

하늘에 계신 사랑하는 아버지, 하늘과 땅에 있는 주님의 모든 가족에게 이름을 주신 주님 앞에 무릎 꿇고 기도합니다. 주님의 영광의 풍성함을 따라 제 안에 계신 주의 성령을 통해 저를 능력으로 강건하게 해주셔서, 믿음으로 말미암아 그리스도가 제 마음속에 계시게 하옵소서. 제가 사랑 가운데 뿌리가 박히고 터가 굳어져서, 모든 성도와 함께 주의 사랑이 얼마나 넓고 길고 높고 깊은지를 깨닫고 지식에 넘치는 그 사랑을 알게 해주옵소서. 그래서 하나님의 모든 충만하신 것으로 저를 충만케 해주옵소서. 예수님의 귀한 이름으로 기도합니다. 아멘.

18장
나는 하나님께 기름부음과 인 치심을 받았습니다

우리를 너희와 함께 그리스도 안에서 굳건하게 하시고 우리에게 기름을 부으신 이는 하나님이시니 그가 또한 우리에게 인 치시고 보증으로 우리 마음에 성령을 주셨느니라(고린도후서 1장 21–22절).

어릴 때 나는 권위에 이의를 제기하지 말라고 배웠다. "나는 이유를 따질 권리가 없다. 오로지 죽을 때까지 싸워야 한다"는 것이 전쟁 구호였다. 애국심은 "옳건 그르건 내 조국은 내 조국이다"에 근거한 것이었다. 바로 이런 것들이 광신과 맹목적인 충성의 기초가 된다.

신뢰성이 의심받다

베트남 전쟁은 미국을 무릎 꿇게 만들었다. 그로 인해 리더십이 의심을 받고, 애국심은 도전을 받았다. 결정타는 워터게이트(Watergate) 사건이었다. 이 사건으로 리더십의 신뢰도는 큰 타격을 입었다. 이제 정치인들은 신뢰받지 못한다. 충분히 그럴 만한 이유가 있다. 어떤 사람은 당선되기 위해서라면 무슨 말이든 할 것이다. 그러나 이제는 아무도 그 공약에 귀를 기울이지 않는다.

오늘날에는 그러한 진실성의 결여 때문에 모든 사람이 권위자들을 이런저런 식으로 판단한다. 우리는 교회에 가서 목사와 그의 메시지를 비판한다. 그러나 사실은 우리가 메시지를 판단하기보다, 메시지가 우리를 판단해야 하는 것 아닌가? 우리는 예배를 비판해야 하는가, 아니면 직접 하나님을 예배하는 경험 속으로 들어가야 하는가?

몇 년 전, 탈봇 신학교에서 가르칠 때 내가 여러 교회를 방문하면서 비판자 역할을 하고 있다는 것을 알았다. 하루는 '내가 지금 뭘 하고 있는 걸까?' 하는 생각이 들었다. 사실 나는 개인적으로 예배 경험에 참여해야 했다. 그곳에 하나님을 예배하러 간 것이지, 비판자로 간 것이 아니기 때문이다.

하나님은 진실하시다

우리는 권위가 의심받고 지도자가 도전받는 나라에 살고 있다. 신뢰가 없고 불신이 가득하다.

인간에 대한 믿음을 잃어버렸다고 해서 하나님을 신뢰하는 마음까지 달라져야 할까? "어떤 자들이 믿지 아니하였으면 어찌하리요 그 믿지 아니함이 하나님의 미쁘심을 폐하겠느냐 그럴 수 없느니라 사람은 다 거짓되되 오직 하나님은 참되시다 할지어다"(롬 3:3-4).

이 시대에 리더십의 신뢰성을 의심하는 정도가 더 심해졌다 하더라도 그것이 새로운 문제는 아니다. 바울은 고린도후서 1장 17-20절에서 인간 리더십의 문제를 하나님의 리더십과 대비하여 다루고 있다.

이렇게 계획할 때에 어찌 경솔히 하였으리요 혹 계획하기를 육체를 따라 계획하여 예 예 하면서 아니라 아니라 하는 일이 내게 있겠느냐 하나님은 미쁘시니라 우리가 너희에게 한 말은 예 하고 아니라 함이 없노라 우리 곧 나와 실루아노와 디모데로 말미암아 너희 가운데 전파된 하나님의 아들 예수 그리스도는 예 하고 아니라 함이 되지 아니하셨으니 그에게는 예만 되었느니라 하나님의 약속은 얼마든지 그리스도 안에서 예가 되니 그런즉 그로 말미암아 우리가 아멘 하여 하나님께 영광을 돌리게 되느니라.

민수기 23장 19절은 "하나님은 사람이 아니시니 거짓말을 하지 않으신다"고 말하며, 히브리서 6장 18절은 "하나님이 거짓말을 하실 수 없다"고 말한다.

인간이 만든 왕국은 왔다가 가고, 그 권위도 떴다가 진다. 그러나 교회의 온전함은 인간의 변덕스러운 본성이나 인간 정권의 신빙성에 근거하지 않는다. 우리의 관계도 마찬가지다. 그것은 하나님의 신실하심과 그 말씀의 확실성에 근거한다. 하나님의 본성은 영원하고 변치 않기 때문이다.

우리에게 기름부어주시다

우리를 너희와 함께 그리스도 안에서 굳건하게 하시고(고후 1:21).

하나님은 우리를 굳건히 세우시는 분이다. 어떻게 그렇게 하시는가? 첫째, 하나님은 우리에게 기름을 부어주신다. "크리스토스"(Cristos)는 그리스도를 가리키는 헬라어로, "기름부음 받은 자"라는 뜻이다. 본문에서 "기름을 붓다"에 해당하는 헬라어는 "크리오"(Chrio)로, 70인역(헬라어 역 구약성경)에서 왕, 제사장, 선지자를 나타내는 말로 쓰였다. 이것은 왕국 용어로, 어떤 사람이 기름부음을 받아 왕의 지위에 오른다는 뜻이다. 베드로는 이 사상을 담아서 "그러나 너희는 택하신 족속이요 왕 같은 제사장들이요 거룩한 나라요 그의 소유가 된 백성이니 이는 너희를 어두운 데서 불러내어 그의 기이한 빛에 들어가게 하신 이의 아름다운 덕을 선포하게 하려 하심이라"(벧전 2:9)고 말한다. 우리는 여기서 일시적인 왕국을 이야기하는 것이 아니다. 이것은 하나님의 **영원한** 나라다. **하나님이 친히** 우리에게 기름을 부어 그 나라에 속하게 하셨다.

그분의 소유라고 인 치시다

그뿐 아니라 하나님은 우리에게 인을 치셨다. 역사적으로 왕과 왕족은 메시지를 전달할 때 진실성과 권위를 보증하는 수단으로 인을 사용했다. 그들은 녹인 밀랍을 편지봉투에 부어 봉인했다. 그 다음에 반지나 다른 공식적인 휘장 문양을 그 밀랍에 찍어 넣었다. 한 번 그 편지를 열어서 직인이 망가지면 더는 내용을 보증할 수 없었다.

미국인은 시민의 권리와 특권을 보여주는 표시를 가지고 있지만, 그리스도인은 하나님께 그보다 훨씬 많은 것을 보장해 주는 도장을 받았다. 하나님은 이스라엘 백성을 인 치셔서, 애굽인들이 겪을 재앙들에서 보호해 주셨다. 출애굽기에는 하나님이 언약 백성을 다르게 대하셨음을 증명하는 말씀이 자주 나온다(8:22, 9:4, 26, 10:23, 11:7). 이것의 생생한 예는 출애굽기 12장 12-13절에서 찾아볼 수 있다.

> 내가 그 밤에 애굽 땅에 두루 다니며 사람이나 짐승을 막론하고 애굽 땅에 있는 모든 처음 난 것을 다 치고 애굽의 모든 신을 내가 심판하리라 나는 여호와라 내가 애굽 땅을 칠 때에 그 피가 너희가 사는 집에 있어서 너희를 위하여 표적이 될지라 내가 피를 볼 때에 너희를 넘어가리니 재앙이 너희에게 내려 멸하지 아니하리라.

하나님의 심판이 이 땅에 임할 때, 믿는 자들에게는 영원한 심판이 아무 해가 되지 않을 것이다. 우리를 보호해 주는 주 예수 그리스도의 보혈이 있기 때문이다. 요한계시록 9장 4절은 "그들에게 이르시되 땅의 풀이나 푸른 것이나 각종 수목은 해하지 말고 오직 이마에 하나님의 인 침을 받지 아니한 사람들만 해하라 하시더라"고 말한다. 우리는 어린양의 피로 사신 바 되었다. 하나님이 우리에게 인 치심으로, 지금과 영원히 어떠한 시련이나 심판이 와도 우리를 계속 보호해 주실 것을 보증해 주셨다.

우리는 하나님의 언약 백성이며, 새 언약에 참여한 자들이다. 그 언약은 돌판이 아니라 우리 마음에 새겨졌다.

> 주께서 이르시되 그날 후로는 그들과 맺을 언약이 이것이라 하시고 내 법을 그들의 마음에 두고 그들의 생각에 기록하리라 하신 후에 또 그들의 죄와 그들의 불법을 내가 다시 기억하지 아니하리라 하셨으니(히 10:16-17).

우리가 받은 확실한 기업

하나님은 우리를 인 치셨을 뿐 아니라, 장차 일어날 일의 보증으로 우리 마음에 성령을 주셨다. 바울은 에베소서 1장 13-14절에서 이렇게 말한다. "그 안에서 너희도 진리의 말씀 곧 너희의 구원의 복음을 듣고 그 안에서 또한 믿어 약속의 성령으로 인 치심을 받았으니 이는 우리 기업의 보증이 되사 그 얻으신 것을 속량하시고 그의 영광을 찬송하게 하려 하심이라." 이 보증은 허풍 심한 정치인이나 인기 있는 연예인, 당신의 목사에게 받는 것이 아니다. 하나님이 계약금으로 우리 안에 그분의 성령을 주셔서 보증해 주시는 것이다. 얼마나 놀라운 약속인가!

히브리서 13장 5절을 보면 우리는 더 확신할 수 있다. "내가 결코 너희를 버리지 아니하고 너희를 떠나지 아니하리라." 그러므로 사람의 의심스러운 약속과 파괴적인 말이 사회 구조를 허물더라도, 우리는 에베소서 4장 29-30절 말씀에 주의를 기울여야 한다. "무릇 더러운 말은 너희 입 밖에도 내지 말고 오직 덕을 세우는 데 소용되는 대로 선한 말을 하여 듣는 자들에게 은혜를 끼치게 하라 하나님의 성령을 근심하게 하지 말라 그 안에서 너희가 구원의 날까지 인 치심을 받았느니라."

하늘에 계신 사랑하는 아버지, 거짓말을 하실 수 없는 하나님을 찬양합니다. 주님의 약속은 항상 이루어집니다. 주님의 약속을 의지해야 할 때 사람의 약속을 믿은 것을 용서해 주옵소서. 사람의 불성실함 때문에 주님의 신실하심을 의심했던 것을 용서해 주옵소서. 주님의 말씀을 의심하는 사탄의 거짓말을 거부하며, 장차 올 저의 기업을 보증해 주시는 성령님께 순종합니다. 저를 굳게 세워주시고, 기름부어주시고, 제게 인을 쳐주시며, 제 마음속에 성령을 주셔서 감사합니다. 예수님의 이름과 그 말씀의 권위로 기도합니다. 아멘.

19장
나는 그리스도와 함께 하나님 안에 감추어졌습니다

이는 너희가 죽었고 너희 생명이 그리스도와 함께 하나님 안에 감추어졌음이라 (골로새서 3장 3절).

몇 년 전에 만난 한 목사 이야기로 이번 장을 시작하려고 한다. 그는 내 사역에 대해 듣고 이야기를 나누고 싶다며 나를 찾아왔다. 그 목사는 22년 동안 힘들게 그리스도인의 삶을 살아왔고 계속해서 시련을 겪어왔다고 했다. 하루는 골로새서 3장 3절을 읽다가 그의 생명이 어떻게 그리스도 안에 감추어질 수 있는지 알고 싶었다.

나는 그에게 그 구절을 큰소리로 아주 천천히 읽어보라고 했고, 그는 그렇게 했다. 또다시 그가 내게 물었다. "박사님과 이야기하고 싶은 게 바로 이거예요. 저는 이게 비밀이라고 생각하거든요. 그럼 제가 어떻게 하죠?" 나는 그에게 본문을 다시, 더 천천히 읽으라고 했다. "이는 …… 너희가

…… 죽었고 …… 너희 …… 생명이 …… 그리스도와 …… 함께 …… 하나님 …… 안에 …… 감추어졌음이라." 갑자기 눈앞이 환해지는 것처럼 이 구절이 이해되었다. 그는 자신이 **이미** 죽었다는 것을 깨달았다. 22년 동안 이 귀한 목사는 자신이 이미 된 줄도 모르고 그렇게 되려고 처절하게 애써 온 것이다.

우리에게 이미 사실인 것은 무엇인가?

몇 년 동안 이 구절이 **지위와 관련된** 사실일 뿐이라고 나를 설득하려고 한 사람이 몇 명 있었다. 그것은 우리와 하나님의 관계를 묘사하지만, 우리가 일상생활에서 경험할 수는 없다는 것이다. 그리스도 안에서 우리의 지위는 단지 신학적인 것이며, 알면 좋지만 실제적으로 현재 삶과는 관련이 없는 것일까? 말도 안 되는 소리다! 그리스도 안에서 우리의 지위는 우리 소망의 근거이며, 믿음으로 살기 위한 유일한 전제조건이다.

골로새서 3장 1-10절에는 그리스도 안에서 신자의 지위를 묘사하는 진술이 몇 가지 포함되어 있다. 우리는 죽었고(3절), 옛 사람을 벗었으며(9절), 새사람을 입었고(10절), 그리스도와 함께 다시 살리심을 받았으며(1절), 하나님 우편에 앉아 계신 그리스도와 함께 감추어졌다(1, 3절). 이 모든 것은 **이미** 사실이다. 우리가 **그리스도 안에** 있기 때문이다. 그리스도께서 우리를 위해 **이미 하신** 일을 우리 **스스로** 할 수는 없다.

많은 그리스도인이 앞서 소개한 목사처럼 자신이 이미 된 줄도 모르고 그렇게 되기 위해 열심히 노력한다. 믿음으로 열매 맺는 그리스도인의 삶을 살기 위해 우리는 먼저 그리스도께서 우리를 위해 이미 하신 일을 믿고 그에 따라 행동해야 한다. 우리가 믿는다고 해서 그것이 사실이 되는 것은 아니다. 그것은 뉴에이지나 마술 같은 생각이다. 그리스도인은 "그것은 사실이다. **그러므로** 나는 그것을 믿는다"고 말한다. 그렇게 할 때 그 진리가 실제로 우리의 경험에서 이루어진다. 우리는 하나님의 은혜로 이미 그러한 상태가 된다.

우리가 해야 할 일

그러나 우리의 역할은 수동적이지 않다. 이 진리가 우리의 경험에서 이루어지려면 우리가 해야 할 일들이 있다. 골로새서 3장을 보면 그리스도 안에 있는 우리가 해야 할 일들을 나타내는 몇 가지 명령문이 있다. 하나는 우리의 생각과 마음을 위의 것에 집중하라는 것이다(1-2절). 이것은 "믿음의 주요 또 온전하게 하시는 이인 예수를 바라보는" 것과 비슷하다(히 12:2). 이것은 그림의 떡처럼 비현실적인 것이 아니다. 예수님은 진리이시며, 유일하고 합당한 믿음의 대상이시다. 우리는 땅의 구덩이에서 나온 거짓말이 아니라 위에서 오는 진리를 생각한다.

골로새서 2장 8절은 이렇게 경고한다. "누가 철학과 헛된 속임수로 너희를 사로잡을까 주의하라 이것은 사람의 전통과 세상의 초등학문을 따름이요 그리스도를 따름이 아니니라." 우리가 자라온 세상의 체계는 상대적 진리와 자립을 가르치고, 자연적 감각으로 인식할 수 있는 것만 사실이라고 가르친다. 그러나 사실은 보이지 않는 세계가 보이는 세계보다 실제적이다. 보이는 것은 일시적인 것이지만, 보이지 않는 것은 영원하다. 우리는 보이는 것이 아니라 믿음으로 행하는 법을 배워야 한다.

그 다음에 우리는 세상적인 본성에 속한 행실을 죽이고(골로새서 3장 5절 참조), 과거의 행실을 버려야 한다(골로새서 3장 9절 참조). 죽음은 관계의 끝이며 실존이 아님을 명심하라. 죄의 법은 여전히 강하고 호소력이 있다. 그러나 그리스도 안에 있는 지위 때문에 우리는 악한 행위와 습관을 버릴 수 있다. "죽이라"는 것은 죄의 힘이 작동하지 않게 만들라는 것이다. 그 일은 육신으로 할 수 없고 오직 그리스도를 통해서만 할 수 있다.

어떤 의미에서 보면 고통 없이 죽는 방법은 없다. 바울은 지금 우리가 이야기하는 진리를 알리기 위해 극심한 고통을 견뎠다. 우리가 낙심하지 않도록 그는 이렇게 말했다.

우리가 이 보배를 질그릇에 가졌으니 이는 심히 큰 능력은 하나님께 있고 우리에게 있지 아니함을 알게 하려 함이라 우리가 사방으로 우겨쌈을 당하여도 싸이지 아니하며 답답한 일을 당하여도 낙심하지 아니하며 박해를 받아도 버린 바 되지 아니하며 거꾸러뜨림을 당하여도 망하지 아니하고 우리가 항상 예수의 죽음을 몸에 짊어짐은 예수의 생명이 또한 우리 몸에 나타나게 하려 함이라 우리 살아 있는 자가 항상 예수를 위하여 죽음에 넘겨짐은 예수의 생명이 또한 우리 죽을 육체에 나타나게 하려 함이라(고후 4:7-11).

하나님의 온전한 충만하심과 받아주심

우리 안에 계신 그리스도는 보배지만, 우리 몸은 질그릇과 같다. 바울이 살던 시대에는 보물을 질그릇 안에 감춰두는 것이 관습이었다. 질그릇은 가치가 거의 없거나 아름답지 않았기 때문에, 그 안에 담긴 귀중한 물건 역시 이목을 끌지 않았다. 이 개념은 인간의 부족함이 하나님의 온전한 충만하심을 드러낸다는 것이다. 우리가 복음을 위해 날마다 직면하는 박해와 지속적인 고난 속에서는 우리의 인간성을 뜻하는 "질그릇"의 허약함이 분명하게 드러난다. 그런 의미에서 우리는 그리스도의 고난에 들어가지만, 하나님의 능력이 우리 삶에 나타난다. 참으로 그것이 보배다.

내가 목회자일 때 아들 칼은 축구선수로 꽤 명성을 쌓았다. 교회 활동을 제외한 우리 가족의 사회생활 대부분은 아들의 스포츠 활동을 중심으로 이루어졌다. 탈봇 신학교에서 가르쳐달라는 초청을 수락했을 때 우리는 이사를 가야만 했는데, 그것 때문에 칼은 몹시 불안해했다. 그는 팀과 친구들, 상과 사람들의 인정을 두고 떠나야만 했다. 그러나 우리가 새로 이사 갈 곳에 아들의 명성이 먼저 전해졌다. 어느 축구클럽에서 연락이 왔고, 칼이 그 팀에 들어올 생각이 있는지 물었다. 코치에 대해 알아보니 좋은 팀 같았다. 첫 연습 때 코치는 칼이 선수로 들어온 것을 기뻐하면서 그가 팀의 중요한 멤버가 될 거라고 말했다.

그날 칼은 완전히 제멋대로 연습했다. 나중에는 시무룩한 표정으로 다가오는데 내가 이해할 수 없는 깊은 불안감이 느껴졌다. 마침내 아이가 입을 열었다. "저도 이 팀에 들어갈 수 있을까요?"

나는 칼에게 이렇게 대답해 주었다. "칼, 우리가 여기 오기 전부터 너는 이미 이 팀의 팀원이었어. 코치님이 필요한 것을 다 준비해 주셨고, 선수 명단에도 이미 네 이름이 올라갔단다. 이제 네가 어떤 포지션에서 뛸지 정하는 것만 남았어. 그건 코치님이 결정하실 거야. 네가 가장 필요하고, 또 가장 적합한 자리에 넣어주시겠지. 네가 얼마나 잘하냐는 너에게 달려 있지만, 코치님은 네 잠재력을 발휘하는 데 필요한 모든 지원을 해주기로 약속하셨단다."

그리고 칼은 바로 선수로 뛰었다! 꾸준하게 열심히 연습하고, 학교 운동장에서 길러온 나쁜 습관들을 바로잡고, 코치와 그 팀을 위한 최고의 선수가 되기 위해 새로운 기술들을 익혀갔다.

나는 수년 동안 사람들이 안고 살아가는 거대한 불안감에 관심을 가져 왔다. 하나님의 팀에서 "스타" 선수인, 다섯 달란트 받은 사람들이 끊임없이 불안감과 싸우는 것을 보았다. 그들은 언젠가 그 팀에서 잘릴 거라고 두려워했고, 자신이 잘하고 있는지 확신하지 못할 때가 많았다. 아마도 자신이 잘 뛰었기 때문에 그 팀에 들어간 거라고 생각하는 것 같았다. 그래서 언젠가는 더 젊고, 강하고, 재능 많은 선수들이 그 자리를 대신할 거라고 생각하는 것이다.

한편으로는 재능이 부족한, 한 달란트 받은 사람들이 매우 신나게 경기에 참여하고 자신이 팀원이라는 사실을 기뻐하는 걸 보았다. 그들은 스타 선수까지는 아니더라도, 큰 기대를 안고 자신이 뛸 기회를 기다렸다. 그들은 자신이 그 팀에 들어간 것은 능력이 뛰어나서가 아니라는 것을 알았다. 다른 선수를 선발할 때처럼 코치가 그들을 선택했기 때문이었다. 코치는 그들의 낡고 해진 유니폼을 새것으로 바꿔주었으며, 그들은 자신이 팀에서 중요한 역할을 하게 될 거라고 확신했다.

친애하는 그리스도인이여, 당신도 이미 팀에 속하였다. 당신의 이름이 선수 명단에 올라가 있다. 그 명단을 성경은 "어린양의 생명책"이라고 부른다.

너희 생명이 그리스도와 함께 하나님 안에 감추어졌음이라 우리 생명이신 그리스도께서 나타나실 그때에 너희도 그와 함께 영광 중에 나타나리라(골 3:3-4).

당신이 언제, 어느 자리에서 가장 잘할 수 있는지는 하나님이 결정하실 것이다. 당신이 얼마나 잘하느냐는 당신에게 달렸다. 하나님께 감사드리지 않겠는가?

하늘에 계신 사랑하는 아버지, 저를 선택해 주시고 하나님의 팀원이 될 수 있게 해주셔서 감사합니다. 제 더러운 누더기를 결코 낡지 않을 하나님의 유니폼으로 바꿔주셔서 감사합니다. 날마다 연습에 전념하고, 옛 습관을 버리며, 새로운 습관을 형성해서 주님이 원하시는 선수가 되겠습니다. 인생의 경기에서 힘든 시간 동안 주의 은혜로 저를 붙잡아주시기를 기도합니다. 승리하는 주님의 팀에서 뛰게 해주신 것을 감사드립니다. 예수님의 이름으로 기도합니다. 아멘.

20장
나는 하나님이 내 안에서 시작하신 선한 일을 완성하실 것을 확신합니다

너희 안에서 착한 일을 시작하신 이가 그리스도 예수의 날까지 이루실 줄을 우리는 확신하노라(빌립보서 1장 6절).

사역 초기에 협력목사로 섬길 때, 한 주를 보내면서 가장 좋은 시간은 수요일 밤 대학부 성경공부 모임이었다. 기쁨과 열정으로 함께 모여 기도하고 찬양하는 젊은이들이 모이는 굉장한 모임이었다. 나는 늘 그 모임이 기대되었다. 그러나 언제부턴가 내가 책임져야 할 일이 많아지면서 그 특별한 모임을 포기하고 다른 사역을 도와야 한다는 걸 알았다. 그래서 교회에서 인턴으로 일하는 몇몇 사역자 중 한 사람에게 그 대학부 성경공부를 넘기기로 했다. 마침 몇 개월 동안 그 모임을 맡아보고 싶다는 사람이 있었다. 그에게는 이것이 절호의 기회처럼 보였고, 나도 그를 온전히 신뢰하고 있었다. 그런데 겨우 3주 만에 대학부 사역이 시들해져서 거의 없어질

지경에 이르렀다.

그 인턴은 완전히 패배한 사람처럼 낙심해서는 나를 찾아와 말했다. "목사님이 다시 사역을 맡고 싶어하실 것 같아서 찾아왔습니다." 성장하고 있던 사역을 맡아서 그가 거의 망쳐놓았기 때문에 나는 내심 실망스러웠다. 하지만 내가 모임을 다시 맡는다면 그 젊은 사역자의 목회 경력에 심각한 영향을 끼치리라는 걸 알고 있었다. 그래서 이렇게 말했다. "아니오, 그건 옳지 않은 일인 것 같습니다." 우리는 함께 무엇을 해야 할지 의논했고, 그 결과 다른 사역이 탄생했다. 새로운 사역은 대학부를 더 작은 그룹으로 나누었고, 그 사역에서 그 인턴은 자신의 은사와 훨씬 어울리는 방식으로 양들을 돌보고 관리했다. 몇 달 안에 그 사역은 내가 맡았을 때보다 훨씬 좋아졌다.

나는 그 인턴이 그때 경험을 자기 인생의 가장 큰 전환점으로 돌아보는 모습을 상상해 본다. 또한 내가 그를 포기하지 않았던 것에 감사한다. 그 후로 그는 훌륭한 목회자가 되었기 때문이다. 그 과정에서 나는 귀중한 교훈들을 배웠다. 그중 하나는 하나님도 우리를 결코 포기하지 않으신다는 것이다. 하나님은 그 젊은이의 삶에 계획이 있으셨다. 바로 사역의 열매를 맺는 것이다. 그리스도가 그 인턴의 삶 속에서 시작하신 일은 결국 온전히 이루어졌다. 비록 그가 가진 은사들이 내 은사와 달랐어도 말이다.

하나님이 시작하신 일은 하나님이 완성하신다

나는 종종 고린도후서 7장 4절에 나오는 바울의 말에 흥미를 느낀다. "나는 너희를 향하여 담대한 것도 많고 너희를 위하여 자랑하는 것도 많으니." 그리고 그 장 끝에 가서 16절에 이렇게 말한다. "내가 범사에 너희를 신뢰하게 된 것을 기뻐하노라."

바울이 이성을 잃은 것일까? 바울이 에베소 교회를 신뢰한 것은 어느 정도 이해할 것 같다. 그렇지만 고린도 교회를 신뢰한다고? 그 교회는 불화와 부도덕, 온갖 음탕한 일들로 황폐해진 곳이었다. 일종의 심리적인 가짜 광고 같은 것일까? 아니다. 나는 바울이 매우 성경적인 원리를 전달했다고 믿는다. 하나님이 시작하신 일은 하나님이 완성하신다. 이 구절은 다른 사람들에 대한 신뢰를 표현하고 서로 계속 나아가도록 격려하는 것의 가치를 부각시킨 것이다.

프로 미식축구팀인 그린 베이 패커스(Green Bay Packers)에서 유명한 가드였던 제리 크레이머가 그 팀에 들어간 첫 해 이야기가 기억난다. 하루는 당시 신참이었던 그에게 유명한 코치 빈스 롬바르디가 계속 잔소리를 해댔다. 설상가상으로 그날은 크레이머만 타이어 장애물 코스를 20분 더 뛰라는 지시를 받았다. 나머지 선수는 모두 면제되었는데 말이다! 좌절감과 패배감에 빠진 그는 탈의실에 앉아서 팀을 그만둘까 생각했다.

크레이머가 매우 낙심하고 있을 때 코치가 지나가다가 그의 헬멧 뒷부분을 툭 치며 말했다. "제리, 너는 언젠가 미식축구 역사상 가장 훌륭한 가드가 될 거야." 빈스 롬바르디는 그의 선수들을 완벽하게 만드는 것으로 유명했지만, 타이밍의 달인이기도 했다. 그때 제리는 이런 생각이 들었다고 한다. "완전한 절망에 빠져 있던 저는 순간 완전한 환희에 이르렀습니다. 코치가 시키는 일이라면 뭐든 하겠다는 생각이 들었어요. 타이어 장애물 코스를 20분 더 뛰는 것도 말이죠."

우리 배는 가라앉지 않을 것이다

그러나 바울이 말하는 요점은 우리가 다른 사람이나 우리 자신에게 갖는 믿음을 초월하는 것이다. 마태복음 8장 23-26절에 보면 이런 이야기가 나온다.

배에 오르시매 제자들이 따랐더니 바다에 큰 놀이 일어나 배가 물결에 덮이게 되었으되 예수께서는 주무시는지라 그 제자들이 나아와 깨우며 이르되 주여 구원하소서 우리가 죽겠나이다 예수께서 이르시되 어찌하여 무서워하느냐 믿음이 작은 자들아 하시고 곧 일어나사 바람과 바다를 꾸짖으시니 아주 잔잔하게 되거늘.

예수님이 계시면 배는 절대 가라앉지 않는다. 그 배는 다른 쪽에 도착하게 되어 있다. 비록 우리 주변에 거센 폭풍우가 몰아치지만 그리스도가 우리 안에 계시면 우리는 목적지에 도달하게 되어 있다. 그리스도는 우리의 영광의 소망이시다. 우리 안에서 시작하신 일을 그분은 끝까지 이루실 것이다.

한 여성이 내게 남편을 만나봐 달라고 부탁했다. 여성의 남편은 임상적으로 우울증을 앓았고 병원에 6개월간 입원한 적이 있었다. 내 앞에 앉아 있을 때에도 그는 약물 때문에 몸을 떨었다. 나는 우울증이 언제 시작되었는지 물었다. 그는 6개월 전 심각한 경제적 어려움을 겪을 때부터였다고 했다. 그의 경제적 상태는 대부분의 사람들보다 나았지만, 그는 마음속에 오싹한 기분이 들던 날을 분명하게 기억하고 있었다. 그때 그는 "모든 것을 잃게" 될 것이고 몰락하고 있으며, 그의 배가 가라앉고 있다고 생각했다. 그는 속이는 자가 심어주는 그 거짓말을 믿었다.

 감사하게도 그날 오후에 나는 그의 개인적, 영적 갈등을 해결하도록 도울 수 있었다. 그는 그리스도 안에서 자유를 찾았다. 그후에 그는 차분하게 내 앞에 앉아서 자기가 얼마나 어처구니없게 기만당해 왔는지를 이야기했다. 하나님이 그의 모든 필요를 채워주신다는 걸 알았는데 어떻게 그런 시답지 않은 거짓말을 귀담아들었는지 모르겠다고 말이다.

자신을 의지하지 말라

 예수님과 배와 관련된 또 다른 이야기는 마가복음 6장 45-50절에서 찾아볼 수 있다.

> 예수께서 즉시 제자들을 재촉하사 자기가 무리를 보내는 동안에 배 타고 앞서 건너편 벳새다로 가게 하시고 무리를 작별하신 후에 기도하러 산으로 가시니라 저물매 배는 바다 가운데 있고 예수께서는 홀로 뭍에 계시다가 바람이 거스르므로 제자들이 힘겹게 노 젓는 것을 보시고 밤 사경쯤에 바다 위로 걸어서 그들에게 오사 지나가려고 하시매 제자들이 그가 바다 위로 걸어오심을 보고 유령인가 하여 소리 지르니 그들이 다 예수를 보고 놀람이라 이에 예수께서 곧 그들에게 말씀하여 이르시되 안심하라 내니 두려워하지 말라 하시고.

 나는 "지나가려고 하시매"라는 부분에 시선이 고정되었다. 나는 지금도 예수님이 자급자족할 수 있는 이들은 그냥 지나가려고 하신다고 믿는다. 열심히 노를 저어서 목적지에 도착할 수 있다고 생각한다면, 우리는 결코 그곳에 이르지 못할 것이다. 우리 안에서 그 일을 시작하신 이도, 그 일을 완성하실 이도 주님임을 결코 잊지 말아야 한다.

어느 은퇴한 할아버지가 어린이 야구팀 경기에 늦게 도착해서는 손자에게 그의 팀이 어떻게 하고 있는지 물었다. "15대 0으로 지고 있어요"라고 아이가 말했다.

할아버지는 "실망스럽니?"라고 물었다.

"당연히 아니죠. 우리는 아직 타석에 나가지도 않았는걸요." 아이가 대답했다.

그리스도인들이 가질 수 있는 확신이 바로 그런 것이다. 주님이 우리 안에서 일하고 계신 것을 알기 때문이다.

한 회가 더 있다

당신이 인생의 어느 "회"에 있는지는 모르지만, 적어도 타석에 나갈 기회가 한 번은 더 있을 것이다. 당신은 바람을 거스르며 뛰고 있는가? 폭풍우가 당신의 배를 덮치려 하는가? 과거에 실패했는가? 하나님이 당신을 버리셨다고 믿는가? 나는 그렇게 믿지 않는다! 우리는 빌립보서 3장 12-14절에 나타난 바울의 태도를 지녀야 한다.

내가 이미 얻었다 함도 아니요 온전히 이루었다 함도 아니라 오직 내가 그리스도 예수께 잡힌 바 된 그것을 잡으려고 달려가노라 형제들아 나는 아직 내가 잡은 줄로 여기지 아니하고 오직 한 일 즉 뒤에 있는 것은 잊어버리고 앞에 있는 것을 잡으려고 푯대를 향하여 그리스도 예수 안에서 하나님이 위에서 부르신 부름의 상을 위하여 달려가노라.

하늘에 계신 사랑하는 아버지, 아버지께서 제 안에서 시작하신 선한 구원의 역사에 감사드립니다. 주님이 저를 버리셨다고 말하는 사탄의 거짓말을 믿지 않습니다. 주님이 아직 저를 버리지 않으셨다는 것을 알기 때문입니다. 저의 자족성에 의존하며 살아온 시간들을 용서해 주옵소서. 저의 자족성을 버리고 그 뒤에 감춰진 거짓말을 잊기로 선택합니다. 지금 위에서 오는 주님의 부르심을 향해 나아가기 위해 헌신하며 하늘나라에서 주님을 대면하여 보게 될 것을 확신합니다. 제 믿음을 하나님께 두고, 하나님이 그리스도 안에서 저를 온전케 하실 것을 믿기에 육체를 신뢰하지 않습니다. 예수님의 귀한 이름으로 기도합니다. 아멘.

21장
나는 하늘나라의 시민입니다

그러나 우리의 시민권은 하늘에 있는지라 거기로부터 구원하는 자 곧 주 예수 그리스도를 기다리노니(빌립보서 3장 20절).

1992년 봄, 캘리포니아 주 프레즈노에서 한 콘퍼런스를 인도했을 때다. 목요일에는 일정이 없어서 차를 몰고 다시 로스앤젤레스로 와서 탈봇 신학교의 학생들을 가르쳤다.

오가는 차 안에서는 라디오로 뉴스를 들었다. 로드니 킹을 구타한 것으로 고소된 경찰관 네 명에 대한 재판이 끝났다는 소식, 악화된 인종관계, 폭력조직의 싸움, 높은 실업률 때문에 도시 내에 고조된 갈등 등을 들을 수 있었다. 경찰관들이 무죄를 선고받았다는 뉴스가 전해지자 순식간에 "대소동"이 벌어졌고, 그 다음 이틀 동안 온 세계는 로스앤젤레스 사회가 완전히 붕괴되는 모습을 목격했다. 목요일 아침 일찍 그 도시로 들어갔을 때 나를 반겨준 것은 귀신이 나올 것 같은 광경이었다. 수많은 불길에서 치솟은 연기가 하늘을 가득 메우고 있었다. 마치 교전 지역에 들어온 것 같았다.

첫 수업시간에 어느 한국 학생이 나를 기다리고 있었는데, 그의 청바지에는 그을음이 가득하고 손은 숯 자국으로 얼룩덜룩했다. "우리 가족의 사업이 잿더미가 되어버렸어요."

나는 지친 그 청년을 보면서 말했다. "그런데 여기서 뭘 하고 있는 건가? 어서 가족에게 가 보게."

그후에는 한 흑인 학생이 폭력조직원과 대치한 일을 이야기했다. 조직원은 작은 자동 소총을 그의 면전에 들이댔다. 그는 폭력배들에게 "어디 한번 쏴 봐" 하고 말했다. 다행히 폭력배들은 그 자리를 떠났다고 했다.

나는 저녁 수업을 할 예정이었으나 경찰의 통행금지령 때문에 몇몇 학생이 수업을 빠졌다. 그래서 나머지 학생들도 그냥 돌려보냈다. 그날 밤은 로스앤젤레스에서 보낼 계획이었는데, 다시 생각해 보니 떠나는 게 최선일 것 같았다. 어딜 가나 연기와 악취가 가득했다. 고속도로는 이상하게 한산했는데, 나처럼 집에 가려고 하는 소수의 사람들은 결연하게 방어적으로 운전을 하고 있었다. 무사히 도시 밖으로 나온 나는 한 모텔에서 밤을 보내면서 진지하게 텔레비전 방송을 지켜보았다.

내가 본 것은 완전 난장판에 인간의 부패를 보여주는 소름끼치는 장면들이었다. 비싼 차를 탄 대학생들이 그 미친 행동에 동참하는 것을 보며 경악했다. 도둑들은 뭐든지 챙기려고 난리였다. 나는 악의적인 그 파괴 현장을 보며 울고 싶었지만, 이상하게도 나와 동떨어진 일처럼 느껴졌다.

세상의 시민권은 불안정하다

나는 "내가 여러 번 너희에게 말하였거니와 이제도 눈물을 흘리며 말하노니 여러 사람들이 그리스도의 십자가의 원수로 행하느니라 그들의 마침은 멸망이요 그들의 신은 배요 그 영광은 그들의 부끄러움에 있고 땅의 일을 생각하는 자라 그러나 우리의 시민권은 하늘에 있는지라"(빌 3:18-20)고 말하는 바울의 심정을 느꼈다. 우리는 세상에 있지만 이 세상에 속하지 않았다. 바울은 계속해서 이렇게 말한다. "거기로부터 구원하는 자 곧 주 예수 그리스도를 기다리노니 그는 만물을 자기에게 복종하게 하실 수 있는 자의 역사로 우리의 낮은 몸을 자기 영광의 몸의 형체와 같이 변하게 하시리라"(20-21절).

이 세상의 시민들이 불안감을 느끼는 것은 당연하다. 스트레스는 육체적 질병의 주된 요인이다. 우리는 다른 어떤 소비자의 욕구보다 일시적인 불안을 해소하는 데 더 많은 돈을 쓰고 있다. 처방약이나 술, 약물, 섹스, 음식으로 도피하여 고통을 덮으려 한다. 많은 사람이 그런 습관들이 파괴적이라는 것을 안다. 그래서 그들의 육신을 보존하고 미화하는 데 온 삶을 쏟아 붓는다. 어떤 사람이 나에게 버지니아 브레이저의 다음 시를 건네주었다. 이 시는 숨 가쁜 삶의 전형적인 모습을 보여주는 것 같다.

이 세대는
대충 읽고
빨리 결론 내리고
미친 듯이 질주한다.

신경을 곤두세운 채

환한 밤을 보낸다.

잠깐 휴식 후

비행기에 올라탄다.

짧은 시간 동안

램프가 타오른다.

거물은

중요한 자리를 차지하지만

머리는 혹사당하고

심장은 아프고

잠시 토막잠을 자다 보면

봄은 다 가고

즐거움도 사라진다![1]

우리는 부활에 소망을 둔다

우리의 소망은 우리가 결코 죽지 않을 거라는 거짓 확신이 아니라, 바울이 묘사한 것처럼 부활에 있다. "그뿐 아니라 또한 우리 곧 성령의 처음 익은 열매를 받은 우리까지도 속으로 탄식하여 양자 될 것 곧 우리 몸의 속량을 기다리느니라 우리가 소망으로 구원을 얻었으매"(롬 8:23-24). 우리에게 보장된 것이 이 세상밖에 없다면 거의 소망이 없을 것이다. 그러나 우리의 시민권은 하늘에 있다. 우리는 다른 왕을 섬기며, 그분의 왕국은 이 세상에 속하지 않았다. 그분의 왕국은 영원하다. 이 모든 것이 참이라면,

그렇게 하실 능력을 지니신 하나님이 왜 이 모든 것을 끝내지 않으시는지 궁금하지 않은가?

로스앤젤레스 도심 지역의 한 흑인 목사가 내게 그 대답을 알려주었다. 25년 전에 그는 이렇게 말했다. "하나님은 이 어둠의 왕국을 보시고, 이 세상의 시민들을 보시며, 그들에게 그리스도가 없는 것을 아십니다. 그러나 제가 아직 그리스도를 영접하지 않았던 25년 전에 하나님이 그 문을 닫으셨다면 저는 영원히 하나님 나라에 들어가지 못했을 것입니다."

베드로는 그리스도께서 재림하시기 전에 일어날 일들을 이야기한다. 그는 재림의 가능성을 무시하고 비웃는 사람들이 있을 것이라고 경고한다. 우리에게 닥칠 갑작스러운 파멸에 대해서도 이야기한다. 그러나 그의 경고 가운데 우리는 이런 글을 읽는다. "사랑하는 자들아 주께는 하루가 천 년 같고 천 년이 하루 같다는 이 한 가지를 잊지 말라 주의 약속은 어떤 이들이 더디다고 생각하는 것같이 더딘 것이 아니라 오직 주께서는 너희를 대하여 오래 참으사 아무도 멸망하지 아니하고 다 회개하기에 이르기를 원하시느니라"(벧후 3:8-9).

목적을 위해 남겨진 자들

하나님은 모든 나라에 복음이 전해지길 기다리고 계신다. 그후에야 종말이 올 것이다. 우리는 이 세상에 속하지 않았으나, 어떤 목적을 위해 이 곳에 남겨졌다. 우리는 하나님의 지상명령을 성취해야 한다. 복음이 세상 끝까지 전해졌을 때 그리스도가 다시 오실 것이다.

하나님 나라의 시민권을 우월성을 나타내는 휘장처럼 착용하지 말라.

우리는 모두 하나님의 은혜로 구원받는다. 인류가 아무리 병들고 타락한 것처럼 보이더라도, "나는 하나님의 은혜로 그곳에 간다"는 사실을 늘 기억하라. 우리가 가진 하나님 나라의 시민권은 소망과 안정의 이유이며, 거기에는 하나님의 종이 되어 그분 뜻에 순종해야 할 책임이 뒤따른다. 우리는 베드로가 말한 것처럼 어떤 목적을 위해 세상에 남겨졌다. "사랑하는 자들아 거류민과 나그네 같은 너희를 권하노니 영혼을 거슬러 싸우는 육체의 정욕을 제어하라 너희가 이방인 중에서 행실을 선하게 가져 너희를 악행한다고 비방하는 자들로 하여금 너희 선한 일을 보고 오시는 날에 하나님께 영광을 돌리게 하려 함이라"(벧전 2:11-12).

하늘에 계신 사랑하는 아버지, 저에게 하나님 나라의 시민권을 주셔서 감사합니다. 세상에서 안정을 찾으려 하고 마치 하나님과의 영원한 관계가 없는 것처럼 살아온 것을 용서해 주옵소서. 제 유일한 시민권은 땅에 있고 하늘에 있지 않다는 사탄의 거짓말을 믿지 않습니다. 하나님 나라의 시민으로 제 권리와 책임을 주장하며, 주님을 제 왕으로 선언합니다. 주님의 종이 되어 주님의 뜻이 하늘에서 이루어지는 것처럼 땅에서도 그 뜻을 행하기 위해 헌신합니다. 제 소망은 이 세상이 아니라 앞으로 올 나라에 있습니다. 주의 은혜로 책임감 있는 오늘을 살기 위해 애쓸 것입니다. 그 삶을 통해 세상이 제 선한 행실을 보고 주님께 영광을 돌리게 하겠습니다. 예수님의 귀한 이름으로 기도합니다. 아멘.

22장
나는 두려워하는 마음이 아니라
능력과 사랑과 절제하는 마음을 받았습니다

하나님이 우리에게 주신 것은 두려워하는 마음이 아니요
오직 능력과 사랑과 절제하는 마음이니(디모데후서 1장 7절).

우리는 불안이 가득한 나라에 살고 있다. 사람들은 주로 무슨 일이 일어날지 모를 때 염려하며 불안을 느낀다. 사실 불안은 보통 뚜렷한 이유 없는 두려움으로 이해된다.

산상수훈에서 예수님은 내일 일을 염려하지 말고 보물을 이 세상에 쌓아두지 말라고 권면하셨다. 하나님이 하늘의 새와 들판의 백합을 보살피신다면, 우리는 얼마나 더 잘 보살펴주시겠는가? 따라서 우리는 먼저 하나님의 나라를 구해야 한다.

우리는 눈앞에 존재하는 강한 대상을 두려워한다

불안과 달리, 두려움은 언제나 대상이 있다. 사람들은 알려진 것을 두려워한다. 높은 곳이나 불, 좁은 공간, 비행기 여행처럼 우리를 위협하는 것들을 두려워한다. 두려움의 대상이 타당성을 가지려면 두 가지 속성을 갖춰야 한다. 즉 눈앞에 존재하며, 강력해야 한다. 예를 들어, 나는 뱀을 두려워한다. 그러나 여기 앉아서 이 글을 쓰고 있는 지금은 전혀 두렵지 않다. 뱀이 지금 이곳에 없기 때문이다. 그러나 누군가가 서재 문을 열고 내 발을 향해 뱀을 던진다면, 내 공포지수는 즉시 0에서 10까지 올라갈 것이다. 그 뱀은 내 눈앞에 존재하면서도 매우 강력하기 때문이다! 그런데 그 사람이 던진 뱀이 **죽은 것**이었다고 하자. 그리고 내가 그 뱀이 죽었다고 확신한다면 전혀 두려움을 느끼지 않을 것이다. 비록 뱀이 내 앞에 있더라도, 강력하지 않기 때문이다. 따라서 당신의 삶에서 두려움을 해결하려면 그 대상의 존재나 힘을 제거해야 한다.

사람이나 죽음을 두려워하지 말라

두려움은 강력한 제어장치로, 우리가 무책임하거나 파괴적인 일을 하게 만든다. 우리 삶에 있는 보편적인 두려움의 대상 두 가지는 "사람"과 "죽음"이지만, 성경에 따르면 우리는 어느 것도 두려워하지 말아야 한다.

마태복음 10장 28절은 "몸은 죽여도 영혼은 능히 죽이지 못하는 자들을 두려워하지 말고 오직 몸과 영혼을 능히 지옥에 멸하실 수 있는 이를 두려워하라"고 말한다. 사람은 그리스도인이 두려워해야 할 합당한 대상이 아니다. 그런데도 우리는 자제력을 잃어버릴 정도로 사람들을 두려워할 때가 매우 많다. 하나님의 영이 우리를 지배하지 않고, 우리도 자제력을 발휘하지 못하는 것이다. 우리 삶은 믿음 대신 건강하지 못한 두려움에 지배당한다.

어느 비서가 상사를 두려워한다고 하자. 그 비서는 하루 종일 그를 두려워하면서 일한다. 비서에게 상사는 눈앞에 존재하며 힘 있는 사람이기 때문이다. 그렇다면 그 상사는 비서에 대해 어떤 힘이 있는가? 아마 비서를 해고할 수 있을 것이다. 비서는 그 힘을 이길 수 있을까? 이길 수 있다. 직장을 그만두거나, 기꺼이 그만두려 할 수 있기 때문이다. 상사가 그 일로 비서를 협박하지 못하게 해서 상사의 위협에서 자유로워지는 것이다. 상사에게 저항하라는 말이 아니다. 신약성경은 우리가 다른 사람들로부터 오는 위협을 두려워하지 않고도 책임감 있게 살 수 있다고 가르친다는 사실을 지적하는 것이다.

베드로는 그것을 이렇게 표현한다. "또 너희가 열심으로 선을 행하면 누가 너희를 해하리요 그러나 의를 위하여 고난을 받으면 복 있는 자니 그들이 두려워하는 것을 두려워하지 말며 근심하지 말고 너희 마음에 그리스도를 주로 삼아 거룩하게 하고 너희 속에 있는 소망에 관한 이유를 묻는 자에게는 대답할 것을 항상 준비하되 온유와 두려움으로 하고"(벧전 3:13-15).

죽음도 합당한 두려움의 대상이 아니다. 히브리서 9장 27절은 이렇게 말한다. "한번 죽는 것은 사람에게 정해진 것이요 그후에는 심판이 있으리니." 죽음이 임박했지만, 하나님은 죽음의 힘을 제거하셨다. 죽음은 이제 우리에게 힘을 쓰지 못한다. "사망을 삼키고 이기리라고 기록된 말씀이 이루어지리라 사망아 너의 승리가 어디 있느냐 사망아 네가 쏘는 것이 어디 있느냐"(고전 15:54-55). 죽음의 두려움에서 자유로워진 사람은 자유롭게 오늘을 살아간다.

타당하고 궁극적인 두려움

그러나 우리 삶 속에 타당하고 궁극적인 두려움이 하나 있다. 바로 하나님이다. 하나님은 어디에나 계시며 전능하시기 때문이다. 하나님에 대한 두려움은 다른 모든 두려움을 쫓아낼 수 있다.

> 이 백성이 반역자가 있다고 말하여도 너희는 그 모든 말을 따라 반역자가 있다고 하지 말며 그들이 두려워하는 것을 너희는 두려워하지 말며 놀라지 말고 만군의 여호와 그를 너희가 거룩하다 하고 그를 너희가 두려워하며 무서워할 자로 삼으라 그가 성소가 되시리라(사 8:12-14).

존경심과 경외심으로 하나님을 궁극적인 두려움의 대상으로 삼고 그리스도를 우리 삶의 주님으로 인정할 때, 그리스도가 십자가 위에서 우리를 위해 값 주고 사신 그 자유를 경험하게 될 것이다. 하나님에 대한 두려움은 형벌과 관련이 없다. 즉, 언젠가 하나님이 나를 벌하실 것이기 때문에 하나님을 두려워하는 것이 아니다. 하나님 아버지는 이미 내 죄들로 인해 자신의 아들에게 벌을 주셨다.

사랑 안에 두려움이 없고 온전한 사랑이 두려움을 내쫓나니 두려움에는 형벌이 있음이라 두려워하는 자는 사랑 안에서 온전히 이루지 못하였느니라(요일 4:18).

나는 겸허하게 온 우주의 주이자 내 삶의 주인이신 하나님을 두려워하고, 겸손하게 그 앞에 머리를 숙인다. 하나님을 두려워하는 것은 나의 성소, 즉 이 생에서 나의 안전한 장소의 기초가 되는 하나님의 속성들을 인정하는 것이다.

우리는 사탄을 두려워할 이유가 없다

대상이 없는 두려움은 주로 "공황발작"이나 "불안장애"로 불린다. 경험상, 사람들이 뚜렷한 이유 없이 과도한 두려움을 느낄 경우 그 원인은 사탄이다. 사탄은 인간이 느끼는 제3의 두려움의 대상이다.

사람들은 종종 내게 사역을 하면서 어떻게 두려워하지 않을 수 있느냐고 묻는다. 나는 그들에게 말한다. "성경에는 우리가 사탄을 두려워해야 한다고 말하는 구절이 한 군데도 없습니다." 사탄의 전략은 굶주린 사자처럼 으르렁거리며 삼킬 자를 찾는 것이다. 사자가 으르렁거리는 이유는 무엇인가? 먹잇감이 두려움을 느껴 무력해지도록 만들기 위해서다.

나는 수많은 사람이 사탄에 대한 두려움에서 자유로워지는 것을 보는 특권을 누려왔다. 그것은 생각보다 훨씬 실제적이다. 내 자료를 사용해서 성도를 도운 어느 목사는 다음과 같은 편지를 받았다.

친애하는 목사님, 지난 35년 동안 저는 아드레날린에 의존해 살아왔습니다. 제 온 삶은 저를 무력하게 만드는 두려움에 사로잡혀 있었습니다. 그것은 어디선지 모르게 모든 곳에서 나타나는 것 같고, 나나 다른 사람이 거의 이해할 수 없는 두려움이었습니다.

저는 제 인생에서 4년이라는 시간을 투자해 심리학 학위를 받았고, 그것을 통해 그 두려움을 이해하고 정복할 수 있길 기대했습니다. 그러나 그것은 제 의문과 불안을 영속시킬 뿐이었습니다. 6년 동안 전문 상담을 받으면서도 거의 통찰을 얻지 못했고, 제 불안 수준에도 변화가 없었습니다. 두 차례 병원을 방문하여 일련의 검사를 받은 후에도 제 공황발작은 심해지기만 했습니다. 목사님을 뵈러 갔을 때는 완전히 진행된 공황발작이 날마다 나타나는 상황이었습니다. 이제 공황발작을 경험한 지 3주가 지났습니다. 저는 책임감 있는 삶을 살 수 있게 되었습니다. 지금까지는 자유가 무엇을 의미하는지 몰랐습니다.

목사님을 찾아갔을 때 진리가 저를 자유케 해주길 기대했는데, 지금은 그렇게 되었다는 걸 **압니다**. 지속적인 불안 속에서 살 때는 육체적, 감정적, 정신적으로 우리를 삼키려 하는 두려움 말고는 아무것에도 집중할 수가 없었습니다. 저는 앉은 자리에서 성경 한 구절도 읽기 힘든 상태였습니다. 마음속에 성경구절이 들어오자마자 누군가가 잡아채가는 것만 같았습니다. 저는 죽음과 형벌에 대해 말하는 구절만 들을 수 있었습니다. 이처럼 성경은 저에게 안개와 같았고, 저는 사실상 성경을 펼치기가 두려워졌습니다. 그런데 지난 몇 주간 저는 하루에 몇 시간씩 말씀을 읽었고, 또 그 말씀을 이해할 수 있었습니다. 안개가 사라진 것입니다. 제가 듣고, 보고, 이해하고, 간직할 수 있는 것에 깜짝 놀라고 있습니다.

『이제 자유입니다』를 읽기 전에는 "예수 그리스도"라는 말만 해도 제 몸의 신진대사가 과열되었습니다. "주님"을 언급하는 것이 해로운 영향을 끼치지는 않았지만, "예수 그리스도"라고 말할 때마다 제 내면이 흥분 상태에 빠졌던 것입니다. 지금은 평안과 확신으로 예수 그리스도의 이름을 부를 수 있고, 주기적으로 그렇게 하고 있습니다.

시편 118편 5-6절은 이렇게 말한다. "내가 고통 중에 여호와께 부르짖었더니 여호와께서 응답하시고 나를 넓은 곳에 세우셨도다 여호와는 내 편이시라 내가 두려워하지 아니하리니 사람이 내게 어찌할까."

하늘에 계신 사랑하는 아버지, 주님이 제 삶에서 유일하게 합당한 두려움의 대상임을 인정합니다. 주님은 전능하시고 어디에나 계시기 때문입니다. 하나님의 사랑과 그리스도가 완성하신 사역으로, 저는 이제 형벌을 두려워하지 않습니다. 하나님을 제 삶의 주님으로 인정합니다. 제 삶 속에 주님의 임재에서 오는 능력과 사랑과 절제하는 마음을 주옵소서. 사탄을 제 삶에서 두려워할 대상으로 여기지 않으며, 저를 두려움에 빠지게 하는 그의 모든 거짓말을 뿌리칩니다. 사람에 대한 두려움과 죽음에 대한 두려움이 어떻게 제 삶을 지배하게 만들어왔는지 제게 보여주옵소서. 지금 나 자신을 주님께 드리며 오직 주님만 내 사랑의 아버지로 예배하오니, 두려움이 아니라 믿음이 저를 이끌게 하소서. 예수님의 귀한 이름으로 기도합니다. 아멘.

23장
나는 곤경 속에서도
은혜와 긍휼을 누릴 수 있습니다

그러므로 우리는 긍휼하심을 받고 때를 따라 돕는 은혜를 얻기 위하여 은혜의 보좌 앞에 담대히 나아갈 것이니라(히브리서 4장 16절).

아내에게는 심한 우울증에 시달리는 친구가 있었다. 여러 번 의사를 찾아가고 몇 가지 약을 써보고 몇 차례 입원해서 치료도 받아봤지만 나아지는 게 없었다. 그 친구는 우리 교회에 출석하고 있었는데, 결국 아내가 "내 남편을 만나보지 않겠니?"라고 제안했다.

"닐 목사님을?" 그녀가 큰소리로 말했다. "오, 목사님께 이런 이야기를 할 수 있을까? 목사님은 전혀 우울할 일이 없을 거 아냐!"

맞는 말이다. 실제로 나는 우울증과 많이 싸워보지 않았다. 우울할 때가 거의 없고, 있어도 오래 가지 않는다. 그러나 바로 그렇기 때문에 아내의 친구가 가장 먼저 만나야 할 사람이 "나"라고 생각할 수도 있다. 당신이 건강해지고 싶다면, 기침을 하고 부스스한 모습에 숨차하며 기진맥진한 사람을 찾아가서 비결을 알려달라고 하겠는가? 건강하게 지내는 사람에게 묻는 것이 더 합당하지 않은가? 그러나 사람들은 대부분 그렇게 하지 않는다. 나는 그 주된 이유를 한 가지 속성, 즉 "긍휼"(mercy, 자비)로 요약할 수 있다고 믿는다.

병들고 아픈 사람은 위로와 연민을 찾는다. 그러나 건강하고 활기 넘치는 사람에게서 그러한 것들을 얻을 수 있을지 의문을 품는다. 그래서 술버릇이 나쁜 사람은 알코올의존증 갱생 모임을 찾아가고, 과식하는 사람은 체중 조절 클럽을 찾아간다. 왜 그런가? 그곳에서는 긍휼을 얻기 때문이다. 회복사역을 하는 사람들은 대부분 사다리에서 자기보다 한 계단 아래에 있는 사람에게 다가간다. 그들은 이해한다. 그들 자신도 그 자리를 거쳐 왔고, 어쩌면 그보다 더 낮은 데까지 내려갔을 수도 있기 때문이다. 그들은 공감할 수 있으며, 상처받은 사람에게 가장 필요한 것이 인정과 긍휼이라는 것을 경험으로 알고 있다.

이것이 잘못된 것인가? 당연히 아니다! 사실 이것은 그리스도의 사랑을 아름답게 표현한 것이다. 한번은 수업의 일환으로 신학생들에게 알코올의존증 갱생 모임에 가보도록 요구했다. 어떤 학생들에게 그것은 문화 충격이었을 것이다. 그들은 외설적인 언어가 난무하고 담배 연기로 자욱한 방에 익숙하지 않을 것이기 때문이다. 그러나 학생들은 하나같이 같은 느낌을 받았다. 모두 자신들의 성경공부 그룹도 그곳에 있는 사람들만큼 진실하고, 솔직하고, 서로 배려하면 좋겠다고 말한 것이다. 사람들이 교회보다 세상의 자조 모임에서 더 큰 위로와 자비를 얻을 때면 참으로 당혹스럽다.

자비롭다는 것은 **판단의 측면에서 사람들이 마땅히 받아야 할 것을 주**

지 않는 것이다. 하나님은 우리에게 자비로우셨다. 하나님이 우리가 마땅히 받아야 할 것을 주신다면 우리는 지옥으로 떨어질 것이다.

> 우리 구주 하나님의 자비와 사람 사랑하심이 나타날 때에 우리를 구원하시되 우리가 행한 바 의로운 행위로 말미암지 아니하고 오직 그의 긍휼하심을 따라 중생의 씻음과 성령의 새롭게 하심으로 하셨나니(딛 3:4-5).

또한 누가복음에서는 "너희 아버지의 자비로우심같이 너희도 자비로운 자가 되라"(6:36)고 권면한다.

자비를 받는 것은 회복의 중요한 전제조건이다. 상처받은 사람들이 교회에서 자비를 받을 수 있다고 느끼지 못한다면, 다른 데로 갈 것이다. 그러나 때를 따라 돕는 은혜를 줄 수 있는 곳은 거의 없다. 자비는 필수지만, 은혜가 없으면 회복 그룹들은 결국 위로 파티 정도에 지나지 않을 수 있다. 그곳에서는 모든 사람이 해결되지 않은 문제들과 영적인 속박의 수렁 속에서 헤엄치고 있고, 때로는 익사한다. 자비와 함께 그들에게 필요한 것은 그리스도의 자유와, 거짓말을 몰아내줄 하나님의 말씀이다. 당신이 어떤 단계에 있든 하나님의 자비는 당신을 받아줄 것이며, 하나님의 은혜는 당신을 다음 단계, 또 그 다음 단계로 끌어올려줄 것이다.

그러나 우리는 사람들에게 마땅히 받아야 할 것을 주지 않는 것에서 더 나아가, 그들에게 필요한 것을 주어야 한다. 바로 그것이 은혜다. 즉 **사람들이 받을 자격이 없는 것을 주는 것이다.** 하나님은 우리를 영원한 지옥에서 구해 주셨을 뿐만 아니라, 우리에게 생명을 주셨다.

너희는 그 은혜에 의하여 믿음으로 말미암아 구원을 받았으니 이것은 너희에게서 난 것이 아니요 하나님의 선물이라 행위에서 난 것이 아니니 이는 누구든지 자랑하지 못하게 함이라 (엡 2:8-9).

하나님이 이해하실 수 있을까?

그렇다면 하나님은 어떻게 우리 문제를 이해하실 수 있을까? 그분은 저 높은 천국 보좌에 앉아 계시며, 전능하시고 전지하시다. 어떤 것도 필요 없으시고, 다음 식사 때 무엇을 먹을까 걱정하지 않으신다. 학대하는 부모나 바람피우는 배우자도 없으시고, 가난한 집에서 태어나지도 않으셨다.

그런데 잠깐, 예수님을 기억하는가? 그분의 가족은 이해할 수 없는 출산으로 사회에서 배척당했다. 그분은 같은 나라 사람들에게도 배척당하셨다. 특권이 없는 인간의 몸을 입으셨고, 어떤 사회적 지위도, 재산도 없으셨다. 그분은 자신이 못 박힐 십자가를 지고 가셨다. 저주받고, 매 맞고, 침 뱉음을 당하셨다. 게다가 마지막에는 굴욕까지 당하셨다.

> 달린 행악자 중 하나는 비방하여 이르되 네가 그리스도가 아니냐 너와 우리를 구원하라 하되 하나는 그 사람을 꾸짖어 이르되 네가 동일한 정죄를 받고서도 하나님을 두려워하지 아니하느냐 우리는 우리가 행한 일에 상당한 보응을 받는 것이니 이에 당연하거니와 이 사람이 행한 것은 옳지 않은 것이 없느니라 하고 (눅 23:39-41).

예수님은 형벌과 죽음을 당하실 이유가 없었다. 그것은 우리가 받아야 할 것이었다! 당신은 정말로 하나님이 이해하지 못하신다고, 또는 무자비하시다고 생각하는가? "믿음의 주요 또 온전하게 하시는 이인 예수를 바라보자 그는 그 앞에 있는 기쁨을 위하여 십자가를 참으사 부끄러움을 개의치 아니하시더니 하나님 보좌 우편에 앉으셨느니라 너희가 피곤하여 낙심하지 않기 위하여 죄인들이 이같이 자기에게 거역한 일을 참으신 이를 생각하라"(히 12:2-3).

우리의 궁극적인 회복의 근원

그렇다. 당신은 은혜와 긍휼을 얻기 위해 하나님께 나아갈 수 있다! 여전히 의심스럽다면, 히브리서 4장 14-16절이 해결해 줄 것이다.

> 그러므로 우리에게 큰 대제사장이 계시니 승천하신 이 곧 하나님의 아들 예수시라 우리가 믿는 도리를 굳게 잡을지어다 우리에게 있는 대제사장은 우리의 연약함을 동정하지 못하실 이가 아니요 모든 일에 우리와 똑같이 시험을 받으신 이로되 죄는 없으시니라 그러므로 우리는 긍휼하심을 받고 때를 따라 돕는 은혜를 얻기 위하여 은혜의 보좌 앞에 담대히 나아갈 것이니라.

어느 크리스마스 전날, 한 여성이 나와 아내 조앤에게 특별한 선물을 보내왔다. 그녀는 어린 시절에 말할 수 없는 잔혹 행위를 경험했었다. 다른 사람들에게 엄청난 상처를 많이 받아온 여성이었기에, 내가 그녀와 대화를 나누는 동안 조앤이 같이 있어야만 했다. 단지 그녀 자신의 개인적인 안전감을 위해서였다. 우리가 받은 선물은 그녀가 쓴 우화 형식의 편지였다. 그것은 교회의 메시지와 사역을 아름답게 묘사하고 있다.

어릴 때 휴가를 갔는데, 우리가 묵는 펜션 주차장에 금시계가 떨어져 있는 걸 우연히 발견했어요. 흙과 자갈로 덮여 있었죠. 처음에 언뜻 봤을 땐 굳이 주울 만한 가치가 없어 보였어요. 그런데 어찌된 일인지, 제가 시계를 향해 손을 뻗고 있더라고요. 유리는 깨지고, 시곗줄은 다 닳고, 눈금판에는 습기가 차 있었어요. 외관을 볼 땐 시계가 여전히 제 기능을 할 거라고 믿을 수 없을 정도였죠. 쓰레기통에 버려질 게 뻔한 시계였어요.

그때 제 옆에 있던 가족은 그걸 주운 저를 비웃었어요. 어머니는 망가진 게 뻔한 더러운 물건을 갖고 있다고 야단치기까지 하셨죠. 제가 태엽 감는 꼭지를 만지자 오빠는 제게 생각이 있냐는 말까지 했어요.

"차들이 밟고 지나갔을 거야. 그런 상황에서 뭐가 남아 있겠어!" 오빠가 야단치듯 말했어요.

그런데 제가 꼭지를 돌리자 시계의 초침이 움직이기 시작했어요. 우리 가족이 틀렸던 거예요. 사실 시계가 작동하지 않을 가능성이 컸지만, 아무도 생각하지 못한 것이 하나 있었어요. 외관이 아무리 망가졌어도 속이 손상되지 않았으면 여전히 작동할 수 있고, 실제로 시간이 정확히 맞는다는 거였어요. 이 시계는 정확한 시간을 가리키도록 만들어졌어요. 겉모습은 시계의 설계 목적과 아무 상관이 없었던 거예요. 비록 외관은 손상되었지만 내부는 멀쩡하고 완벽한 상태였죠.

25년이 지난 지금도 저는 그 시계를 갖고 있어요. 가끔씩 태엽을 감아 보는데, 여전히 잘 갑니다. 내부가 망가지지 않으면 언제까지나 제대로 작동할 거라고 생각해요. 오래전에 제가 그 시계를 일부러 주워서 감아보지 않았다면, 정말 중요한 부분은 여전히 완벽한 상태였다는 걸 몰랐을 거예요. 쓸모없는 고물처럼 보였지만 그 시계는 저에게 언제까지나 보물로 남아 있을 거예요. 저는 외관만 본 게 아니라 정말 중요한 것을 믿었으니까요. 바로 그 시계가 본래 만들어진 목적대로 기능할 수 있다는 사실을요. 닐, 그리고 조앤, "시계를 줍고" "태엽을 감는" 노력을 해줘서 고마워요. 당신들은 제 감정이 손상되었지만 제 내적 자아는 여전히 온전한 상태이며, 그것이 그리스도와 함께 있도록 창조되었다는 것을 알게끔 도와주었어요. 그것이 유일하게 영구적인 부분이고, 정말 중요한 부분이라는 걸 말이에요. 제 감정이 저에게 뭐라고 말하든, 그것이 사실이라는 걸 마음 깊이 깨달았어요. 또한 하나님의 종들의 도움으로, "겉모습"도 고쳐질 수 있고 어쩌면 다시 제 기능을 하게 될 거라고 믿어요.

전 세계 어디에나 "차에 밟힌" 사람들이 있다. 상처받고 손상된 사람들. 절망에 빠져 자비와 은혜를 부르짖는 사람들. 우리에게는 "시계를 주워" "태엽을 감을" 특권이 있다. 겉모습만 보지 말고, 하나님의 자비와 은혜를 전하여 이 소중한 사람들을 하나님과 연결시켜주어야 한다. 어쩌면 당신이 그런 사람들 가운데 한 명일 것이다. 하나님은 당신의 참된 회복을 위해 놀라운 것을 준비해 두셨다. 즉 매일 매시간 영원토록, 우리는 우리의 대제사장이신 주님께 나아가 때를 따라 돕는 은혜와 긍휼을 받을 수 있다. 우리의 확신은 어디에 있는가? "그러므로 형제들아 우리가 예수의 피를 힘입어 성소에 들어갈 담력을 얻었나니 …… 참 마음과 온전한 믿음으로 하나님께 나아가자"(히 10:19, 22).

하늘에 계신 사랑하는 아버지, 먼저 하나님께 나아가지 않고, 주님이 정말로 제 필요를 이해하실 수 있을까 의심한 것을 용서해 주옵소서. 저는 주님의 은혜를 받을 자격이 없다는 걸 알지만, 주님이 은혜로운 하나님이기에 주님을 찬양합니다. 참 하나님이 누구신지에 대한 지식을 왜곡하는 사탄의 거짓말을 믿지 않습니다. 주께서 제게 자비를 베푸신 것처럼 저도 다른 사람들에게 자비를 베풀도록 가르쳐주시고, 또 사람들이 마땅히 받을 것이 아니라 그들에게 필요한 것을 줄 수 있도록 가르쳐주옵소서. 제가 주님 앞에 나아갈 수 있게 해주신 예수 그리스도께 감사드리며, 오늘부터 그렇게 하기로 결심합니다. 주의 은혜와 긍휼, 그리고 주님께 나아가도록 저를 초청해 주신 것을 감사하고 찬양합니다. 예수님의 귀한 이름으로 기도합니다. 아멘.

24장
나는 하나님에게서 났으며
악한 자가 나를 건드릴 수 없습니다

하나님께로부터 난 자는 다 범죄하지 아니하는 줄을 우리가 아노라 하나님께로부터 난 자가 그를 지키시매 악한 자가 그를 만지지도 못하느니라 또 아는 것은 우리는 하나님께 속하고 온 세상은 악한 자 안에 처한 것이며 또 아는 것은 하나님의 아들이 이르러 우리에게 지각을 주사 우리로 참된 자를 알게 하신 것과 또한 우리가 참된 자 곧 그의 아들 예수 그리스도 안에 있는 것이니 그는 참 하나님이시요 영생이시라
(요한일서 5장 18-20절).

몇 년 전에 어느 그리스도인 상담가가 나에게 자신의 상담을 참관해 줄 수 있는지 물었다. 그는 약 4년 동안 어느 젊은 여성을 상담해 왔는데 거의 차도가 없었다. 그는 귀신들린 사람을 다뤄본 경험이 없다는 걸 인정했고, 혹시 그녀의 문제가 그것일지도 모른다고 생각한 것이다. 그녀의 몸에는 별 모양 문신들이 새겨져 있고, 사탄의 학대 의식을 나타내는 증거도 여럿 있었다. 나는 속으로 '저게 단서군!' 하고 생각했다.

그 여성과 잠시 시간을 보낸 후, 나는 이렇게 말했다. "당신의 마음을 차지하기 위해 전쟁이 벌어지고 있군요."

"오, 하나님, 감사합니다. 드디어 이해하는 사람이 나타났네요." 그녀가

말했다.

그 다음 주에 그 여성은 내 사무실을 찾아왔다. 그런데 우리가 이야기를 나눌 때 이 몸집 큰 여성이 갑자기 혼란에 빠진 듯하더니 의자에서 벌떡 일어나 나를 향해 걸어오기 시작했다. 당신이라면 그런 상황에서 어떻게 하겠는가? 나는 그녀를 쳐다보며 말했다. "나는 하나님의 자녀고, 당신은 나를 건드릴 수 없습니다!" 그러자 그녀가 갑자기 멈춰 섰다. 나는 그녀에게 앉으라고 했고, 그녀는 자기 의자로 돌아갔다.

이런 상황에서는 목소리를 높인다고 해서 권위가 커지지 않는다는 걸 인식하는 것이 중요하다. 우리가 할 일은 마귀를 침묵시키는 것이 아니라, 그리스도 안에서 조용히 우리의 권위를 행사하는 것이다. 동부 지역에서 한 그룹에 이 이야기를 해주었는데, 몇 주 뒤 박사과정을 밟고 있는 학생이 나를 찾아와 그 이야기를 해줘서 고맙다고 했다.

"하루는 아침에 통근 역에서 차를 기다리고 있는데 폭력배 세 명이 제게 다가와 돈을 요구했습니다. 박사님, 저는 그들을 꿰뚫어볼 수 있을 것 같았어요. 그래서 매우 확신 있게 말했죠. '나는 하나님의 자녀고, 악한 자가 나를 건드리지 못한다'라고 말이에요. 세 도둑은 '뭐라고?'라고 말했어요. 저는 다시 '나는 하나님의 자녀고, 악한 자가 나를 건드리지 못한다'라고 말했어요. 그랬더니 그들이 그냥 가버렸어요." 이 경우, 이 학생은 대적들의 진짜 근원을 분별해냈다. 그것은 영적인 것이었다.

그리스도 안에서 당신의 정체성을 알라

나는 영적인 문제를 가진 사람들이 보통 공통된 문제를 지녔다는 것을 알았다. 즉 그리스도 안에서 얻은 특권인 진정한 정체성을 제대로 이해하지 못하고 있다는 것이다. 온 세상이 악한 자에게 지배당하고 있다면, 우리의 합당한 성소는 **오직 그리스도 안에** 있다. 이 장 첫 부분에 인용한 성경구절에서 요한은 반복해서 "우리가 아노라 …… 또 아는 것은 …… 또 아는 것은"이라고 말한다. 각 경우에 요한은 우리가 하나님의 자녀로서 가질 수 있는 확신을 나타내고 있다.

사도행전에서 몇몇 영적 사기꾼이 알게 되었듯이, 의례적인 구호나 진부한 공식으로는 마귀와의 싸움을 이길 수 없다.

> 이에 돌아다니며 마술하는 어떤 유대인들이 시험 삼아 악귀 들린 자들에게 주 예수의 이름을 불러 말하되 내가 바울이 전파하는 예수를 의지하여 너희에게 명하노라 하더라 유대의 한 제사장 스게와의 일곱 아들도 이 일을 행하더니 악귀가 대답하여 이르되 내가 예수도 알고 바울도 알거니와 너희는 누구냐 하며 악귀 들린 사람이 그들에게 뛰어올라 눌러 이기니 그들이 상하여 벗은 몸으로 그 집에서 도망하는지라 (행 19:13-16).

당신이 이런 상황에 직면한다면 어떻게 하겠는가? 나는 심히 괴롭힘을 당하던 한 소녀와 힘들게 씨름한 사건이 생각난다. 상담 도중에 소녀의 표정이 갑자기 바뀌더니 걸걸한 목소리로 이렇게 말했다. "너는 네가 누구라고 생각하느냐?" 나는 소녀를 똑바로 쳐다보며 말했다. "나는 하나님의 자녀다. 그러니 입 다물어라." 그 즉시 소녀는 제정신으로 돌아왔고, 우리는 문제를 해결할 수 있었다.

두려움의 공격을 극복하다

한밤중에 깨어서 공포에 떤 적이 있는가? 가슴이 답답하거나 마귀가 방에 있는 것을 느꼈을지도 모른다. 어쩌면 대응하려고 했는데 할 수 없었을 것이다. 전 세계를 다니며 콘퍼런스를 인도해 보니, 거의 모든 곳에서 회중의 30-50퍼센트는 그런 공격을 경험한 적이 있었다. 나도 그런 공격을 몇 번 당한 적이 있다. 유혹을 받는 것이 죄가 아니듯이, 공격을 받는 것도 당연히 죄가 아니다. 그렇다면 우리는 무엇을 해야 하는가? 첫째, 고린도후서 10장 4절 말씀을 기억하라. "우리의 싸우는 무기는 육신에 속한 것이 아니요."

처음에 당신은 육체적으로 대응할 힘이 없다고 느낄 것이다. 나는 하나님이 우리를 시험하기 위해 그런 공격을 허용하신다고 믿는다. 마치 이렇게 말씀하고 계신 것 같다. "자, 네 힘으로 여기서 벗어나봐라. 네가 뭘 할 수 있는지 봐라." 그러나 우리는 할 수 없다. 우리에게는 절대적으로 하나님이 필요하다. 성경은 주의 이름을 부르는 자들이 구원을 받을 거라고 말한다. 그런데 말이 안 나온다면 어떻게 할 것인가? 그 답은 야고보서 4장 7절에 있다. "그런즉 너희는 하나님께 복종할지어다 마귀를 대적하라 그리하면 너희를 피하리라."

하나님은 당신 마음의 생각과 의도를 아신다. 주변에서 무슨 일이 일어나든 간에, 당신은 항상 **내적으로** 당신의 생각들이 하나님께 향하게 할 수 있다. 당신의 삶 속에서 하나님의 위치를 인정하고 그분의 권위를 인정하는 순간, 당신은 자유롭게 주의 이름을 부를 수 있게 될 것이다. 당신이 말할 것은 "예수"뿐이다. 나는 당신이 꼭 그 말을 해야 한다고 믿는다. 사탄은 당신의 생각에 복종할 의무가 없다. 그는 그 생각들을 완전히 알지 못한다. 오직 하나님만이 모든 것을 아신다. 하나님의 거룩한 속성들을 사탄의 것으로 여기지 말라. 사탄은 피조물이지 창조주가 아니다.

우리의 위대하신 구원자

이것은 능력 대결이 아니라 **진리 대결**이다. 마귀는 거짓의 아비이며, 그의 힘은 거짓말에 있다. 그러나 진리는 우리를 자유케 한다. 당신이 거짓말을 폭로하면 그 힘이 무너질 것이다. 그리스도인에게는 진리의 능력이 있다. 성경은 어디서도 우리가 이 세상에서 능력을 추구해야 한다고 말하지 않는다. 왜인가? 우리는 이미 능력이 있기 때문이다. 우리는 우리 눈이 열려 신자인 우리에게 주어진 능력을 알게 되도록 기도해야 한다(에베소서 1장 18-19절 참조).

이것이 본질적인 진리다. 즉 우리는 그리스도 안에 있기 때문에 마귀에게 저항할 권위와 책임이 있다. 그러나 먼저 하나님께 복종하지 않은 채 그렇게 하려 한다면, 결국 권력 싸움으로 끝나고 말 것이다. 많은 축사 사역이 이러한 오류를 지니고 있다. 한편, 마귀에게 저항하지 않고 하나님께 복종한다면 당신은 계속 속박당할 수 있다. 야고보서 4장 7절에서 먼저 하나님께 복종하고 그 다음에 책임지고 마귀를 대적하라고 말한 것을 기억하라.

전통적으로 축사에 대한 접근법은 대부분 외부 대리인에게 의존해 왔다. 즉 목사나 선교사, 상담자 같은 대리인이 종종 마귀들을 불러 쫓아내려 한 것이다. 그 과정을 잘 살펴보라. 누가 구원자인가? 목사나 선교사,

상담자일 것이다. 그들은 어디서 정보를 얻는가? 마귀에게서 얻는다! 나는 마귀가 하는 말을 하나도 믿지 않는다. 그들은 모두 거짓말쟁이며, 자신의 본성을 따라 말하기 때문이다.

나는 더 성경적인 접근법이 있다고 생각한다. 구원자는 이미 오셨다. 바로 그리스도시다. 우리는 모든 진리 가운데로 우리를 인도하신다고 약속하신 성령께 정보를 얻어야 한다. 우리를 자유롭게 해줄 목사의 이름을 불러서는 안 된다. 우리는 주님의 이름을 불러야 한다. 성경적으로 균형 잡힌 목사나 선교사는 자제력을 유지하고, 모든 일이 순차적으로 합당하게 행해지도록 해야 한다.

하나님의 품 안에 있을 때 안전하다

이런 식으로 생각해 보자. 삶 속에 죄가 축적되어 우리가 계속 죄를 범한다면, 그것은 쓰레기와 같고 쓰레기는 쥐들을 끌어들인다. 우리는 쥐를 쫓아내려 하지만 다시 돌아올 뿐이다. 방법은 쓰레기를 없애는 것이다. 그러면 쥐들이 돌아올 이유가 없어진다.

하나님께 난 사람은 계속 죄를 범하지 않는다. 그는 성령의 확신을 따라 행하며, 성령은 언제나 그를 하나님께로 돌아가게 한다. 신앙생활이 힘들더라도, 당신은 하나님의 품 안에서 안전하다는 것을 알아야 한다. 마귀는 그리스도 안에 있는 이들을 건드릴 수 없다. 우리는 하나님과 그분의 말씀을 믿고 이렇게 말해야 한다. "나는 하나님의 자녀이고, 예수 그리스도의 보혈로 샀으며, 그리스도 안에 있고, 아무것도 나를 하나님의 사랑에서 끊을 수 없다는 것을 안다."

이 주제는 정말 중요하다. 이와 관련하여 이전에 출간된『내가 누구인지 이제 알았습니다』,『이제 자유입니다』,『속박에서 벗어나다』(Released From Bondage)를 읽어보길 권한다. 그뿐 아니라 부모와 어린이 사역자들을 위해 스티브 루소와 함께 쓴『우리 아이들의 유혹』(The Seduction of Our Children)이라는 책도 참고할 만하다.

중요한 것은 우리의 유일한 성소가 그리스도 안에 있음을 아는 것이다. "내가 하나님의 아들의 이름을 믿는 너희에게 이것을 쓰는 것은 너희로 하여금 너희에게 영생이 있음을 알게 하려 함이라"(요일 5:13). 이곳이 바로 우리의 성소다. 하나님은 우리가 이것을 확신하길 원하신다.

하늘에 계신 사랑하는 아버지, 제가 그리스도 안에서 안전하게 해주셔서 감사합니다. 악한 자는 저를 건드릴 수 없습니다. 제 삶에 축적해 온 모든 쓰레기를 주님 앞에 가져갑니다. 이제 죄 가운데 살고 싶지 않습니다. 제 죄들을 고백합니다. 주님이 선고해 주시고 깨끗하게 해주십시오. 하나님의 갑옷을 입고 마귀를 대적해야 할 제 책임을 다하겠습니다. 제가 힘이 없고 사탄에 지배받고 있다는 사탄의 거짓말을 믿지 않습니다. 저는 그리스도 안에 있고 이 세상 신에게 복종하지 않습니다. 하나님의 은혜로 저는 하나님의 자녀가 되었으며, 하나님이 저를 안전하게 지켜주실 것입니다. 예수님의 귀한 이름으로 기도합니다. 아멘.

우리는 하나님의 동역자들이요 너희는 하나님의 밭이요 하나님의 집이니라 ……
사람이 마땅히 우리를 그리스도의 일꾼이요 하나님의 비밀을 맡은 자로 여길지어
다 그리고 맡은 자들에게 구할 것은 충성이니라.

고린도전서 3장 9절, 4장 1-2절

3부

나는 그리스도 안에서
소중한 자입니다

25장
나는 소중합니다

> 우리는 하나님의 동역자들이요 너희는 하나님의 밭이요 하나님의 집이니라 …… 사람이 마땅히 우리를 그리스도의 일꾼이요 하나님의 비밀을 맡은 자로 여길지어다 그리고 맡은 자들에게 구할 것은 충성이니라(고린도전서 3장 9절, 4장 1–2절).

사람들은 종종 중요한 것을 추구하지만, 무엇이 중요한지는 규정하기가 어렵다. 무엇이 중요한 것인가? 많이 생각해 본 끝에, 중요하고 의미 있는 사건이나 사람은 삶에 지속적인 영향을 끼친 일이나 사람이라는 결론에 이르렀다. 처음에는 직접적인 영향력의 크기가 중요하다고 생각했는데, 지금은 그것이 얼마나 오래 지속되느냐에 따라 중요성을 판단할 수 있다는 걸 안다. 금방 잊히는 것은 대부분 중요한 것이 아니다. 중요한 것은 영원히 기억되기 때문이다.

나는 세상이 중요하다고 말하는 것에 깜짝 놀랐다. 슈퍼볼이나 월드시리즈 같은 주요 스포츠 행사는 우리 사회에서 매우 중요하다. 나도 스포츠를 좋아하지만 10년 전 월드시리즈에서 누가 이겼는지는 말할 수 없다. 게다가 관심도 없다. 우리는 기록을 남기고 기념비를 세워 그런 사건들이 영원히 기억되게 하려고 하지만, 기록에 오른 이름들은 결국 모두 바뀔 것이다. 이런 것들은 본래 일시적인 즐거움을 위해 생겨난 국민적 오락이다. 영원한 의미는 없다. 1989년 오클랜드와 샌프란시스코의 월드시리즈를 기억하는가? 의미에 대해 이야기해 보자! 이것은 "베이 시리즈"(Bay Series)로 불렸지만, 큰 지진이 일어난 화요일 오후 5시 30분에 그것이 어떤 의미가 있었겠는가?

우리의 가치는 사람에게 달려 있지 않다

바울은 고린도전서 3장 1절에서 4장 2절까지 그 모든 것을 정확하게 바라보았다. 성경을 펴서 바울의 주장을 살펴보자. "형제들아 내가 신령한 자들을 대함과 같이 너희에게 말할 수 없어서 육신에 속한 자 곧 그리스도 안에서 어린아이들을 대함과 같이 하노라"(고전 3:1). 그들은 하나님의 자녀였지만 하나님의 자녀답게 행하지 않고 있었다. 단단한 고기를 먹을 준비가 되어 있지 않았던 것이다. 그래서 바울은 그들에게 젖을 먹여야 했다. 그들 간의 질투와 다툼은 그들의 세속성과 함께 그들이 그저 특정 인물을 좇는 사람들일 뿐이라는 사실을 입증했다. 어떤 사람은 "나는 바울을 따른다"고 말하고, 또 다른 사람은 "나는 아볼로를 따른다"고 말했다(고전 3:4). 5절은 이렇게 말한다. "그런즉 아볼로는 무엇이며 바울은 무엇이냐 그들은 주께서 각각 주신 대로 너희로 하여금 믿게 한 사역자들이니라."

오늘날 많은 사람이 그리스도 안에서, 그리고 하나님의 가족이 되는 데서 정체성을 찾지 않는다. 그보다는 특정 지도자를 따르거나 어떤 조직에 속하는 데서 정체성을 찾으려 한다. 기억하라. 바울은 심었고 아볼로는 물을 주었으되 오직 하나님이 자라게 하셨다(고후 3:6).

우리의 가치는 노력에 달려 있지 않다

하나님이 오늘날 교회를 통해 이루고자 하시는 일들을 생각해 보라. 사람이 자기 힘으로 그 모든 것을 하려고 하면 얼마나 많은 일을 이룰 수 있겠는가? 답은 "아무것도 이룰 수 없다"이다. 반면 하나님이 그 모든 일을 행하시길 기대한다면 얼마나 많은 일이 이루어지겠는가? 역시 "아무것도 이루어지지 않는다." 하나님은 교회를 통해 일하신다. 물을 주고 심는 사람이 없다면, 아무것도 자라지 않을 것이다. 그러나 그리스도인들이 심고 물을 주더라도 하나님이 그 안에 계시지 않는다면, 그 역시 아무것도 자라지 않을 것이다.

> 심는 이와 물 주는 이는 한가지이나 각각 자기가 일한 대로 자기의 상을 받으리라 우리는 하나님의 동역자들이요 너희는 하나님의 밭이요 하나님의 집이니라(고전 3:8-9).

또한 바울은 하나님의 은혜로 터를 닦아두었으니, 우리가 그 터 위에 어떻게 세울까 조심하라고 경고한다. "이 닦아둔 것 외에 능히 다른 터를 닦아둘 자가 없으니 이 터는 곧 예수 그리스도라"(고전 3:11). 우리가 다른 터 위에 세운다면, 우리 일이 시험받을 것이다. 어느 날 심판이 있을 것인데,

우리가 온전히 주 우리 하나님께 의지하여 세운 것들은 금과 은과 값진 보석 같을 것이다. 그러나 우리가 육신 안에서 행한 일들, 즉 자신의 왕국을 세우려는 모든 시도는 나무나 풀, 짚과 같을 것이다.

> 이는 불로 나타내고 그 불이 각 사람의 공적이 어떠한 것을 시험할 것임이라 만일 누구든지 그 위에 세운 공적이 그대로 있으면 상을 받고(고전 3:13-14).

나는 항상 일하는 곳 가까이에 작은 명판을 둔다. 명판에는 "삶은 한 번 뿐이고 그것은 곧 지나갈 것이며, 오직 그리스도를 위해 한 일만 영원할 것이다"[1]라고 적혀 있다. 우리가 현재 하나님 나라에 심는 것만이 영원히 남을 것이다.

우리의 가치는 능력에 달려 있지 않다

이어서 바울은 우리가 하나님의 성전임을 상기시켜준다. 즉 하나님의 성령이 우리 안에 거하신다는 것이다. 또한 우리에게 자신을 속이지 말라고 말한다. "너희 중에 누구든지 이 세상에서 지혜 있는 줄로 생각하거든 어리석은 자가 되라 그리하여야 지혜로운 자가 되리라"(고전 3:18).

우리는 늘 **우리가** 하나님 나라를 일으키거나 **우리 힘으로** 어떤 일을 성취할 수 있다고 생각하는 위험한 성향이 있다. 그러나 예수님은 "나를 떠나서는 너희가 아무것도 할 수 없음이라"(요 15:5)고 말씀하셨다. 그러나 그 반대 역시 사실이다. "내게 능력 주시는 자 안에서 내가 모든 것을 할 수 있느니라"(빌 4:13). 나는 하나님의 자녀이기 때문에 자격이 있다.

만물이 다 너희 것임이라 바울이나 아볼로나 게바나 세계나 생명이나 사망이나 지금 것이나 장래 것이나 다 너희의 것이요 너희는 그리스도의 것이요 그리스도는 하나님의 것이니라(고전 3:21-23).

따라서 우리는 하나님의 자녀로서 행할 권리가 있는 반면, 우리에게 맡겨진 임무도 있다.

나는 선한 청지기다

우리는 하나님이 우리에게 맡기신 것을 관리하는 선한 청지기가 될 때 가치와 중요성을 느낄 것이다. "사람이 마땅히 우리를 그리스도의 일꾼이요 하나님의 비밀을 맡은 자로 여길지어다 그리고 맡은 자들에게 구할 것은 충성이니라"(고전 4:1-2). 하나님은 은사나 지능, 재능을 똑같이 나누어주지 않으셨다. 따라서 우리는 오직 하나님이 우리에게 맡기신 것을 어떻게 사용했느냐에 따라 판단받을 것이다. 하나님은 공평하고 정의로우시다. 우리의 중요성은 은사나 재능, 지능이 얼마나 큰지에 따라 측정되지 않는다. 하나님이 우리에게 맡기신 것을 어떻게 사용하였느냐에 따라 측정된다. 우리가 믿음으로 뿌린 씨앗은 하나님 나라에서 영원히 지속될 것이기 때문이다.

소중하지 않은 하나님의 자녀는 없다. 한번은 어느 귀한 여성이 내게 이렇게 말했다. "제가 하는 일이라고는 주일학교에서 3학년짜리 남자아이들을 가르치는 것뿐이에요."

나는 이렇게 말했다. "그러니까 그것이 당신이 하는 전부라는 뜻인가요? 당신은 그 3학년짜리 아이들의 마음속에 영적인 원리를 심어줄 특권이 있고, 그것은 아이들에게 영원히 영향을 끼칠 겁니다. 그런데 그것을 사소한 일이라고 말하는 건가요?"

하나님 나라에 심겨진 작은 씨앗 하나에서 영원한 열매들을 거둘 것이다. 때로 우리는 사역에서 지속적인 결과를 보지 못하기 때문에 힘들어한다. 그래서 바울이 이렇게 말하는 것이다. "우리가 선을 행하되 낙심하지 말지니 포기하지 아니하면 때가 이르매 거두리라"(갈 6:9).

하늘에 계신 사랑하는 아버지, 아버지의 영원한 관점으로 삶의 현실을 바라보도록 도와주옵소서. 제가 즉각적인 만족을 얻고자 한 것을 고백합니다. 우리의 청지기직에 영원한 결과는 없다는 사탄의 거짓말을 믿지 않습니다. 하나님이 제게 맡기신 것들에 소유권을 주장하지 않으며, 제 삶과 가족, 사역, 재능을 주님께 드립니다. 주님이 제게 맡기신 것들을 관리하는 선한 청지기가 되기 위해 헌신하며, 스스로 의미를 찾으려 하지 않겠습니다. 이제 이 세대의 기준에 따라 지혜로워지려 하거나, 일시적인 상급을 추구하거나, 주님과 상관없는 삶을 칭송하지 않습니다. 우리 구주께서 본을 보이신 것처럼, 저도 아버지의 뜻을 행하는 데서 저의 가치를 찾으려 합니다. 이제 주님께 의존하는 삶을 위해 헌신하며, 오늘 충성스러운 삶을 살 때 영원한 상급을 주실 것을 믿습니다. 예수님의 귀한 이름으로 기도합니다. 아멘.

26장
나는 세상의 빛과 소금입니다

너희는 세상의 소금이니 소금이 만일 그 맛을 잃으면 무엇으로 짜게 하리요 후에는 아무 쓸데없어 다만 밖에 버려져 사람에게 밟힐 뿐이니라 너희는 세상의 빛이라 산 위에 있는 동네가 숨겨지지 못할 것이요 사람이 등불을 켜서 말 아래에 두지 아니하고 등경 위에 두나니 이러므로 집 안 모든 사람에게 비치느니라 이같이 너희 빛이 사람 앞에 비치게 하여 그들로 너희 착한 행실을 보고 하늘에 계신 너희 아버지께 영광을 돌리게 하라(마태복음 5장 13-16절).

우리 사회에서 교회의 영향력은 크게 감소되었다. 안타깝게도 교회는 무시만 당하고 있다. 우리에게는 종교의 자유가 있지만, 메시지는 분명하다. "교육과 정치적인 과정에는 간섭하지 말라"는 것이다. 미국에서 일반적으로 용인되는 문화적 종교로는 뉴에이지가 빠르게 자리매김하고 있고, 그것은 학교와 산업에서 휴머니즘을 대체하고 있다. 뉴에이지 추종자들이 환경과 전인 건강을 선도해 온 반면에, 교회는 아픈 사람들이 가는 병원으로 간주되고 있다. 그러나 교회는 병원이 아니라 폭풍 요새라 불리는 전초기지다. 그곳에 치료소가 있는 것이다.

나는 오랜 시간을 그 치료소에서 일해 왔지만, 교회는 치료소를 위해 존재하는 것이 아니다. 치료소가 교회를 위해 존재하는 것이다. 우리에게는 부상당한 사람이 매우 많다. 상처받고 훼손된 사람들, 그들이 사회로 돌아가 하나님의 부르심을 따라 빛과 소금이 될 수 있으려면 치료를 받아야 한다. 그러나 교회가 세속화되어 육신 안에서 행하면 더는 아무 도움도 되지 못한다. 사람들에게 버림받고 짓밟혀서, 그곳에 존재하는 이유를 잃어버리는 것이다.

구약성경의 이스라엘처럼 교회는 큰 부흥에 이어 쇠퇴의 시기를 거치고 있다. 교회가 다시 소금의 맛을 낼 수 있을까? 당연히 그럴 수 있다. 하나님은 이렇게 말씀하신다. "내 이름으로 일컫는 내 백성이 그들의 악한 길에서 떠나 스스로 낮추고 기도하여 내 얼굴을 찾으면 내가 하늘에서 듣고 그들의 죄를 사하고 그들의 땅을 고칠지라"(대하 7:14).

우리는 하나님의 자녀이기 때문에 빛과 소금이다. 우리가 성령의 능력 안에서 행하고 개인적인 증거들을 감추지 않는 한 계속 빛과 소금으로 존재할 것이다. 주님이 우리를 세상의 소금이라고 하실 때 무엇을 말씀하시는 것인가? 소금의 주요 목적은 두 가지다. "보존하는 것"과 "맛을 내는 것"이다.

소금은 보존한다

하나님은 우리가 보존하는 역할을 하도록 정하셨다. 바울은 "이 집은 살아 계신 하나님의 교회요 진리의 기둥과 터"(딤전 3:15)라고 말한다.

미국이 기초를 세우고 번성한 이유는 유대인의 기독교 가치들에 헌신했기 때문이라고 믿는다. 1980년에 페퍼다인대학에서 첫 박사과정을 마칠 때 나는 "미래학"이라는 수업을 들었다. 미래 모습에 대해 현실적인 시나리오들을 구성하려는 교육자들을 위한 수업이었다. 학생들은 모두 수업 시간에 발표를 해야 했다. 도심 지역 출신의 어느 교장은 거의 주술에 가까운 주제를 발표했다. 그는 "유체이탈"과 "마음의 새 경계"를 이야기하며 흥분했다. 나는 주변의 학식 있는 사람들이 그에게 반응하는 모습을 보고 깜짝 놀랐다. 모든 사람이 호기심을 보이며 질문했다. 그들은 이 마음의 새 경계에 대해 더 알고 싶어했다.

아직 뉴에이지 개념이 유행하지 않을 때라, 그 교장이 말하는 내용을 완전히 이해하는 사람은 아무도 없었지만 모두 호기심을 보였다. 나는 가만히 앉아서 듣고 있었는데, 그 내용에 깜짝 놀랐다. 마지못해 내가 질문했다. "연구를 하실 때 이것이 옳은지 그른지에 대해 생각해 보셨습니까?" 그는 그런 것에는 관심이 없다고 했다. 나는 그가 설명하는 내용이 새로운 것이 아니기 때문에 그 연구가 옳은지 그른지 생각하는 것이 중요하다고 말했다. 그가 말하는 내용은 성경의 역사만큼 오래된 것이기 때문이다. 그리고 하나님은 매우 단호하게 그것을 금하셨다.

교수는 이쯤에서 수업을 마치는 것이 좋겠다고 생각했고, 사람들이 흩어지자 몇몇 사람이 내 주위로 몰려와 이렇게 물었다. "아까 그 사람이 말한 내용에서 무엇이 잘못되었습니까?" 그때 나는 하나님의 관점을 나눌 큰 기회를 얻었다.

나는 모든 하나님의 자녀가 그렇게 증인이 될 기회를 얻을 것이라고 믿는다. 직장에서든 식당에서든 학교에서든 교회에서든 그런 기회가 생기면, 우리는 성경적 기준을 보존하도록 돕는 소금이 되기로 선택해야 한다. 사랑 안에서 진리를 말하는 법을 배워야 한다.

소금은 맛을 낸다

우리는 또한 삶에 풍미를 더하는 소금이 될 기회를 부여받는다. 교회가 번성한 곳은 사회생활도 향상되었다. 하늘에 계신 우리 아버지는 질서와 아름다움의 하나님이며, 그분이 높임을 받으실 때마다 예술과 문학과 음악의 가치가 상승한다. 기독교 문화에서는 여성이 동등한 지위를 갖고, 아이와 노인이 존중받으며, 모든 생명이 존엄성을 갖는다. 성령 충만한 하나님의 사람들은 혼란 가운데 평안을, 절망 가운데 희망을, 혼돈이 있는 곳에 질서를, 어둠이 있는 곳에 빛을 가져다준다.

처음 그리스도인이 되었을 때 나는 항공 엔지니어로 일하고 있는 곳에서 성경공부를 시작하고 싶었다. 그렇지만 어떻게 해야 할지 전혀 몰랐기 때문에 교회 담임목사에게 물어보았다. 그는 사람들을 초대하는 게시문을 붙여 모임을 만들고, 마가복음 몇 구절을 읽고 질문하고 토론하는 것부터 시작해 보라고 했다.

그 정도는 할 수 있을 것 같았다. 게시문을 붙였다. 그런데 한 시간도 안 되어 누군가가 게시문을 떼어 내게 가져와서는 회사 내에 예수를 끌어들이지 말라고 말했다. 내가 회사에 예수님을 끌어들이지 않을 수 없다고 대답하자, 그는 의아해했다. 나는 이렇게 덧붙였다. "날마다 제가 출근할 때마다 예수님도 저와 함께 들어오십니다." 내 대답이 마음에 들지 않았던 그는 인사과를 찾아갔다. 몇 분이 채 안 되어 인사과에서 나를 부르더니 성경공부를 하지 않는 것이 회사를 위해 좋겠다고 말했다. 나는 옆에 있는 볼링장에 게시문을 붙이고 거기서 성경공부를 하는 것은 괜찮은지 물었다. 그렇게 하는 것은 괜찮다는 대답을 듣고 나는 그렇게 했다.

나는 성경공부 모임에 온 "비밀요원" 그리스도인들을 보고 깜짝 놀랐다. 그리스도인일 거라고는 생각하지 못한 사람들도 있었기 때문이다. 나중에 그 부분을 곰곰이 생각해 보았다. 사람들이 나에게 "당신이 그리스도인인 줄 몰랐습니다"라고 말한다면 몹시 당혹스러울 것 같았다.

빛은 어둠을 쫓아낸다

초신자일 때 나는 내가 그리스도인임을 공개적으로 밝히기로 했다. 골로새서 3장 23절을 통해 배운 것은, 비록 월급을 주는 곳이 항공 회사일지라도 나는 주 예수 그리스도를 위해 일한다는 것이었다. 내 고백은 어둠 속에 있던 사람들에게 빛을 비춰주었다.

또한 그리스도인이 되면 당연히 더 훌륭한 엔지니어가 되어야 한다고 생각했다. 단지 먹고 살기 위해 일하는 것이 아니라 사역을 하고 있다고 생각하니, 내 직업이 완전히 새로운 의미를 갖게 되었다. 낙심한 그리스도인들이 나를 찾아와 기도를 부탁했다. 감사하게도 나는 많은 사람이 그리스도께 나아오는 것을 보았다. 신학교에 가게 되었을 때 성경공부 모임을 이어받은 사람도 내가 그리스도께 인도한 엔지니어였다. 그 모든 것이 볼링장에서 시작한 작은 성경공부 모임의 열매였다.

예수님은 이렇게 말씀하셨다. "누구든지 이 음란하고 죄 많은 세대에서 나와 내 말을 부끄러워하면 인자도 아버지의 영광으로 거룩한 천사들과 함께 올 때에 그 사람을 부끄러워하리라"(막 8:38). 나는 이 구절을 이용해 죄책감을 일으키고 싶지 않다. 다만 진지하게 우리가 빛과 소금이라는 것을 상기시켜주고 싶을 뿐이다. 하나님은 당신에게 성경공부를 시작하라고 요구하시지 않을지도 모르지만, 당신이 당신의 세상에 긍정적인 영향을 끼치길 원하신다. 어떤 처지에 있든 성령의 능력으로 행하라. 우리는 성령의 열매를 훼손할 권리가 없다. 사랑, 희락, 화평, 인내, 온유함 속에서 행할 수 없다면, 아마 하지 않는 것이 더 나을 것이다. 우리는 사랑 안에서 진실을 말해야 한다. 몇 년 전에 우연히 〈10명의 작은 그리스도인〉이라는 시를 보았는데, 지금까지도 긍정적인 영향을 끼치는 것이 중요하다는 것을 내게 상기시켜준다.

10명의 작은 그리스도인이 항상 교회에 왔는데
1명이 설교자와 사이가 틀어져 9명이 남았다.
9명의 작은 그리스도인이 늦게까지 깨어 있었는데
1명이 주일에 늦잠을 자서 8명이 남았다.
8명의 작은 그리스도인이 하늘나라로 가는데
1명이 험난한 길을 택해서 7명이 남았다.
7명의 작은 그리스도인이 아기 새들 마냥 짹짹거리는데
1명이 노래하는 걸 좋아하지 않아 6명이 남았다.
6명의 작은 그리스도인은 매우 활기가 넘쳐 보였는데
1명이 휴가를 가서 5명이 남았다.
5명의 작은 그리스도인이 천국의 해변으로 노를 저으며 갔는데
1명이 한참 동안 멈춰서 쉬느라 4명이 남았다.
4명의 작은 그리스도인이 각자 꿀벌처럼 바쁘게 일하다가
1명이 감정이 상해서 3명이 남았다.
3명의 작은 그리스도인은 무엇을 할지 결정하지 못했는데

1명이 자기 생각대로 하지 못하자 2명이 남았다.

2명의 작은 그리스도인이 각자 1명씩 전도해서

2명에 2명이 더해져 이제 4명이 되었다.

4명의 작은 그리스도인은 일찍부터 늦게까지 일했고

각자 1명씩 데려와 8명이 되었다.

8명의 작은 그리스도인이 이런 식으로 두 배가 된다면……

7주 만에 우리는 1,024명이 될 것이다.

이 작은 울림 속에 참된 교훈이 있다.

당신은 건물을 세우는 자가 될 수도 있고,

무너뜨리는 자가 될 수도 있다![1]

당신의 빛을 사람들 앞에 비추어, 그들이 당신의 선한 행실을 보고 하늘에 계신 당신의 아버지를 찬양케 하는 일에 동참하겠는가?

하늘에 계신 사랑하는 아버지, 제가 의를 위해 나서지 않았던 것과 육체 안에서 반응했던 것을 용서해 주옵소서. 사랑 안에서 진리를 말하고, 주께서 저를 부르신 대로 빛과 소금이 될 수 있게 해주시옵소서. 진리에 대한 저의 증거와 헌신이 아무 가치가 없거나 영원히 지속되지 않을 거라는 사탄의 거짓말을 믿지 않습니다. 제 삶은 그리스도 안에서 의미가 있습니다. 저는 빛과 소금으로 부름 받았고, 성령의 능력으로 말하고 행동하는 것들은 영원한 결과를 가져올 것이라고 선언합니다. 이제 저는 세우는 자가 되기 위해 헌신하겠습니다. 예수님의 귀한 이름으로 기도합니다. 아멘.

27장
나는 참 포도나무의 가지요, 그의 생명 통로입니다

> 나는 참 포도나무요 내 아버지는 농부라 무릇 내게 붙어 있어 열매를 맺지 아니하는 가지는 아버지께서 그것을 제거해 버리시고 무릇 열매를 맺는 가지는 더 열매를 맺게 하려 하여 그것을 깨끗하게 하시느니라 너희는 내가 일러준 말로 이미 깨끗하여졌으니 내 안에 거하라 나도 너희 안에 거하리라 가지가 포도나무에 붙어 있지 아니하면 스스로 열매를 맺을 수 없음같이 너희도 내 안에 있지 아니하면 그러하리라 나는 포도나무요 너희는 가지라 그가 내 안에, 내가 그 안에 거하면 사람이 열매를 많이 맺나니 나를 떠나서는 너희가 아무것도 할 수 없음이라(요한복음 15장 1-5절).

나는 이스라엘을 여행하며 공부할 기회가 두 번 있었다. 가장 기억에 남는 경험은 많은 포도원이 있는 고원지대를 여행한 일이다. 포도원 사이를 걸으면서 내가 본 광경은 조금 어리둥절했다. 캘리포니아 출신인 나는 포도나무가 위로 자라 있고, 땅보다 훨씬 위에 있는 가지들을 막대기와 철사로 지탱하고 있는 모습을 익히 보아왔다. 그런데 이스라엘은 그게 아니었다. 그들은 고대 관습을 따라 포도덩굴이 그냥 땅 위에서 자라도록 내버려두었다. 가지들도 자연스럽게 땅에 닿아 있었다.

포도나무가 그냥 이런 상태로 자라도록 내버려두면 아마 열매가 열리지 않을 것이다. 포도나무 재배자는 두 가지 일을 해야 한다. 첫째, 나무 아래에 커다란 돌을 두어 포도나무와 가지들을 위로 올려준다. 둘째, 더 많은 열매를 맺도록 주기적으로 가지를 쳐준다. 우리와 관련된 이 두 가지 일을 살펴보자.

들어올리기

영적으로 예수님은 참 포도나무, 즉 우리를 뿌리와 연결해 주는 나무의 몸통이다. 거기에서 모든 성장이 시작된다. 포도나무가 없으면 가지도 없다. 나무에 붙어 있지 않으면 가지는 존재할 수 없다. 앞 성경 본문에서는 "내게 붙어 있어 열매를 맺지 아니하는 가지는 아버지께서 그것을 제거해 버리시고"라고 말한다. 어떤 사람은 "열매를 맺지 못하는 가지"란 자신의 구원을 잃어버린 사람을 나타낸다고 말한다. 또 어떤 이들은 더 이상 열매를 맺지 못하는 참 신자는 하나님이 그냥 하늘로 데려가신다고 말한다. 그것은 고린도전서 11장 30절과 비슷한 말씀이다. 이것은 성찬에 참여할 때 제대로 자신을 살피지 않은 신자는 하나님이 "집으로 부르실" 거라는 뜻이다. 가장 일반적인 해석은 포도원지기가 단순히 죽은 가지들을 쳐낸다는 것이다. 그들은 참 신자가 아니기 때문이다.

사람이 내 안에 거하지 아니하면 가지처럼 밖에 버려져(요 15:6).

"제거하다"(take away)와 같은 동사가 요한복음 8장 59절에서는 (돌을) "들다"(pick up)로 번역되었다. 이것 또한 그리스도 당시 포도나무 재배자의 관행을 나타낸다. 흙 속에 빠진 상태로는 열매를 맺을 수가 없으므로 주께서 우리를 들어올리시는 것이다. 주님은 우리가 그리스도와 함께 위로 올라가도록 우리 아래 바위를 두신다. "너희는 내가 일러준 말로 이미 깨끗하여졌으니"(요 15:3). 그것은 **그리스도 안에** 있는 모든 사람에게 적용되어야 한다.

가지치기

포도나무(그리스도)를 떠나서는 아무것도 할 수 없다. 우리는 그리스도 안에 있지만, 즉 그 안에 접붙임 받았지만 그와 독립적으로 행하려 하면 열매 맺지 못할 것이다. 우리는 열매를 맺을 수 없다! 육신 안에서 행하는 일은 영원한 열매를 맺지 못한다. 앞서 살펴보았듯이, 육신 안에서 행한 모든 행위는 오직 나무와 풀과 짚을 낳을 것이며, 그것들은 언젠가 불타 없어질 것이다. 우리가 아니라 우리의 공적이 불로 시험을 받을 것이다. 우리는 이미 의롭다 함을 받았기 때문이다.

현대적으로 묘사하자면 우리 자신을 백열전구로 간주할 수 있다. 우리는 전원에 연결되어 있지 않으면 빛을 비추지 못한다. 어떤 사람이 다음 단어들의 첫 글자를 활용하여 알파벳시를 지었다. "Always Believing Indwelling Divine Energy(ABIDE, 내주하는 하나님의 능력을 항상 믿는 것)." 내 삶에 활력을 주시는 분은 하나님이다. 나는 하나님이 늘 내 삶 속에 계시다는 것을 인식하려고 노력한다. 하루를 열며 모든 사역을 시작할 때, 내가 하나님께 의존하고 있음을 선언한다. 내 확신은 내 지성이나 학위, 영리함, 기술, 전략, 프로그램에서 비롯되지 않는다. 그것은 하나님에게서 나온다.

인간이 계획한 최상의 프로그램도 그 안에 하나님이 계시지 않는다면 효과가 없을 것이다. 그러나 하나님이 계시면 거의 모든 프로그램이 효과가 있을 것이다. 이것이 포도나무 재배자가 해야 할 두 번째 일이다. 첫 번째는 그리스도 안에서 우리를 들어올리는 것이고, 두 번째는 우리가 더 많은 열매를 맺을 수 있도록 우리 삶을 가지치기하는 것이다.

왜 포도나무는 가지치기를 해야 할까? 그냥 자라도록 내버려두면 포도나무의 잎이 너무 많아진다. 나뭇잎이 예쁘기 때문에 탐스럽고 건강해 보일 수도 있다. 그러나 나뭇잎은 나무에서 영양분을 다 흡수해서 포도까지 가지 못하게 만든다. 그리고 잎들이 햇빛을 가려서 포도 열매가 충분히 자라지 못한다.

어디에서 인정을 받으려 하는가?

사역을 하다 보면 늘 선하게 되는 것보다 선하게 **보이려는** 유혹을 받는다. 선하게 보이는 데 지나치게 많은 에너지를 소비하다 보니, 열매를 맺는 데 필요한 에너지가 부족해진다. 우리가 어떤 사람인지보다 어떻게 보이는지에 집중하는 순간, 우리 자신을 파멸로 이끄는 씨앗을 뿌린 것이다. 우리는 하나님 중심이 아니라 사람 중심이 된다. 사울은 왕위를 잃고 이렇게 고백했다. "내가 범죄하였나이다 내가 여호와의 명령과 당신의 말씀을 어긴 것은 내가 백성을 두려워하여 그들의 말을 청종하였음이니이다"(삼상 15:24). 사람을 두려워하는 것이 아니라 하나님을 두려워하는 것이 지혜의 시작이다.

바울은 이렇게 말한다. "이제 내가 사람들에게 좋게 하랴 하나님께 좋게 하랴 사람들에게 기쁨을 구하랴 내가 지금까지 사람들의 기쁨을 구하였다면 그리스도의 종이 아니니라"(갈 1:10). 바울이 사람을 기쁘게 하려 했다면 그는 누구를 섬기고 있었을까? 사람들이다! 하나님께 인정받기보다 사람에게 인정받으려 하는 것은 코치의 지도가 아니라 관중의 반응에 따라 경기를 하는 것과 같다. 우리는 생명의 근원에 늘 연결되어 있어야 하며, 주님을 기쁘시게 하는 삶을 열망해야 한다(고후 5:9).

포도나무에 붙어 있으라

가지치기는 섬세한 기술이다. 자칫하면 너무 이른 시기에, 너무 빨리, 너무 많은 가지를 쳐버릴 수 있다. 그 결과, 가지들이 손상되고 부실한 열매가 맺힐 것이다. 하늘에 계신 우리 아버지는 궁극적인 포도나무 재배자이시다. 그분은 우리를 잘 다듬으셔서(징계하셔서) 더 많은 열매를 맺게 하실 것이다. 징계는 벌이 아니다. 하나님은 우리가 잘못했다고 해서 벌하지 않으신다. 요한일서 4장 18절은 "사랑 안에 두려움이 없고 온전한 사랑이 두려움을 내쫓나니 두려움에는 형벌이 있음이라"고 했다. 연단은 언제나 미래 지향적이다.

> 그들은 잠시 자기의 뜻대로 우리를 징계하였거니와 오직 하나님은 우리의 유익을 위하여 그의 거룩하심에 참여하게 하시느니라 무릇 징계가 당시에는 즐거워 보이지 않고 슬퍼 보이나 후에 그로 말미암아 연단 받은 자들은 의와 평강의 열매를 맺느니라(히 12:10-11).

때로는 자녀나 다른 사람과 함께 일할 때 하나님의 때보다 앞서갈 수 있다. 너무 많이 너무 빨리 밀어붙이면서 성령의 역사를 이루려 할 수 있다. 온유하게 행하지 않는 사람들과 선의의 사역들 때문에 부러진 포도나무 가지와 손상된 열매가 많다. 그렇게 해서 상처받은 한 사람이 나를 찾아와 도움을 요청했고, 나중에 자신이 쓴 시를 보여주었다. 지금도 그 시를 읽으면 눈가가 촉촉해진다. 그 시는 하나님이 자신의 일을 하시는 동안, 우리가 서로 연민을 품어야 할 필요성을 보여준다.

화환

친구는 자신의 포도나무가 죽자 내다버렸다.
나는 친구에게 말했다. "내가 그 포도나무로 무언가를 만들어볼게."
집에 와서 죽고 말라비틀어진 나무가 든 봉투를 보니 지저분해 보였지만,
나무 하나를 부드럽게 구부려 꼬아 둥글게 만들었다.
소박한 화환이 만들어지기 시작했다. 무엇이든 될 수 있을 것 같았다.
나무 하나가 뜻대로 구부러지지 않자, 조급해진 내가
억지로 모양을 변형시키려 하다가 그만 부러지고 말았다.
원인이 무엇일까?
소중한 시간을 들여 천천히 모양을 변형시켰다면
그냥 죽은 나무, 부러지고 뜯겨진 나무가 아니라
아름다운 화환이 되었을 것이다.
가지를 구부리고, 꽃 장식을 더하고, 테두리를 다듬으면서
그 소박한 화환이 내 생명과 비슷하다는 걸 깨달았다.

알다시피, 내 삶 속의 많은 사람이

나를 변화시키려고 시도해 왔다.

그들은 불안한 마음에 억지로 내 영을 변화시키려 했고,

나도 바꾸려고 노력했다.

고통이 몹시 큰데도 그들은 내 연약한 형태를 억지로 변형시켰고

나는 훨씬 깊은 절망에 빠졌다. 내 영은 상하고 찢겨졌다.

그때 하나님은 죽어가는 나무를 아는 온유한 자를 보내주셨다.

그는 친절하게 인내하며, 주님께 천천히 일할 시간을 드렸다.

비록 포도나무는 아직 잘 꾸며진 화환이 되진 못했지만

하나님의 종들의 도움으로

언젠가 내가 그리스도를 만나는 날

그분이 완성된 화환을, 그분께 드려질 온전한 선물을 보시게 될 것임을 안다.

그것은 최종 산물, 잘 다듬어진 화환이 될 것이다.

이 선물을, 둥글고 온전한 포도나무를 볼 때마다

하나님이 당신을 사용하여 부드럽게

그분의 화환을 만들어가고 계신다는 것을 기억하라.[1]

하나님의 포도나무에 붙어 있으면서 최대한 많은 열매를 맺어 하나님께 영광을 돌리도록 헌신하라.

하늘에 계신 사랑하는 아버지, 아버지는 저의 포도나무 재배자이십니다. 저에 대한 주님의 징계를 사랑의 증거로 받아들입니다. 주님의 명예와 영광을 위해 많은 열매를 맺고 싶습니다. 하나님을 기쁘게 하는 삶을 살기보다 사람들이 뭐라고 할지를 더 걱정한 저를 용서해 주옵소서. 제가 누구인지보다 어떻게 보이는지에 더 관심을 가졌던 것을 용서해 주옵소서.

저는 주님의 생명 통로입니다. 주님이 저를 사랑하시지 않는다고, 또는 제가 주님 안에 거하는 것 말고 다른 방법으로 능력을 가질 수 있다고 말하는 사탄의 거짓말을 믿지 않습니다. 저는 이제 그리스도 안에 거하기로 선택하며, 제가 주님께 의존하고 있음을 선언합니다. 주님을 떠나서는 아무것도 할 수 없음을 고백합니다. 다른 사람들의 필요에 민감하고 그들을 부드럽게 대하도록 저를 가르쳐주옵소서. 주님의 사랑의 통로가 되어 주님이 저를 주님의 화환들을 만드는 데 사용하시기를 원합니다. 예수님의 귀한 이름으로 기도합니다. 아멘.

28장
나는 열매 맺기 위해 택함받고 세워졌습니다

너희가 나를 택한 것이 아니요 내가 너희를 택하여 세웠나니 이는 너희로 가서 열매를 맺게 하고 또 너희 열매가 항상 있게 하여 내 이름으로 아버지께 무엇을 구하든지 다 받게 하려 함이라 내가 이것을 너희에게 명함은 너희로 서로 사랑하게 하려 함이라(요한복음 15장 16-17절).

나는 요한복음 15장을 사랑한다. 그것은 우리의 생명과 힘이 어디서 나오는지, 우리가 왜 여기에 있는지, 어떻게 열매를 맺는지 말해 주며, 우리 사역에 목표를 심어준다. 예수님은 우리의 생명이시다. 그분을 떠나서는 아무것도 할 수 없다. 많은 사람이 이미 부르심을 받아 세워졌다는 사실을 인식하지 못한 채, 하나님이 자신을 택하시거나 어떤 사역에 임명해 주시기를 기다리고 있다.

우리는 하나님께 부름 받아 그분의 자녀가 되었다. 우리는 모두 전임으로 하나님을 섬기도록 부름 받고 세워졌다. 어머니, 아버지, 배우자, 목수, 엔지니어, 주부, 비서, 법률가, 정치인 등 하나님이 우리를 부르신 그 역할이 바로 우리가 임해야 할 전임 사역지다. 하나님은 자신의 자녀가 목수인지, 배관공인지, 엔지니어인지에 크게 관심을 두시지 않는다. 물론 하나님은 우리에게 주신 은사에 가장 어울리는 길로 우리 삶을 인도하실 것이다. 그러나 우리가 **어떤** 목수인지, **어떤** 배관공인지, **어떤** 엔지니어인지에 더 관심을 가지신다. 하나님을 섬기기 위해 꼭 성직자가 되어야 하는 것은 아니다. 물론 그런 자리로 부르심을 받은 사람들도 있지만 말이다. 우리가 하나님이 원하시는 사람이 되는 것을 방해할 수 있는 사람은 우리 자신뿐이다.

하나님은 무엇을 요구하시는가?

우리는 왜 여기에 있는가? 하나님을 영화롭게 하기 위해서다! 그렇다면 어떻게 그분을 영화롭게 할 수 있는가? "너희가 열매를 많이 맺으면 내 아버지께서 영광을 받으실 것이요 너희는 내 제자가 되리라"(요 15:8). 어떤 사람은 요한복음 15장이 우리에게 열매 맺을 것을 요구하는 말씀이라고 생각한다. 이러한 관점은 엄청난 죄책감을 가져오며, 우리의 사역을 잘못된 방향으로 이끌 수 있다.

요한복음 15장은 사실 **그리스도 안에 거하는 것**을 말하고 있다. 우리에게 요구되는 것은 열매 맺는 것이 아니라, 그리스도 안에 거하는 것이다. 그리스도 안에 거하는 **결과**가 바로 열매이며, 그것이 제자도의 증거다. 그리스도 안에 거하지 않으면 열매를 맺지 못하고 실망하게 될 텐데, 많은 사역자가 그렇게 하고 있다. 연례보고서에서 우리는 지난해의 모든 활동을 돌아본다. "우리는 여기에 갔고 저기에 갔다. 이것을 했고 저것을 했다. 얼마나 바쁜 한 해였는가. 우리가 한 모든 일을 보라!" 이 모든 것은 좋게 들리지만, 과연 열매는 얼마나 남아 있는가?

작년보다 올해 당신의 삶에 성령의 열매가 더 분명하게 나타나고 있는가? 1년 전보다 지금 더 사랑하며, 인내하고, 온유하며, 절제하고 있는가? 영원한 결과를 가져올 일을 했는가? 이것들은 타당한 질문인가? 우리는 지속적으로 남을 열매를 맺도록 부르심 받았다.

작년에 당신의 삶과 사역에서 일어난 모든 일이 당신의 노력과 인간의 재능에 의한 것이었다고 말할 수 있는가? 그렇다면 하나님은 어디 계셨고, 당신 자신의 노력에 의해 하나님은 어떻게 영광을 받으셨는가? 명심하라. 예수님은 자립적인 사람은 그냥 지나치려 하신다. 우리는 우리의 활동들로 사역의 효율성을 평가할 수 없다. 반드시 남아 있는 열매를 근거로 사역을 평가해야 한다. 내가 원하는 것은 오로지 사람들이 이렇게 말하는 것이다. "하나님이 그 사람을 통해 일하고 계시다는 것을 제외하면, 그 사람이나 그의 사역을 설명할 길이 없다." 그때에, 오직 그때에만 우리의 기쁨이 충만해질 것이며(요한복음 15장 11절 참조) 하늘에 계신 우리 아버지께서 영광 받으실 것이다.

거하는 것이 순종이다

다른 극단에 치우친 오류는 그리스도 안에 거한다는 것이 경건한 자리에 가만히 앉아 있는 것이라는 생각이다. 그렇지 않다! "너희도 내 계명을 지키면 내 사랑 안에 거하리라"(요 15:10). 주의 계명은 무엇인가?

그의 계명은 이것이니 곧 그 아들 예수 그리스도의 이름을 믿고 그가 우리에게 주신 계명대로 서로 사랑할 것이니라 그의 계명을 지키는 자는 주 안에 거하고 주는 그의 안에 거하시나니 우리에게 주신 성령으로 말미암아 그가 우리 안에 거하시는 줄을 우리가 아느니라(요일 3:23-24).

주님은 율법주의적으로 그분과 동행하는 것을 말씀하시는 것이 아니다. 우리는 행위나 사람들의 행동을 변화시키느냐에 초점을 두는 경향이 있다. 앞서 말했듯이, 우리는 행위가 아니라 믿음으로 구원받는다.

우리가 무슨 일이든지 우리에게서 난 것같이 스스로 만족할 것이 아니니 우리의 만족은 오직 하나님으로부터 나느니라 그가 또한 우리를 새 언약의 일꾼 되기에 만족하게 하셨으니 율법 조문으로 하지 아니하고 오직 영으로 함이니 율법 조문은 죽이는 것이요 영은 살리는 것이니라(고후 3:5-6).

믿음은 항상 행위에 앞선다. 계명은 예수 그리스도의 이름을 **믿는 것**이다. 우리는 믿는 것을 행하며, 그것이 그리스도 안에서 이미 이루어진 우리의 모습이 되어야 한다. 성령이 친히 우리의 영과 더불어 우리가 하나님의 자녀인 것을 증언하신다(롬 8:16). 또한 그 성령이 우리로 하여금 믿음으로 행할 수 있게 해주신다.

하나님의 뜻을 행하면 기도를 응답받는다

하나님 안에 거하는 또 다른 동기는 기도 응답에 대한 소망이 있기 때문이다. "너희가 내 안에 거하고 내 말이 너희 안에 거하면 무엇이든지 원하는 대로 구하라 그리하면 이루리라 …… 너희 열매가 항상 있게 하여 내 이름으로 아버지께 무엇을 구하든지 다 받게 하려 함이라"(요 15:7, 16). 순종하는 삶은 능력 있는 기도를 낳는다. 왜 그런가? 당신이 부모라면, 자녀가 불순종하는데 자녀의 요구를 모두 들어주겠는가? 반항아가 원하는 것을 들어주고 싶겠는가? 그렇지 않을 것이다. 하나님도 마찬가지이실 것이다!

우리가 그리스도 안에 거하기로 선택할 때는 하나님의 뜻을 행하고자 하는 것이다. 우리는 그 뜻을 하나님의 선하시고 기뻐하시고 온전하신 뜻으로 이해한다(롬 12:2).

여호와를 기뻐하라 그가 네 마음의 소원을 네게 이루어주시리로다(시 37:4).

우리가 그리스도 안에 거한다면 우리의 소원이 하나님의 소원이 되고, 우리의 열망이 하나님의 열망이 될 것이다. 그러나 우리는 먼저 하나님의 형상을 닮아야 한다. 그럴 때 우리의 소원과 열망이 하나님의 뜻과 일치할 것이며, 우리가 무엇을 구하든지 들어주실 것이다. 우리는 주님 안에 거하여 주님의 뜻을 행하는 것을 갈망하게 되기 때문이다.

아가페 사랑을 하라

우리가 그리스도 안에 거하면 어떤 결과가 있을까? 우리는 서로 사랑할 것이다. 많은 사람이 **아가페**(agape, 사랑)의 개념을 정의하기 힘들어하는 것 같다. 그 단어가 명사나 동사로 쓰일 수 있다는 사실을 알면 이해하기가 쉬울 것이다. 아가페가 명사로 사용될 때는 그리스도인의 가장 고귀한 특성을 나타낸다. "하나님은 사랑이심이라"(요일 4:8). "사랑은 오래 참고 사랑은 온유하며"(고전 13:4). 디모데전서 1장 5절에 따르면 "이 교훈의 목적은 청결한 마음과 선한 양심과 거짓이 없는 믿음에서 나오는 사랑"이다.

기독교 교육의 가장 큰 오류는 잘못된 목표를 가지고 있는 것이다. 우리는 지식이나 교리 자체를 목적으로 삼았다. 사실 그 지식이나 교리의 목적은 우리와 하나님의 관계, 그리고 서로의 관계를 통제하는 것인데 말이다. "지식은 교만하게 하며 사랑은 덕을 세우나니"(고전 8:1). "너희가 서로 사랑하면 이로써 모든 사람이 너희가 내 제자인 줄 알리라"(요 13:35). 아가페 사랑은 사랑의 대상에 의존하지 않는다. 하나님이 우리를 사랑하시는 이유는 우리가 사랑스러워서가 아니라 사랑하는 것이 하나님의 본성이기 때문이다. 다른 이유가 있다면 그것은 아마 조건적인 사랑일 것이다. 따라서 어떤 사람이 다른 사람을 사랑할 수 없다고 말할 때 사실 그는 자신의 성품에 대한 것을 드러내고 있는 것이다.

그리스도의 성품을 나타내는 것이 아닐 때 사랑은 동사로 사용된다. 그때 아가페는 행동을 나타내는 단어가 된다. 즉 내가 당신을 사랑한다면 당신을 위해 내가 취할 어떤 행동을 나타내는 것이다. "하나님이 세상을 이처럼 사랑하사 독생자를 **주셨으니**"(요 3:16, 강조는 저자 추가). 이 구절을 우리 삶에 적용한 것이 요한일서 3장 16-17절이다.

그가 우리를 위하여 목숨을 버리셨으니 우리가 이로써 사랑을 알고 우리도 형제들을 위하여 목숨을 버리는 것이 마땅하니라 누가 이 세상의 재물을 가지고 형제의 궁핍함을 보고도 도와줄 마음을 닫으면 하나님의 사랑이 어찌 그 속에 거하겠느냐.

이 사랑과 행위는 감정에 근거한 것이 아니다. 우리는 어떤 사람을 향해 억지로 특정한 감정을 품을 수는 없다. 그러나 하나님의 은혜로 다른 사람을 위해 옳은 일을 할 수는 있다. 우리가 그리스도 안에 거하면 사랑스럽지 않은 사람도 사랑할 수 있고, 계속 그렇게 하면 그리스도의 본성을 나타내게 될 것이다. 우리는 바로 그렇게 하도록 부름 받고 세워졌다.

목사였을 때 나는 예배를 마친 후 종종 사람들과 인사를 나누었다. 어느 주일, 70대 정도 되는 남자가 나에게 쪽지를 건넸다. "목사님, 지난 몇 년 동안 저는 인생에서 가장 지속적인 가치는 진심으로 다른 사람을 도와주면 그 과정에서 자신도 돕게 된다는 것임을 배웠습니다. 주는 것이 받는 것보다 더 복됩니다." 그 사람 뒤에 있던, 수십 년간 사역해 온 다른 어르신에게 물었다. "인생을 다시 산다면 무엇을 바꾸고 싶으세요?" 그는 이렇게 대답했다. "더 많이 사랑하고 더 깊이 이해할 겁니다." 요한일서 4장 7절은 "사랑하는 자들아 우리가 서로 사랑하자 사랑은 하나님께 속한 것이니 사랑하는 자마다 하나님으로부터 나서 하나님을 알고"라고 말한다. 그 목적을 위해 기도하자.

하늘에 계신 사랑하는 아버지, 주님 없이 열매를 맺으려고 했던 것을 고백합니다. 삶 속에 부르신 제 위치를 받아들이지 않고, 주님께 오는 소명을 찾고 기다렸습니다. 지금 있는 자리에서 열매를 맺도록 주께서 이미 저를 부르시고 세우셨다는 것을 깨닫지 못했습니다. 먼저 순종하지 않고 주님께 탄원만 했습니다. 주께서 사람들을 사랑하신 것처럼 그들을 사랑하지 않았습니다. 이제는 제 힘으로 좀 더 노력하면 주님 없이도 열매를 맺을 수 있다는 사탄의 거짓말을 믿지 않습니다. 저는 자급자족하기를 원치 않습니다. 제가 갖는 중요성을 주님과 저의 관계에서 발견하고 싶습니다. 저를 사용하여 영원한 열매를 맺게 하실 주님을 신뢰합니다. 제 만족이 주님 안에 있기 때문입니다. 주님처럼 사랑하길 원합니다. 그리스도 안에 거하는 것보다 더 큰 갈망은 없습니다. 지금 저는 주님을 믿고 믿음의 삶에 헌신하며, 내주하시는 성령의 능력으로 주님의 뜻에 순종하기로 헌신합니다. 예수님의 귀한 이름으로 기도합니다. 아멘.

29장
나는 그리스도의 증인입니다

오직 성령이 너희에게 임하시면 너희가 권능을 받고 예루살렘과 온 유대와 사마리아와 땅 끝까지 이르러 내 증인이 되리라(사도행전 1장 8절).

교회에 가는 것은 언제나 내 삶의 중요한 일부였다. 교회는 내가 주로 자라온 환경이기 때문이다. 그곳은 내 문화의 일부였다. 우리는 당연히 그래야 했기 때문에 주일마다 교회에 갔다. 다들 그러지 않았는가? 심지어 나는 하나님에 대한 신앙을 부인하느니 차라리 죽겠노라고 스스로 말하기도 했다. 내가 하나님을 믿지 않은 때가 있었는지 기억나지 않는다. 남편, 아버지, 그리고 야심찬 젊은 엔지니어일 때에도 나는 늘 교회 일에 관여해 왔다.

자매교회의 어느 열정적인 부부가 "평신도 복음전도 협회"에 우리를 초대했을 때 나는 성장하기 위해 분투 중인 젊은 교회의 위원회 회장직을 다시 맡고 있었다. 단지 나는 일주일 동안 진행된 그 콘퍼런스의 목적을 파악하지 못하고 있었다. 복음전도라는 사상이 나에게는 금기어와 같았기 때문이다. 나는 '당신이 내 문을 두드리지 않는다면 나도 당신의 문을 두드리지 않겠다!'라고 생각했다. 내 신앙에 만족했고, 다른 사람들이 자신이 옳다고 여기는 것을 믿는다는 데에도 불만이 없었다.

엔지니어로 일한 4년 동안 나는 늘 주간근무를 했다. 그런데 복음전도협회 모임이 있는 주간에는 컴퓨터가 고장 나 야간근무를 해야 했다. 4년 만에 처음 있는 일이었다. 핑계거리가 없어진 나는 할 수 없이 아내, 장인, 담임목사와 함께 낮 모임에 갔다. 어떤 이유에서인지, 그들이 삶 속에서 내 믿음을 나누도록 훈련시키는 것이 나는 영 마음에 와 닿지 않았다!

수요일, 나는 내게 나눌 믿음이 없다는 사실을 깨달았다. 20여 년 동안 교회에 놀러 다닌 것이다. 그 주간에 그리스도께 내 마음을 드렸다. 개인적으로 크게 필요한 것도 없었고 어떤 위기에 직면한 것도 아니었다. 다만 처음으로 복음의 단순함을 깨달았고, 내가 살아 계신 하나님과 인격적인 관계를 맺고 있지 않다는 사실을 알았을 뿐이다.

그 주 금요일, 콘퍼런스 리더가 말했다. "마지막으로 토요일 오후에 우리와 함께 집집마다 다니며 여러분의 믿음을 나누지 않을 거라면, 아무에게도 이 콘퍼런스에 왔었다고 말하지 마십시오." 집으로 오면서 내가 이렇게 생각했던 기억이 난다. '말도 안 돼! 수요일부터 많이 진전되긴 했지만, 아직 누군가의 문을 두드릴 만큼은 아니라고!'

나는 금요일 밤 내내 주님과 씨름하다가 마침내 주님께 가겠다고 말씀드린 후 잠이 들었다. 아내도 그 일을 썩 내켜하지 않았던 터라 우리 부부가 함께 다닌다면 가겠다고 했다. 그런데 다음 날 우리가 교회에서 들은 첫 지침은 이것이었다. "남편과 아내는 같이 갈 수 없습니다. 우리는 여러분이 서로를 의지하지 않고 주님께 의존하길 원합니다." 결국 나는 장인어른과 같은 구역을 배정받고 함께 갔다. "제가 앞서가는 게 좋을 것 같네요. 안 그러면 꽁무니를 뺄 수도 있으니까요"라고 내가 말했다.

그 토요일에, 그러니까 주님을 만난 지 겨우 이틀 만에 나는 세 사람을 그리스도께 인도하는 특권을 받았다! 하나님은 "추수할 것은 많되 일꾼이 적다"(마 9:37)는 것을 내게 보여주셔야만 했다. 나는 그후로 계속 변화되어 갔다.

증인이란 무엇인가?

증인은 개인적으로 어떤 것을 보고, 듣고, 경험한 사람을 말한다. 몇몇 사도는 부활하신 그리스도를 보았지만, 아직 그리스도 안에서 새 생명을 가져다주는 능력을 경험하지 못했다. 주님을 보는 것만으로는 부족했다. 그들은 위에서 오는 능력을 받을 때까지 기다리라는 말씀을 들었다. 오순절에 성령이 오시자 그들이 온전해졌다. 교회가 탄생했고, 아무것도 그들을 막을 수 없었다. 그 당시의 종교 기관도, 로마 정부의 권력도, 심지어 지옥문도 그들을 막지 못했다.

역사적으로 교회의 증인은 예루살렘에서 유대로 퍼졌고, 전 세계에 복음이 전해졌다. 우리는 마태복음 24장 14절이 이루어지는 것을 보게 될 세대에 빠르게 다가가고 있다. "이 천국 복음이 모든 민족에게 증언되기 위하여 온 세상에 전파되리니 그제야 끝이 오리라."

복음전도의 장애물

모든 하나님의 자녀는 하나님의 영원한 계획 가운데 있는 특권을 가지고 있다. 우리는 모두 우리 안에 있는 그리스도의 능력을 나타내는 개인적인 증인이다. 그런데 왜 좀 더 효력을 나타내지 못하는 걸까?

첫째, **무지함** 때문이다. 많은 사람이 영생은 죽었을 때 받는 것이라는 잘못된 생각을 따르며 애쓰고 있다. 또 어떤 이들은 자신의 영적 기업과 이미 소유하고 있는 능력에 무지하다. 바울이 다음과 같이 기도하는 이유가 바로 그것이다. "너희 마음의 눈을 밝히사 그의 부르심의 소망이 무엇이며 성도 안에서 그 기업의 영광의 풍성함이 무엇이며 그의 힘의 위력으로 역사하심을 따라 믿는 우리에게 베푸신 능력의 지극히 크심이 어떠한 것을 너희로 알게 하시기를 구하노라"(엡 1:18-19). 우리가 육체 안에서 살고 있을 때는 증거할 것이 없다. 패배한 그리스도인에게 믿음을 나누게 하는 것은 역효과를 낳을 뿐이다. 그들이 무엇을 증거할 수 있겠는가? 그저 그들의 패배만 입증할 것이다.

둘째, 영원한 생명의 관계는 충분히 강조하지 않고 **이 세상의 일시적인 것들**을 지나치게 강조하는 사람들 때문이다. 예수님은 "삼가 모든 탐심을 물리치라 사람의 생명이 그 소유의 넉넉한 데 있지 아니하니라"(눅 12:15)고 말씀하셨다. 그리고 이어서 큰 부를 얻어 쓸 것을 많이 쌓아두었으니 먹고 마시고 즐거워하자고 생각한 사람을 비유로 말씀하신다(누가복음 12장 19절 참조). "하나님은 이르시되 어리석은 자여 오늘 밤에 네 영혼을 도로 찾으리니 그러면 네 준비한 것이 누구의 것이 되겠느냐 하셨으니 자기를 위하여 재물을 쌓아두고 하나님께 대하여 부요하지 못한 자가 이와 같으니라"(눅 12:20-21).

자신의 영혼은 생각하지 않고 행복과 안위를 추구하는 것이 사람의 큰 야심인 것 같다. 사랑, 희락, 화평, 인내, 자비, 양선, 충성, 온유, 절제와 무엇을 바꾸겠는가? 새 차? 더 높은 사회적 지위? 사탄은 사회적 지위, 물질적 소유, 외모처럼 이 세상이 주는 일시적인 보상들이 오직 하나님만 주실 수 있는 영원한 기쁨을 가져다줄 거라고 거짓말을 한다. 그것은 영혼의 기쁨을 물질의 기쁨과 바꾸는 것이다. 나쁜 선택이다!

셋째, 많은 사람이 **복음전도의 긴급함**을 이해하지 못하기 때문이다. 눈가리개를 한 아이가 절벽 끝으로 걸어가고 있는 것을 본다면 누구나 즉시 하던 일을 멈추고 경고하지 않겠는가? 그러나 날마다 수많은 사람이 그리스도를 모른 채 영원한 죽음을 향해 전진하고 있다. 영생을 잃어버리는 것은 일시적인 육체의 생명을 잃는 것보다 훨씬 손실이 크다. 육체의 생명은 궁극적으로 어떤 식으로든 잃어버리게 되어 있기 때문이다.

예수님은 우리의 동정심에 호소하시며 다음과 같이 말씀하신다.

너희 중에 어떤 사람이 양 백 마리가 있는데 그중의 하나를 잃으면 아흔아홉 마리를 들에 두고 그 잃은 것을 찾아내기까지 찾아다니지 아니하겠느냐 또 찾아낸즉 즐거워 어깨에 메고 집에 와서 그 벗과 이웃을 불러 모으고 말하되 나와 함께 즐기자 나의 잃은 양을 찾아내었노라 하리라 내가 너희에게 이르노니 이와 같이 죄인 한 사람이 회개하면 하늘에서는 회개할 것 없는 의인 아흔아홉으로 말미암아 기뻐하는 것보다 더하리라(눅 15:4-7).

한 영혼의 중요성을 알라

한 사람을 구원하는 일보다 중요한 것은 없으며, 우리가 증인이 되는 일보다 의미 있는 것은 없다. 엔지니어로 일하는 동안, "해바라기 씨의 비유"라고 부르는 것을 통해 이 진리를 직접 접할 수 있었다.

당시 나는 수중사격 통제시스템 분야의 책임 엔지니어로 일하고 있었다. 우리는 막 첫 번째 모델을 만들었고, 나는 그 모델을 자세히 설명하는 임무를 맡았다. 하루 종일 일하고 저녁에도 거의 일했는데, 교대근무를 할 때마다 생산기술 엔지니어 한 명과 함께 일을 했다.

저녁에 함께 일하는 사람은 정말 아무 도움이 안 되었다. 내가 저녁 늦게까지 애쓰는 동안 그는 가만히 앉아서 해바라기 씨를 먹고 있었다. 그것은 정말 짜증나는 습관이었고, 나를 미치게 했다. 시간이 갈수록 피로가 쌓이면서 집중을 방해하는 것들에 대한 인내심도 점점 바닥이 났다. 게다가 이 사람은 나오는 날보다 전화로 병가를 내는 날이 더 많았다. 어느 날 밤에는 완전히 낙심한 상태에서 그에게 혹시 교회에 다니는지 물었다. 어떻게든 그가 나에게 더 나은 조력자가 되기를 바라는 마음이 간절했기 때문이다. 복음을 전하기 위한 최선의 동기는 아니었다.

그는 교회에 다니지 않지만, 그와 그의 아내는 교회에 다녀볼까 생각 중이었다고 했다. 나는 그들을 우리 교회로 초대했는데, 주일에 그와 그의 아내가 정말 온 것을 보고 깜짝 놀랐다. 조앤과 나는 그들에게 적합한 모임으로 안내해 주었고, 나중에 그들과 함께 예배를 드렸다.

그 다음 화요일 오전에 목사님에게 전화가 걸려왔다. 목사님은 내 동료를 방문해서 그를 그리스도께 인도했다는 이야기를 전해 주었다. 나는 뭐라고 표현할 수 없을 정도로 감사했다(그리고 안도했다). 목사님은 또한 그가 알코올의존증자였다는 이야기도 해주었다! 갑자기 모든 상황이 이해되기 시작했다. 그가 그렇게 자주 자리를 비운 이유가 바로 거기에 있었다. 나는 처음부터 했어야 할 일을 내 좌절감이 한계에 이르러서야 한 것이다. 바로 하나님이 나를 부르신 대로 증인이 되는 것이다. 동료의 영생이 내가 공을 들이던 수중사격 통제시스템보다 훨씬 중요했다. 그러나 나는 내 일을 더 중요하게 생각했다.

감사하게도 나는 목회자이자 신학교 교수가 되었고, 지금은 선교기관 설립자가 되었다. 이제는 삶에서 어떤 자리에 있든 항상 복음전도를 최우선순위에 두기로 결심했다. 복음전도보다 고귀한 사명은 없다. "지혜로운 자는 사람을 얻느니라"(잠 11:30).

어떤 사람을 그리스도께 인도하거나 그들이 그리스도 안에서 자유를 발견하도록 도와주는 것보다 내게 큰 만족을 주는 것은 없다. 우리는 바울이 디모데에게 한 명령을 따라야 한다. "그러나 너는 모든 일에 신중하여 고난을 받으며 전도자의 일을 하며 네 직무를 다하라"(딤후 4:5). 자신의 삶과 증거를 평가해 보고, 이 기도를 드리기 바란다.

하늘에 계신 사랑하는 아버지, 제 안에 있는 주님의 부활 능력을 개인적으로 증거하는 것이 얼마나 큰 특권인지요. 잃어버린 한 마리 양의 가치보다 다른 것을 중시한 것을 용서해 주옵소서. 생명 자체의 가치보다 일시적인 것을 얻는 것에 더 큰 가치를 두었던 것을 용서해 주옵소서. 때때로 하늘에 있는 보물보다 땅에 보물을 쌓아두는 데 더 집중했던 것을 고백합니다.

제 안에 있는 그리스도의 생명을 증거하길 원합니다. 제가 믿을 만한 증인이 될 역량과 능력이 부족하다고 말하는 사탄의 거짓말을 믿지 않습니다. 제게 능력을 주셔서 그리스도 안에서 자유롭게 하시고, 그로 인해 제 삶이 주님의 부활 능력을 증거할 수 있기를 기도합니다. 제 눈을 열어 추수를 앞둔 밭을 보게 해주옵소서. 날마다 주님의 큰 사랑을 증거하고 간증할 기회들을 볼 수 있게 해주시옵소서. 제가 복음을 알지 못하는 자들에게 장애물이 되지 않기를 기도합니다. 나의 주 예수님의 놀라운 이름으로 이 모든 것을 간구합니다. 아멘.

30장
나는 하나님의 성전입니다

너희는 너희가 하나님의 성전인 것과 하나님의 성령이 너희 안에 계시는 것을 알지 못하느냐 누구든지 하나님의 성전을 더럽히면 하나님이 그 사람을 멸하시리라 하나님의 성전은 거룩하니 너희도 그러하니라(고린도전서 3장 16-17절).

최근 몇 년 동안 우리 부부는 미국 방방곡곡을 누비고 다녔다. 콘퍼런스에 갈 때마다 되도록 차를 가지고 갔다. 곳곳을 둘러보며 흥미로운 장소에 들르는 것을 즐겼기 때문이다. 때로는 어느 유명인사의 생가나 거주지라는 것 말고는 주목할 것이 없는 작은 도시를 우연히 발견하기도 했다. 미국의 작은 도시들은 "중요한" 인물이 그곳에서 태어났거나 잠을 잤다는 사실을 기회로 활용하려 한다. 그러면 그곳은 역사 유적, 복원된 주택이나 기념비에 의해 "영원히 남는다." 우리가 좋아하는 곳 가운데에는 대통령들의 집과 종종 그들의 고향에 위치한 대통령 도서관이 있었다.

하나님이 거하시는 곳

나는 그 도시들이 유명한 이유를 폄하하고 싶지 않다. 그러나 하나님이 거하기로 택하신 곳들에 비하면 중요성이 무색해진다. 어떻게 인간 유명 인사와, 모든 인간을 창조하신 우주의 주(主)를 비교할 수 있겠는가? 구약 성경에서 하나님의 영광은 가장 먼저 성소 안의 지성소에 머물렀다. 대제사장은 그 거룩한 장소에 들어갈 수 있는 유일한 사람이었고, 그것도 1년에 한 번, 대속죄일에만 들어갈 수 있었다.

솔로몬 왕의 성전이 지어졌을 때 그곳은 하나님의 영광을 위한 거처가 되었다. 하나님의 영광이란 하나님의 임재가 나타나는 것이었다. 솔로몬이 성전을 바쳤을 때 사람들은 하나님을 찬송했다.

> 소리를 높여 여호와를 찬송하여 이르되 선하시도다 그의 자비하심이 영원히 있도다 하매 그때에 여호와의 전에 구름이 가득한지라 제사장들이 그 구름으로 말미암아 능히 서서 섬기지 못하였으니 이는 여호와의 영광이 하나님의 전에 가득함이었더라 (대하 5:13-14).

나는 종종 이 구절이 우리의 성전(몸)을 주님께 바칠 때 일어나는 일을 가장 아름답게 묘사했다고 생각한다. 우리가 성령으로 충만해져서 하나님의 임재가 우리 삶을 통제하는 것이다.

인간이 거주하던 곳을 기념하는 것이 의미가 있다면, 지금 하나님이 거하시는 곳을 명예롭게 하는 것은 얼마나 더 중요하겠는가? 오늘날, 구약 성경의 성소는 어디에서도 찾아볼 수 없다.

하나님의 궤를 빼앗겼으므로 영광이 이스라엘에서 떠났다(삼상 4:22).

예루살렘 성전이 있던 곳은 지금 무슬림이 통제하고 있다. 한때 성전이 있던 곳에 지금은 "바위의 돔"(Dome of the Rock)과 아랍의 이슬람사원이 있다. "이가봇"(ichabod, 영광이 떠나다)이라는 단어가 고대 유적지 곳곳에 쓰여 있다. 이제 하나님의 처소는 인간의 손으로 지은 구조물 안에 있지 않다. 대신 하나님은 인간의 마음속에 거하신다.

당신은 하나님의 성전이다

고린도전서 3장 16-17절은 하나님의 성전을 언급할 때 "개인"이 아니라 "교회"를 강조한다. 이 개념이 최종적으로 발전된 곳이 에베소서 2장 19-22절이다.

그러므로 이제부터 너희는 외인도 아니요 나그네도 아니요 오직 성도들과 동일한 시민이요 하나님의 권속이라 너희는 사도들과 선지자들의 터 위에 세우심을 입은 자라 그리스도 예수께서 친히 모퉁잇돌이 되셨느니라 **그의 안에서** 건물마다 서로 연결하여 주 안에서 성전이 되어가고 너희도 **성령 안에서 하나님이 거하실 처소**가 되기 위하여 그리스도 **예수 안에서** 함께 지어져 가느니라(강조는 저자 추가).

이제 당신은 외인도 나그네도 아니다. 바로 지금, 당신은 하나님의 백성과 동일한 시민이자 하나님의 권속이다. 그렇게 믿는다고 해서 결코 교만한 것이 아니다. 오히려 이 사실을 믿지 않으면 패배하고 말 것이다. 때로는 하나님의 권속이라고 느껴지지 않겠지만 당신은 믿어야 한다.

우리 삶의 기초가 되는 진리는 하나님의 계시와 구약성경 선지자들의 계시, 그리고 신약성경에 나오는 사도들의 메시지다. 예수님은 궁극적이고 완전한 하나님의 계시다. 그리스도 안에서 하나님의 영광이 돌아왔다. "말씀이 육신이 되어 우리 가운데 거하시매 우리가 그의 영광을 보니 아버지의 독생자의 영광이요 은혜와 진리가 충만하더라"(요 1:14).

하나님은 새로운 청사진을 갖고 계시지만, 그것은 어떤 물리적인 구조물을 위한 것이 아니다. 당신과 나는 하나님이 거하시는 처소이며, 하나님의 거룩한 청사진은 교회가 "거룩한 성전"이 되는 것이다. "너희도 성령 안에서 하나님이 거하실 처소가 되기 위하여 그리스도 예수 안에서 함께 지어져 가느니라"(엡 2:22).

하늘이 하나님의 영광을 선포한다면, 우리는 왜 그러지 않는가?

불행히도 많은 그리스도인이 그들 안에 하나님이 거하시는 것처럼 살지 않는다. 나머지 다른 피조물들은 창조된 목적에 맞게 일하고 있는 것 같다. "하늘이 하나님의 영광을 선포하고 궁창이 그의 손으로 하신 일을 나타내는도다"(시 19:1). 동물의 왕국은 하나님의 영광을 나타낸다. 철새는 겨울을 나기 위해 언제 남쪽으로 날아가야 하는지 알고 있고, 다람쥐는 겨울을 대비해 양식을 저장해 놓으며, 곰은 겨울잠을 잔다. 살아 있는 모든 피조물은 거룩한 본능에 따라 움직이지만, 인간처럼 하나님의 형상으로 창조되지 않았다. 얼마 전에 우연히 〈원숭이의 관찰〉이라는 시를 읽었다. 이 시는 인간과 동물의 차이를 익살스럽게 보여주고 있다.

원숭이 세 마리가 야자나무에 앉아
자기가 들은 이야기들을 나누었다.
한 원숭이가 다른 원숭이들에게 말했다.
"얘들아! 절대 사실일 리 없는 한 가지 소문이 떠돌고 있어.
인간이 우리 고귀한 종족의 후손이라는 거야.
생각만 해도 정말 수치스러운 일이지.
어느 원숭이도 자기 아내를 때리거나
새끼를 굶어죽이거나 자기 생명을 해치지 않아.
게다가 엄마 원숭이가
자기 새끼들을 남에게 맡기거나
서로 떠넘기다가
결국 누가 엄마인지도 모르게 만들었다는 얘긴 들어본 적이 없는 걸.
그리고 또 너희가 절대로 보지 못할 광경은
바로 야자나무 주위에 쳐진 울타리야.
내가 야자나무 주위에 울타리를 친다면
너희는 굶어죽지 않으려고 내 것을 훔칠 수밖에 없을 거야.
원숭이가 절대 하지 않는 일이 또 있어.
밤에 밖에 나가 매춘을 하고
권총이나 곤봉이나 식칼을 사용해서
다른 불쌍한 원숭이를 죽이는 거야.

인간은 성미 고약한 놈의 후손일 거야.

절대 우리 후손은 아니야!"[1]

하나님이 원하시는 성전이 되지 못하게 막는 장벽들

왜 우리는 하나님의 성전으로 살기 위해 몸부림치는가? 첫째, 하나님은 우리를 하나님과 상관없이 행동하도록 만들지 않으셨기 때문이다. 동물의 왕국도 하나님 없이 운영될 수 없지만, 우리와 달리 그들은 선택할 것이 없다. 하나님의 처소가 되어 성령의 능력으로 행할 때 우리는 하나님께 영광을 돌리는 것이다.

둘째, 우리는 몸은 살아 있으나 영적으로는 죽은 상태로 이 세상에 와서 인격 형성기 동안 하나님과 상관없이 사는 법을 배우기 때문이다. 우리는 삶에서 하나님의 임재를 경험하지 못하고 그분의 뜻을 알지도 못한다. 영적으로 거듭나더라도 아무도 삭제 버튼을 누르지 못한다. 우리 마음은 컴퓨터처럼 하나님과 상관없이 살도록 프로그램화되어 있었다. 그래서 바울은 이렇게 말했다. "너희는 이 세대를 본받지 말고 오직 마음을 새롭게 함으로 변화를 받아 하나님의 선하시고 기뻐하시고 온전하신 뜻이 무엇인지 분별하도록 하라"(롬 12:2).

셋째, 많은 그리스도인이 스스로 무가치하다고 믿도록 프로그램화되어 있기 때문이다. 오직 인간만이 하나님의 형상으로 창조되었으나, 우리는 종종 동물이나 그보다도 못한 존재로 취급받는다. 지금 우리의 세상 체계는 영원한 영혼을 가진 인간보다 고래와 반점 올빼미에 더 가치를 두고 있다. 아기가 어머니 배 속에서 살해되고 있다. 그 작은 피조물이 자신을 불편하거나 난처하게 만든다는 이유로 말이다.

손상된 성전들이 재건되고 있다

예전에 가르치던 학생 중 한 명이 교도소 사역을 하고 있다. 그는 정기적으로 수감자들에게 하나님의 자유에 관한 진리를 전하며, 이 책에 포함된 여러 이야기와 성경구절을 나누고 있다. 어떻게든 그 메시지가 그들에게 전달되고 있는 것이다. 그들은 단지 도둑, 폭력배, 부랑자, 성도착자, 성중독자, 술주정뱅이가 아니다. 하나님의 형상으로 창조된 하나님의 자녀이지만, 그들이 자라온 세상 체계에 의해 손상된 것이다. 그들은 "성령 안에서 하나님이 거하실 처소가 되기 위하여 그리스도 예수 안에서 함께 지어져" 가고 있다(엡 2:22).

이 세상 왕들을 기리는 기념물이 이 낙오자들보다 훨씬 매력적이고 중요해 보이지만, 하나님의 관점에서는 그렇지 않다. 나는 우리의 관점도 그분처럼 되기를 기도한다. 세상 왕들의 영광은 희미해질 것이고, 신자들은 영광스러운 몸을 받을 것이다. 감옥에 있는 사람들은 과거에 한 선택 때문에 그곳에 있는 것이다. 자유로워지길 갈망한다면 그들은 마땅히 책임을 져야 한다. 그러나 그들이 걸어온 길을 다 알지 못하면서 우리가 그들을 섣불리 판단하지 않도록 주의해야 한다. 다음 시는 이 강력한 메시지를 전달하고 있다.

절뚝거리거나 길에서 비틀거리는 사람을
나무라지 말고 기도하라,

당신이 그 사람의 신발을 신어보았거나

그의 짐을 져보지 않았다면.

비록 보이지 않지만

그의 신발 속에 압정이 있어 발이 아플지도 모른다.

또는 그가 진 짐을 짊어보면

당신도 비틀거릴지 모른다.

오늘 넘어진 사람을 비웃지 말라,

그를 넘어지게 만든 충격을 당신이 느껴봤거나

넘어진 사람만 아는 수치심을 느껴보지 않았다면.

당신은 강할지 모르나,

그가 받은 충격이 당신에게

같은 시간 같은 방식으로 가해진다면

당신도 비틀거릴지 모른다.

죄 지은 사람을 너무 가혹하게 대하거나

말이나 돌로 공격하지 말라,

당신 자신은 죄가 없는지

확인하고 또 확인하지 않았다면.

그를 잘못된 방향으로 이끈

유혹하는 자의 목소리가

당신에게 부드럽게 속삭인다면

당신도 흔들렸을지 모른다.[2]

사역 초기에 행동을 보고 사람을 판단했다가 나중에 자초지종을 듣고 부끄러워한 적이 더러 있었다. 몇 년 동안 나는 좀 더 세심해졌고, 그 누구도 가정환경이나 배경이 완벽하지 않다는 것을 깨달았다. 그러한 과거의 어려움들이 큰 문제를 일으킬 수도 있는 것이다. 지금도 나는 매우 충격적인 학대 소식들을 듣는다. 사람들을 속박에서 자유롭게 해주시고 성령의 전으로 만드시는 하나님의 역사를 보는 것은 큰 특권이다. 이 장 첫 부분에 인용한 성경구절을 읽고 자신이 "하나님의 성전"임을 발견하고는 기뻐하는 사람들을 지켜보는 것도 큰 특권이다. 그것은 의미 있는 일이다! 당신도 그렇다!

하늘에 계신 사랑하는 아버지, 제 삶에 함께해 주셔서 감사합니다. 그것이 실재가 아닌 것처럼 살아온 지난 시간들을 용서해 주옵소서. 제 삶에서 주님이 세워가시는 과정에 순종합니다. 저는 제 몸으로 하나님을 영화롭게 하는 성전이 되기를 갈망합니다. 제가 주님의 처소가 아니라고 말하는 사탄의 거짓말을 믿지 않습니다. 제가 주님의 성전임을 믿음으로 받아들이며, 제 삶에서 주님의 임재를 나타내는 것보다 중요한 일이 없음을 믿습니다. 이 성전을 제대로 보살피고 주님의 처소로 그것을 귀하게 여기도록 가르쳐주옵소서. 예수님의 귀한 이름으로 기도합니다. 아멘.

31장
나는 화목하게 하는 대사입니다

|

그런즉 누구든지 그리스도 안에 있으면 새로운 피조물이라 이전 것은 지나갔으니 보라 새것이 되었도다 모든 것이 하나님께로서 났으며 그가 그리스도로 말미암아 우리를 자기와 화목하게 하시고 또 우리에게 화목하게 하는 직분을 주셨으니 곧 하나님께서 그리스도 안에 계시사 세상을 자기와 화목하게 하시며 그들의 죄를 그들에게 돌리지 아니하시고 화목하게 하는 말씀을 우리에게 부탁하셨느니라 그러므로 우리가 그리스도를 대신하여 사신이 되어 하나님이 우리를 통하여 너희를 권면하시는 것 같이 그리스도를 대신하여 간청하노니 너희는 하나님과 화목하라
(고린도후서 5장 17-20절).

베트남 전쟁이 일어나기 전에 나는 해군에서 복무했다. 나는 태평양의 한 구축함에 배치되었다. 그 당시 우리는 그 배의 선장을 "영감"(old man)이라고 불렀다. 내가 처음으로 만난 선장은 "비열한 영감"이었다. 그는 장교들을 무시하고, 틈만 나면 하사관들과 술을 마셨으며, 대체로 선상 생활을 힘들게 만들었다. 그러나 내가 그 배에서 살아남으려면 그의 권위 아래서 지내는 법을 배워야만 했다. 나는 그의 지휘 아래서 대처하고, 성공하며, 나 자신을 방어하는 법을 배웠다. 그는 나의 "영감"이었다.

그러던 어느 날, 그가 다른 배로 가게 되었다. 그후 나는 그와 어떤 관계도 갖지 않았다. 더는 그의 권위 아래에 있지 않았기 때문이다. 우리에게

는 새로운 "영감"이 왔다. 그는 좋은 사람이었다. 그러나 그후로 내가 선상에서 어떻게 살았을 것 같은가? 새 영감을 알게 될 때까지 계속 첫 번째 영감에게 훈련받은 대로 생활했다.

성경은 "이전 것은 지나갔으니 보라 새것이 되었도다"(고후 5:17)라고 말한다. 그러나 우리는 종종 구원받기 전에 훈련받은 대로 계속 살아갈 것이다. 하나님에 대해, 그리고 하나님과 우리의 관계에 대해 참된 지식을 알게 될 때까지는 그럴 것이다. 옛 사람(자아)은 죽었지만, 육신은 여전히 존재한다. 이제 우리는 "아담 안에" 있지 않고 "그리스도 안에" 있다. 이 세상 신의 권위 아래 있지 않고, 하나님의 권위 아래 있다.

> 모든 것이 하나님께로서 났으며 그가 그리스도로 말미암아 우리를 자기와 화목하게 하시고(고후 5:18).

화목하게 하는 직분

우리는 그리스도 안에서 "새로운 피조물"이므로 화목하게 하는 직분을 받았다. 우리는 타락한 인류와 구원하시는 하나님을 잇는 다리와 같다. 화평케 하는 자들인 것이다. "화평하게 하는 자는 복이 있나니 그들이 하나님의 아들이라 일컬음을 받을 것임이요"(마 5:9). 나는 이와 다르게 알려지고 싶지 않다. 관계를 분열시키는 일은 누구나 할 수 있다. 그러나 연합하기 위해서는 하나님의 은혜가 필요하다. 바보도 다른 사람의 인격적 결함은 지적할 수 있다. 그런데 좋은 점을 보려면 하나님의 관점이 필요하다. 신약성경 전체의 핵심이 타락한 인류를 회복시키고 하나님 안에서 그들을 세우는 것이라면, 우리가 서로 넘어뜨리는 것을 어떻게 정당화할 수 있겠는가?

나는 화목하게 하는 마음은 "그들의 죄를 그들에게 돌리지 않는다"(고후 5:19)는 사실이 점점 마음에 와 닿는다. 분명 우리의 거룩하신 하나님은 죄를 용인하실 수 없다. 우리 또한 죄를 범하는 사람들은 징계하라고 배운다. 하나님은 "그래, 너희는 어떻게든 죄를 범할 것이니 내가 그냥 받아주는 게 낫겠다"고 생각하시며 우리의 죄악 된 행위를 지나치시는 것이 아니다. 하나님이 자신의 독생자에게서 등을 돌리시고 "죄를 알지도 못하신 이를 우리를 대신하여 죄로 삼으신 것은 우리로 하여금 **그 안에서** 하나님의 의가 되게 하려 하심"(고후 5:21, 강조는 저자 추가)이었다.

죄는 하나님과 분리된 삶을 증거한다

우리가 하나님과 화목할 수 있도록 예수님이 이미 우리 죄에 대해 어떤 일을 행하셨다. 이것이 복음의 핵심이다. 하늘에 계신 아버지는 우리 죄를 우리에게 돌리지 않으셨다. 그리스도께 돌리셨기 때문이다. 하나님과 화목하게 되면 하나님이 우리 안에 거하시기 때문에 우리는 의로운 삶을 살 수 있다. 죄는 삶이 하나님과 분리되었다는 사실을 증거한다. 죄만 다루는 것은 병의 증상만 다루는 것이다. 병의 근원은 하나님과 분리되었다는 것이다.

우리는 죄를 범하면 관계가 깨진다고 생각하는 경향이 있다. 나는 그와 반대라고 생각한다. 우리가 하나님과의 유대감을 잃어버렸기 때문에 필연적으로 죄를 범하게 되는 것이다. 성령 안에서 행하는 것을 멈추면 육신의 행위가 분명하게 드러난다. "육체의 일은 분명하니 곧 음행과 더러운 것과 호색과"(갈 5:19). 문제는 성령을 따라 행하는 대신 옛 본성(육신)을 따라 행하는 것이다. 육신의 행위는 증거일 뿐이다. 증상을 고치려고 한다는 것은 우리가 십자가에 못 박을 때 육신을 못 박는다는 것이다(갈라디아서 5장 24절 참조). 그것은 이렇게 질문하는 것과 같다. "그리스도께 나아온 이후, 당신의 옛 본성은 어떻게 개선되었습니까?" 당신은 하나님을 거스르는 것을 바꿀 수 없다. 성령을 따라 행하여 그것을 무력하게 만들고, 이길 수 있을 뿐이다.

죄를 그들에게 돌리지 말라

나는 나와 관계 맺은 사람들이 그들의 죄를 직면하게 할 만큼 그들에게 관심을 가지고 있다. 육신을 따라 행하는 한, 그들이 하나님과 화목하지 못한 삶을 살고 있다는 것을 안다. 계속 그런 상태에 있다면 성령의 열매를 경험할 수 없다. 나는 그들의 죄를 그들에게 돌리지 않는다. 다만 그들이 하나님과 바른 관계를 맺어 풍성한 삶을 살 수 있기를 바란다. 어떤 사람들은 사랑이 아니라 교만이나 악의로 다른 사람의 죄를 폭로한다. 그러나 잠언 기자는 이렇게 말한다. "의인의 입은 생명의 샘이라도 악인의 입은 독을 머금었느니라 미움은 다툼을 일으켜도 **사랑은 모든 허물을 가리느니라**"(10:11-12, 강조는 저자 추가). 나는 다음 시의 저자가 누구인지 모르지만, 그의 생각에 동의한다.

당신이 사람들 앞에 서 있는 키 큰 사람,

두려움 없이 당당하게 걸어가는 어느 지휘자를 안다면,
그리고 큰소리로 말하기만 해도
그가 괴로워하며 그 자신만만하던 고개를
숙이게 만들 이야기를 알고 있다면,
그것을 잊어버리는 것은 정말 좋은 계획이다.

당신이 벽장 속에 감춰져 있는 해골,
그날부터 어두운 곳에 보관되어온 그것을 안다면,
그리고 그것이 갑자기 드러나면
슬픔과 아픔과 평생 실망을 안겨주리라는 것을 안다면,
그것을 잊어버리는 것은 정말 좋은 계획이다.

당신이 한 친구의 삶에 있는 오점을 알고 있다면,
(우리는 누구나 영원히 감추는 부분이 있다)
그것을 건드리기만 해도 그의 가슴이 찢어져
슬픔으로 치유할 수 없는 수치심을 느끼게 된다면,
그것을 잊어버리는 것은 정말 좋은 계획이다.

당신이 어떤 남자나 여자, 소녀나 소년의
기쁨을 어둡게 하는 것을 알고 있다면,
그것이 어떤 사람의 미소를 없애거나 적어도 귀찮게 하거나
기쁨이 사라지게 한다면,
그것을 잊어버리는 것은 정말 좋은 계획이다.[1]

유익한 말만 하라

사람들 안에서 나쁜 점만 보지 않고 좋은 점도 볼 수 있다면, 우리는 훨씬 효율적으로 사람들을 화목하게 할 수 있을 것이다. 우리는 자녀가 잘못한 일을 알아채야 하지만, 그뿐 아니라 잘한 일도 알아채야 한다. 고용주는 고용인의 잘못을 바로잡아야 할 때뿐 아니라 그들이 잘하고 있을 때에도 그들을 불러서 말해야 한다. 에베소서 4장 29절 말씀을 기억하고 실천한다면 우리 가정과 교회에서 일어나는 문제들의 절반은 하룻밤 사이에 해결될 것이다. "무릇 더러운 말은 너희 입 밖에도 내지 말고 오직 덕을 세우는 데 소용되는 대로 선한 말을 하여 듣는 자들에게 은혜를 끼치게 하라." 이어서 30절은 이렇게 말한다. "하나님의 성령을 근심하게 하지 말라 그 안에서 너희가 구원의 날까지 인 치심을 받았느니라." 우리가 서로 깎아내리는 모습은 하나님을 슬프시게 한다. 덕이 되지 않게 혀를 사용할수록 화목하게 하는 우리의 직분도 축소될 것이다.

우리의 중요성은 대사(大使)의 역할에서 발견된다. 놀랍게 들릴 수도 있지만, 하나님은 우리를 통해 세상에 호소하신다. 대사는 자신이 시민권을 가진 나라를 대표한다. 그는 주권자(왕이나 대통령)를 대변하여 고국의 대표로 행동한다.

해군으로 복무하던 시절, 나는 "추한 미국인"의 모습을 처음 접해 보았다. 동료 선원들이 미국을 대표하는 모습을 보고 부끄러웠다. 만나는 모든 외국인에게 "우리 군인들을 보고 미국을 판단하지 말아주세요"라고 말하고 싶은 심정이었다. 그런 모습들 가운데 하나가 바로 술에 취해 창녀를 찾아가는 것이다. 슬프게도 그런 일은 군인들에게 어느 정도 당연시되었다! 그들의 거만하고 이기적이고 심술궂은 태도도 그런 모습이었다. 해군이 되기 전에는 왜 그토록 많은 외국인이 미국인을 싫어하는지 이해할 수 없었다. 그러나 우리의 "대사들"을 보고 나니 그 이유를 알 수 있었다.

우리는 그리스도의 대사다

어쩌면 다른 사람들이 그리스도를 보는 유일한 길은 우리를 통하는 것뿐인지도 모른다. 예수님은 "너희가 서로 사랑하면 이로써 모든 사람이 너희가 내 제자인 줄 알리라"(요 13:35)고 말씀하셨다.

한 회사 간부가 비행기를 놓치지 않으려고 불안한 마음에 급하게 달려가고 있었다. 그가 공항 터미널을 지나다가 한 소녀와 부딪치는 바람에 소녀는 넘어지고 짐들이 땅에 쏟아졌다. 짧은 순간, 그는 자기가 타야 할 비행기밖에 생각나지 않았다. 그러나 그냥 가고 싶은 유혹과 싸워서 멈춰 서서는 아이에게 사과했다. 그는 소녀가 일어나도록 도와주고 괜찮은지 확인했다. 그의 배려와 관심에 감동받은 소녀는 그를 올려다보며 물었다. "혹시 예수님이세요?" 얼마나 훌륭한 대사의 모습인가!

나는 조앤 딤즈가 쓴 글이 계속 생각난다.

오늘 당신 안에서는 그리스도를 닮은 모습을 볼 수 없었습니다.
다시는 당신을 만날 일이 없기에
어제는 당신 안에서 당신의 빛이 비쳤는지
또는 내일 당신이 보상하길 원할지는 중요하지 않습니다.
내가 당신을 만난 것은 오늘뿐이니까요.

복음서를 읽으면서 나는 예수님과 함께 있고 싶어하는 죄인들, 그리고 위선자들과 싸우시는 예수님을 볼 수 있다. 오늘날 우리는 교회에 위선자가 가득하다는 비판을 자주 듣는다. 사람들이 교회를 멀리하는 이유도 바로 그것이다. 이것이 정확한 사실은 아니지만, 그 안에 충분히 진실이 있으므로 우리 마음을 살펴야 한다. 우리는 그리스도의 대사이면서 동시에 위선자일 수 없다. 또한 그들의 죄를 그들에게 돌리는 한, 우리는 죄인이 하나님과 화해하는 것을 보지 못할 것이다. 우리는 증상이 아니라 원인을 처리해야 한다. 사랑 안에서 진리를 말할 수 있고 화목케 하는 직분을 가진 자로 알려져야 한다.

하늘에 계신 사랑하는 아버지, 예수님을 보내주시고, 우리를 그 안에서 의롭게 하시려고 죄를 알지도 못하신 이를 우리를 대신하여 죄로 삼아주셔서 감사합니다. 저를 그리스도 안에서 새로운 피조물로 만들어주셔서 감사합니다. 저는 하나님을 위한 선한 대사가 되길 원합니다. 제가 주님을 대표할 자격과 가치가 없다고 말하는 사탄의 거짓말을 믿지 않습니다. 주님이 제 안에 임하셔서 저를 가치 있게 만드셨습니다. 주님이 사람들을 보시는 것처럼 저도 그들을 볼 수 있도록 가르쳐주옵소서. 제 입을 지켜주셔서 덕을 세우는 말만 하게 해주시옵소서. 치유하는 대신 상처를 입히고, 세우는 대신 넘어뜨리는 데 제 입을 사용한 것을 용서해 주옵소서. 제가 그랬던 것처럼 다른 사람들이 하나님과 화목해질 수 있도록 제가 화목하게 하는 직분을 맡길 원합니다. 우리 주 예수 그리스도의 귀한 이름으로 간구합니다. 아멘.

32장

나는 하나님의 동역자입니다

우리가 하나님과 함께 일하는 자로서 너희를 권하노니 하나님의 은혜를 헛되이 받지 말라 이르시되 내가 은혜 베풀 때에 너에게 듣고 구원의 날에 너를 도왔다 하셨으니 보라 지금은 은혜 받을 만한 때요 보라 지금은 구원의 날이로다
(고린도후서 6장 1-2절).

나는 10년 동안 신학교 "교수"로 재직하며 하나님의 동역자들을 세우는 일을 도왔다. 그러나 늘 교육 체계 때문에 좌절했다. 예수님이 가르치신 것처럼 가르치기에는 시간이 턱없이 부족하기 때문이다. 예수님의 방법은 제자들과 일상생활을 함께하면서 본을 보이는 것이다. 최고의 학습은 헌신적인 관계에서 이루어진다.

다행히 나는 몇몇 학생과 가까워질 기회가 있었다. 그중 한 명이 스튜다. 스튜는 라틴아메리카계가 대부분인 교파에서 유일한 백인 목사였다. 그가 주교의 딸과 결혼했기 때문이다.

나는 스튜가 내 여름 학기 수업에 등록한 것을 보고 기뻤다. 그런데 그

는 나타나지 않았다. 가을 학기를 시작할 때 그를 보고 그동안 왜 보이지 않았는지 물었다.

"시간 좀 내주실래요?" 그는 간신히 눈물을 참고 있었다. "이번 여름은 병원에서 지냈거든요. 제가 암이라고 하네요. 앞으로 살날이 6개월에서 2년 남았다고 합니다." 그는 교회 성도들이 모르고 있으니 자신의 병을 아무에게도 말하지 말아달라고 했다.

한 달 후, 스튜가 나에게 예언을 믿느냐고 물었다. 무슨 일이 있었는지 묻자 그가 이렇게 말했다. "그러니까 10년 전에, 어떤 사람이 우리 모임에 와서 제가 중요한 사역을 하게 될 거라고 예언한 일이 있었어요. 그런데 전 중요한 사역을 하지 못했거든요. 적어도 아직까지는 말이죠. 그렇다면 혹시 제가 낫게 될 거라는 뜻일까요? 몇 백 명을 그리스도께 인도하긴 했지만, 제가 맡고 있는 작은 교회에서 중요한 사역을 하고 있지는 않아요."

무엇이 중요한지 알라

나는 깜짝 놀라 소리치듯 말했다. "스튜, 당신은 몇 백 명이나 되는 사람을 그리스도께 인도했어요! 그건 정말 중요한 일이에요! 내가 아는 유명인 중에는 그 근처에도 못 간 사람들도 있다고요."

이듬해 봄, 복도에서 마주친 스튜는 체중이 줄고 있었다. 그는 지방이 빠지고 있는 것이 아니라는 걸 잘 알고 있었다. 그는 자신이 죽어가고 있다고 생각했다. 나는 그에게 우리 학생들과 짐을 나누는 게 어떻겠냐고 말했다. 하나님은 결코 우리가 혼자서 시련을 통과하길 원하지 않으시기 때문이다. 그날 오후, 그는 자신의 이야기를 나누었다. 그 두 시간은 내가 신학교에서 경험한 가장 놀라운 수업이었다. 그는 아내를 홀로 남겨두고 떠날 수밖에 없는 자신의 고통과 좌절을 이야기했다. 갑자기 삶과 죽음의 문제, 그리고 주님을 위한 우리의 사역이 모두에게 실제적으로 다가왔다.

"제가 원하는 건 이번 봄에 졸업하는 것뿐입니다. 우리 가족 중 누구도 다른 건 바라지 않아요." 우리는 그를 둘러싸고 모여 기도했다. 그가 이렇게 덧붙여 말했다. "그 예언에 대해선 다 잊어버렸지만, 제가 아는 모든 동료 목사에게 이렇게 말했어요. '앤더슨 박사가 뭐라고 했는지 아세요? 유명인들 중에도 몇 백 명을 그리스도께 인도하지 못한 사람들이 있다고 해요'라고 말이에요."

바로 그해 봄, 나는 졸업장을 받기 위해 앞으로 걸어 나가는 스튜의 모습을 볼 수 있었다. 내가 참석한 가장 의미 있는 졸업식이었다. 중요하지 않은 목사는 없다. 마찬가지로 중요하지 않은 하나님의 자녀도 없다. 우리는 모두 "주님의 동역자"라는 헤아릴 수 없는 특권을 가지고 있다. 하나님은 지금 이곳에서 그분의 구원 사역에 동참할 기회를 우리에게 주셨다.

2년 후 필라델피아에 있을 때 아내가 전화로 스튜가 죽었다는 소식을 전해 주었다. 스튜는 나에게 그의 장례식을 인도해 달라고 부탁했었다. 그는 지금 주님과 함께 있고, 그가 그리스도께 인도한 수백 명의 사람들과 함께 영원히 살 것이다. 그들이 하나님의 동역자로 살면서 얼마나 많은 사람에게 영향을 끼쳤는지는 하나님만 아신다. 그것이 중요한 일이다!

누가 패자인가?

스튜의 이야기와 내가 몇 년 전에 알았던 다른 목사의 이야기를 비교해 보려고 한다. 당시 그 목사가 사역하는 교회는 우리 교파의 지도자가 추천해 준 곳이었다. 그런데 그 목사는 그 교회에서 사역하게 된 것을 한탄했다. "이곳은 패자들뿐이에요. 이 교회에서 저는 어떤 성과도 이루지 못할 거예요. 어떻게 하면 더 중요한 교회에 청빙을 받을 수 있을까요? 계속 이력서를 보내고 있는데 어디서도 연락이 오지 않아요." 당연하다! 그의 교인들은 패자가 아니다. 그들은 하나님의 자녀다. 그의 지역사회는 주님을 모르는 사람들로 가득했다. 그가 무엇을 기다리고 있었는지 모르겠다. 하나님은 그에게 큰 기회를 주었는데 말이다.

다음 시를 천천히 읽어보라.

아버지, 저는 오늘 어디서 일할까요?
제 사랑은 따뜻하고 자유롭게 흘러갔습니다.
그때 그분이 작은 점을 가리키며 말씀하셨습니다.
"나를 위해 저 곳을 보살펴라."
저는 급히 대답했습니다. "오, 저 곳은 아닙니다.
제가 아무리 잘해도
아무도 봐주지 않을 거예요.
저렇게 작은 곳은 저에게 맞지 않습니다!"
그때 주님은 엄중하게 말씀하지 않으셨습니다.
오히려 부드럽게 대답해 주셨습니다.
"애야, 네 심장을 살펴봐라.
그것이 그들을 위해 일하고 있느냐,
아니면 나를 위해 일하고 있느냐?

나사렛은 작은 동네였고
갈릴리도 마찬가지였다."[1]

작은 일에 충성하라

코치가 아니라 관중에 좌우되어 경기를 하면 결과가 늘 형편없을 것이다. 하나님 대신 사람들에게 인정받으려고 하면 타협을 하게 되고 사역이 축소될 것이다. 우리가 작은 일에 충성하는 동역자라는 것을 보여줄 때, 하나님이 우리에게 더 큰 일을 맡기실 것이다. 그때에도 우리의 동기에 주의하라. 주님이 원하신다면 우리는 남은 생애 동안 지금 있는 자리에 기꺼이 머물러야 한다. 현재의 사역을 더 큰 사역으로 나아가는 디딤돌로 보면, 필연적으로 사람들을 세우는 대신 그들을 이용하려 할 것이다. 또한 그들이 우리에게 호의적으로 반응하지 않으면, 그들을 실패자라고 결론 내린다. 그럼에도 하나님은 우리의 그런 태도를 용서해 주신다.

사람들은 대부분 존경받는 몇몇 사람처럼 되고 싶어하며, 그들의 동역자로 인정받길 원한다. 그러나 나는 그런 기회를 기다리지 않았다. 바로 지금, 하나님의 동역자가 될 기회가 있기 때문이다. 고린도후서 6장 2절에 따르면 "지금은 은혜 받을 만한 때"다. 당신은 하나님이 부르신 목적에 맞는 사람이 되기 위한 은혜를 받을 것이다. 사역 규모에 대해서 걱정하지 말라. 당신의 중요성은 그리스도의 동역자가 되는 데서 발견되기 때문이다. 하나님의 관점에서는 규모가 중요성을 결정하지 않는다. 그리스도와 함께 수고하고, 그분이 당신에게 원하시는 일을 하는 것이 당신의 지속적인 영향력을 결정할 것이며, 따라서 당신의 중요성을 결정할 것이다.

물론 권력이나 명성에서 중요성을 찾으려고 하는 것은 전혀 새로운 일이 아니다. 마태복음에 나오는 세베대의 아들의 어머니의 요청과 주님의 응답을 잘 들어보라.

그때에 세베대의 아들의 어머니가 그 아들들을 데리고 예수께 와서 절하며 무엇을 구하니 예수께서 이르시되 무엇을 원하느냐 이르되 나의 이 두 아들을 주의 나라에서 하나는 주의 우편에, 하나는 주의 좌편에 앉게 명하소서 예수께서 대답하여 이르시되 너희는 너희가 구하는 것을 알지 못하는도다 내가 마시려는 잔을 너희가 마실 수 있느냐 그들이 말하되 할 수 있나이다 이르시되 너희가 과연 내 잔을 마시려니와 내 좌우편에 앉는 것은 내가 주는 것이 아니라 내 아버지께서 누구를 위하여 예비하셨든지 그들이 얻을 것이니라 열 제자가 듣고 그 두 형제에 대하여 분히 여기거늘 예수께서 제자들을 불러다가 이르시되 이방인의 집권자들이 그들을 임의로 주관하고 그 고관들이 그들에게 권세를 부리는 줄을 너희가 알거니와 너희 중에는 그렇지 않아야 하나니 너희 중에 누구든지 크고자 하는 자는 너희를 섬기는 자가 되고 너희 중에 누구든지 으뜸이 되고자 하는 자는 너희의 종이 되어야 하리라 인자가 온 것은 섬김을 받으려 함이 아니라 도리어 섬기려 하고 자기 목숨을 많은 사람의 대속물로 주려 함이니라(마 20:20-28).

사역의 잠재력은 세상의 지위가 아니라 경건한 성품과 하나님의 뜻을 행하려는 마음에 있다. 우리는 종이 되기로 하신 예수님을 본받아야 한다. 그분은 산헤드린 회원이나 로마 정부의 일원이 되려고 하지 않으셨다. 그분은 인자 말고는 다른 칭호가 없었다. 권력 있는 지위도 없었다. 세상에서 예수님은 왕이 아니라 종이셨다.

하나님의 은혜가 당신을 지탱해 줄 것이다

예수님이 당신에게 "내가 마시려는 잔을 너도 마실 수 있느냐?"라고 물으신다면 어떻겠는가? 야고보와 요한처럼 재빨리 긍정적으로 대답하겠는가? 하나님의 동역자가 된다는 것은 고난을 포함하기 때문에 당신을 지탱해 줄 하나님의 은혜가 필요하다. 바울이 하나님의 동역자가 되는 경험에 주목하라.

우리가 이 직분이 비방을 받지 않게 하려고 무엇에든지 아무에게도 거리끼지 않게 하고 오직 모든 일에 하나님의 일꾼으로 자천하여 많이 견디는 것과 환난과 궁핍과 고난과 매 맞음과 갇힘과 난동과 수고로움과 자지 못함과 먹지 못함 가운데서도 깨끗함과 지식과 오래 참음과 자비함과 성령의 감화와 거짓이 없는 사랑과 진리의 말씀과 하나님의 능력으로 의의 무기를 좌우에 가지고 영광과 욕됨으로 그러했으며 악한 이름과 아름다운 이름으로 그러했느니라 우리는 속이는 자 같으나 참되고 무명한 자 같으나 유명한 자요 죽은 자 같으나 보라 우리가 살아 있고 징계를 받는 자 같으나 죽임을 당하지 아니하고 근심하는 자 같으나 항상 기뻐하고 가난한 자 같으나 많은 사람을 부요하게 하고 아무것도 없는 자 같으나 모든 것을 가진 자로다(고후 6:3-10).

당신도 참여하고 싶은가? 당신이 그리스도인이라면 이미 참여하고 있는 것이다! 그러나 실망하지 말라. 하나님이 당신과 함께하신다! 하나님의 뜻이 당신을 어디로 인도하든 하나님의 은혜가 당신을 지켜줄 것이다. 바울은 생이 끝날 때 결코 후회하지 않았을 거라 확신한다. 나는 바울만큼 고난을 겪지는 않았으나, 사역을 하면서 그와 같은 일을 많이 겪었다. 그러나 후회하지 않는다. 하나님의 동역자가 되어 그분의 은혜의 결과들을 보는 기쁨이 그 여정에 필연적으로 따르는 고난보다 훨씬 크기 때문이다. 게다가 바울은 이렇게 주장한다. "생각하건대 현재의 고난은 장차 우리에게 나타날 영광과 비교할 수 없도다"(롬 8:18).

처음 사역을 시작할 때 나는 모든 성경책 표지에 다음 시를 붙여놓았다.

나는 하나님께 강한 힘을 달라고 기도했다. 내가 성공할 수 있도록.
그러나 하나님은 나를 약하게 만드셨다. 겸손하게 순종하는 법을 배울 수 있도록.

나는 건강을 달라고 기도했다. 내가 더 큰 일을 할 수 있도록.
그러나 하나님은 나에게 허약함을 주셨다. 내가 더 좋은 일을 할 수 있도록.

나는 부를 달라고 기도했다. 내가 행복해질 수 있도록.
그러나 하나님은 나에게 가난을 주셨다. 내가 지혜로워질 수 있도록.

나는 능력을 달라고 기도했다. 내가 사람들에게 칭찬받을 수 있도록.
그러나 하나님은 나에게 연약함을 주셨다. 내게 하나님이 필요하다는 것을 느낄 수 있도록.

나는 모든 것을 달라고 기도했다. 내가 삶을 즐길 수 있도록.
그러나 하나님은 내게 생명을 주셨다. 내가 모든 것을 즐길 수 있도록.

내가 구한 것은 하나도 받지 못했으나
내가 바라던 것은 다 얻었다.
나도 모르는 사이에, 내가 말하지 않은 기도들이
응답되었다.
나는 모든 사람 가운데 가장 풍성한 복을 받은 자다![2]

우리가 하나님의 가장 능력 있는 동역자로 세워지는 데 필요한 일들을 하나님께 기도하고 간구하자.

하늘에 계신 사랑하는 아버지, 저는 주님의 동역자가 되는 것이 기쁩니다. 오직 주의 뜻 안에 거할 때 제가 만족할 수 있다는 것을 알기에, 주께서 어떤 일을 맡기시든 기쁘게 받아들입니다. 세상의 지위에서 의미를 찾으려 하고 제 현재 사역에 불만을 표출한 것을 용서해 주옵소서. 주님의 은혜가 충분치 않다거나 고난의 때에 주님이 저를 보살펴주지 않으실 거라는 사탄의 거짓말을 믿지 않습니다. "네 하나님이 지금 어디 있느냐?"라고 사탄이 거짓말할 때, 저는 하나님이 저와 함께 계시며 늘 저와 함께하실 거라고 선언할 것입니다. 주님, 저는 주님을 이용하길 원치 않습니다. 제가 지금 오직 제 생각, 제 뜻대로 사역하고 있다면, 제게 말씀해 주십시오. 사역을 이끄는 분은 주님이지 제가 아닙니다. 주님께 제 사역을 축복해 달라고 구하지 않습니다. 주님의 사역으로 제가 축복받기를 원합니다. 지금 제가 하는 사역을 주님께 드리며, 주님이 그 사역의 머리이심을 선언합니다. 이 모든 것을 예수님의 귀한 이름으로 기도합니다. 아멘.

33장
나는 하늘나라에 그리스도와 함께 앉아 있습니다

또 함께 일으키사 그리스도 예수 안에서 함께 하늘에 앉히시니 이는 그리스도 예수 안에서 우리에게 자비하심으로써 그 은혜의 지극히 풍성함을 오는 여러 세대에 나타내려 하심이라(에베소서 2장 6-7절).

몇 년 전에 캐나다 서점 협의회(Canadian Bookseller's Convention)에서 말씀을 전해 달라는 요청을 받았다. 순서를 보니 내가 말씀을 전하기 전에 저녁식사가 준비되어 있었다. 주빈석에 앉는 사람들은 어떻게 걸어 들어가야 하는지 안내받을 수 있도록 조금 일찍 와달라는 연락을 받았다. 우리는 "성자의 행진"(When the Saints Go Marching In)이라는 곡에 맞춰 행진했다. 사회자가 "여러분, 이곳이 여러분의 상석입니다"라고 말할 때까지 우리는 모두 서 있었다. 청중이 품위 있게 박수를 쳤고, 우리는 자리에 앉았다. 그전에는 그토록 성대한 의전을 받아본 적이 없어서인지, 솔직히 좀 바보같이 느껴졌다.

좌석 배치는 늘 의전의 한 부분이다. 문화에 따라 전통은 다르지만, 앉는 자리의 위치는 어디서나 어느 정도의 명예를 보여준다. 사교 모임 저녁 식사 자리에서도 손님들의 자리는 영광이나 모욕이 될 수 있다. 나는 몇몇 사람이 자리 때문에 모욕을 당하고 속상해하는 것을 본 적이 있다. 자리가 늘 위상이나 인정을 나타내는 것은 아니지만, 때로는 단지 평화를 위해서라도 사람들을 **어디에 앉히느냐**에 주의해야 한다.

당신은 하늘나라에서 그리스도와 함께 앉는 영광을 상상할 수 있겠는가? 그분의 은혜의 풍성함은 비할 데가 없다. 주님이 우리에게 그런 특권을 주신다는 것은 이해할 수 없는 일이다! 늘 거절만 당해 온 거지에게 "이리 와서 내 오른편에 나와 같이 앉으라"고 말씀하시는 우리 주님은 얼마나 친절하신가?

권세의 자리

하나님의 보좌 오른편은 온 우주를 다스리는 권위와 능력의 중심이다. 그 능력이 승천하신 주님께 주어졌다. 주의 백성이 그분과 함께 하늘로 들려올라간다는 것은 곧 우리가 그분의 권세를 함께 나눈다는 뜻이다. 우리는 상속자로서 주님과 함께 앉는다.

> 성령이 친히 우리의 영과 더불어 우리가 하나님의 자녀인 것을 증언하시나니 자녀이면 또한 상속자 곧 하나님의 상속자요 그리스도와 함께한 상속자니 우리가 그와 함께 영광을 받기 위하여 고난도 함께 받아야 할 것이니라 (롬 8:16-17).

이것의 중요성은 아무리 과장해도 지나치지 않다. 그리스도 안에서 자유를 경험하지 못하는 사람들은 마치 평등하고 정반대인 두 세력 사이에 끼어 있는 것처럼 느낀다. "한쪽에는 사탄이, 다른 한쪽에는 하나님이 계신다. 불쌍한 나는 인질처럼 둘 사이에 껴 있다." 당신이 그렇게 믿고 있다면 당신은 패배한 것이다. 진리는 하나님은 전지하시고 어디에나 계시며 전능하시고 모든 면에서 온유하시며 인자하시다는 것이다. 사탄은 패배한 적이다. 우리는 그리스도 안에 있고 하늘나라에 그분과 함께 앉아 있다. 골로새서 2장 9-11절, 13-15절 말씀을 주목해 보라.

그 안에는 신성의 모든 충만이 육체로 거하시고 너희도 **그 안에서** 충만하여졌으니 그는 모든 통치자와 권세의 머리시라 또 **그 안에서** 너희가 손으로 하지 아니한 할례를 받았으니 곧 육의 몸을 벗는 것이요 …… 또 범죄와 육체의 무할례로 죽었던 너희를 하나님이 그와 함께 살리시고 우리의 모든 죄를 사하시고 우리를 거스르고 불리하게 하는 법조문으로 쓴 증서를 지우시고 제하여 버리사 십자가에 못 박으시고 통치자들과 권세들을 무력화하여 드러내어 구경거리로 삼으시고 십자가로 그들을 이기셨느니라(강조는 저자 추가).

하나님의 위대하심을 증거하라

우리의 간증은 "그 은혜의 지극히 풍성함"(엡 2:7)을 가장 잘 나타낸다.

이제 우리 하나님의 구원과 능력과 나라와 또 그의 그리스도의 권세가 나타났으니 우리 형제들을 참소하던 자 곧 우리 하나님 앞에서 밤낮 참소하던 자가 쫓겨났고 또 우리 형제들이 어린양의 피와 자기들이 증언하는 말씀으로써 그를 이겼으니 그들은 죽기까지 자기들의 생명을 아끼지 아니하였도다 (계 12:10-11).

하나님은 책임을 수행할 권세 없이 책임을 위임할 수 없다는 걸 아신다. 우리는 그리스도와 함께 앉아 있기 때문에 어둠의 왕국에 대한 권세가 있다. 그러나 우리의 권세는 독립적인 것이 아니다. 우리는 무엇이든 원하는 대로 행할 권세가 없다. 이것은 서로에 대한 권세도 아니다. 우리는 "그리스도를 경외함으로 피차 복종"해야 하기 때문이다 (엡 5:21). 우리가 지닌 것은 하나님의 뜻을 행할 권세다.

다음은 우리 신학교 수업과 내가 인도한 콘퍼런스에 참석한 어느 목회자의 간증이다.

지금은 추수감사절 기간입니다. 저는 감사할 것이 몹시 많습니다! 저는 자유롭습니다! 자유롭습니다! 저는 자유롭습니다! 박사님은 모든 성공과 은사와 능력을 귀하신 우리 구주 예수 그리스도의 공로로 돌리겠지요. 저도 늘 그분께 감사하고 있습니다!
다른 목사들도 끔찍한 기만의 속박에서 해방되어 그리스도 안에서 자유를 누리게 도와주세요! 박사님, 당신과 함께 나눈 많은 편지 속에는 수많은 이야기와 개인적인 간증, 중대한 경험들이 담겨 있습니다. 자세한 이야기는 하지 않겠습니다. 박사님이 지겹도록 들어왔을 테니까요. 그렇지만 좀 더 자세한 이야기를 통해 패배한 다른 목회자들을 도울 수 있다면, 제가 성적인 죄, 식이장애, 하나님의 말씀을 읽지 못하고 집중하지 못하던 것에서 벗어난 이야기를 기꺼이 나누겠습니다.

올 가을에 박사님의 목회상담학 수업을 우연히 듣게 되었을 때, 박사님이 무슨 생각을 했을지 지금은 압니다. 박사님은 제 삶에서 일어난 일들을 알고 있었습니다. 전에 이야기했듯이, 박사님이 제게 다가와 제 배를 가볍게 두드린 일도 감사하고 싶습니다. 그것은 애정 표현이자 상징적인 몸짓이었죠. 바로 제가 매여 있는 부분을 가리킨 것입니다.

『내가 누구인지 이제 알았습니다』를 읽었을 때 빛이 비치기 시작했습니다. 하나님 말씀의 진리가 제 마음속에 들어와 거짓을 몰아내기 시작할 때 저는 자유를 향해 나아가기 시작했으니까요! 그리고 박사님의 콘퍼런스에 참석했을 때는 그 빛이 더욱 밝아졌습니다. "자유에 이르는 일곱 단계"들을 통과하며 기도할 때, 제가 자유롭다는 걸 알았습니다! 사탄의 기만에서 벗어나 하나님과의 관계를 자유롭게 누리며, 다시 명확하게 생각할 자유를 얻은 것입니다. 그리고 며칠 후 저는 『이제 자유입니다』를 읽었습니다. 얼마나 큰 축복이었는지요! 하나님 말씀의 진리를 탐색하는 영광스러운 여행이었습니다!

박사님, 우리가 교회 안에서 그렇게 속고 있다는 것은 정말 슬픈 일입니다. 교활하고 사악한 우리의 대적이 얼마나 많은 사람을 끌어냈는지 모릅니다. 저는 이사야 14장을 다시 읽으면서 사탄에 관한 이 말씀에 주목했습니다. "너 열국을 엎은 자여 …… 이 사람이 땅을 진동시키며 열국을 놀라게 하며 세계를 황무하게 하며 성읍을 파괴하며 그에게 사로잡힌 자들을 집으로 놓아 보내지 아니하던 자가 아니냐"(사 14:12, 16-17). 사탄이 하나님의 백성에게 온갖 악한 짓과 폭력을 행사하고 대혼란을 일으킨 것입니다.

우리로 그리스도 안에서 승리하게 하신 하나님을 찬양합니다!

박사님, 학기가 시작되었을 때 저는 안개 속에 있어서 『내가 누구인지 이제 알았습니다』를 읽기가 힘들었습니다. 계속해서 이렇게 말하는 음성이 들렸습니다. "그것은 그리스도인의 삶에 대해 간단한 답을 제시하는 또 한 권의 무가치한 책일 뿐이야. 이런 쓰레기 같은 건 믿지 마. 이런 접근법을 믿지 말라고." 그렇지만 "나는 누구인가" 목록에 담긴 진리와 기쁨은 감출 수가 없었습니다.

콘퍼런스 후, "자유에 이르는 일곱 단계"를 거친 직후에 강당에서 걸어 나오는데 제 눈을 믿을 수가 없었습니다! 주변 세상이 달라진 겁니다! 모든 것이 더 강렬하게 눈에 들어오고, 제 마음도 맑아졌습니다! 차 안에서 기쁨으로 기도하며 주님께 찬양을 드렸습니다. 제가 자유로워졌다는 걸 알았습니다.

오직 그리스도만 주실 수 있는 자유와 권세에 대해 하나님께 감사드린다. 나는 구원자가 아니다. 그분이 구원자시다. 하나님이 이 시대에 **"그리스도 예수** 안에서 우리에게 자비하심으로써 그 은혜의 지극히 풍성함"을 보여주고 계신다고 믿는다.

하늘에 계신 사랑하는 아버지, 주님과 함께 앉는 큰 영광을 제게 허락해 주셨다는 생각이 저를 사로잡고 있습니다. 그에 비할 만한 영광의 자리를 저는 알지 못합니다. 그리스도 안에서 자유롭게 살게 해주시는 주님의 자비와 은혜에 감사드립니다. 제게는 사탄을 다스릴 권세가 없다고 말하는 사탄의 거짓말을 믿지 않습니다. 그리스도 말고는 제게 어떤 권세도 없습니다. 하늘나라에 그리스도와 함께 앉아 있기 때문에 제가 그리스도 안에서 권세를 지닌다는 것을 인정하고, 주님의 비할 데 없는 영광의 풍성함을 증거하며 살아야 할 제 책임을 받아들입니다. 예수님의 귀한 이름으로 기도합니다. 아멘.

34장
나는 하나님의 작품입니다

우리는 그가 만드신 바라 그리스도 예수 안에서 선한 일을 위하여 지으심을 받은 자니 이 일은 하나님이 전에 예비하사 우리로 그 가운데서 행하게 하려 하심이니라 (에베소서 2장 10절).

예전에 내 수업을 들은 한 학생이 베스라는 젊은 여성을 데리고 나를 찾아왔다. 베스는 식욕부진으로 매우 여위었고, 자책하는 생각들로 괴로워하며 남몰래 자해하고 있었다. 그녀의 부모는 출세한 전문직 종사자로서, 자녀를 위해서라면 뭐든 해주었다. 그들이 자랑스러워할 만한 자녀로 만들기 위한 일이라면 말이다.

베스에게는 최고의 수영 코치와 체조 코치가 있었다. 그녀의 부모는 그녀가 일류 학교에 다니고 최고의 여학생 클럽(당연하게도, 그녀의 어머니가 속해 있었던 클럽)에 들어가길 강요했다. 그녀는 기독교 학교에 가고 싶었지만, 그녀의 부모는 자칭 그리스도인이면서도 허락하지 않았다. 그들은 자기 자녀에게 더 많은 것을 원했다.

"자유에 이르는 일곱 단계"를 통과하도록 베스를 돕는 동안, 나는 베스가 마음으로 부모님을 용서하기 위해 씨름하는 것을 알 수 있었다. "우리 부모님은 정말 좋은 사람들이에요. 지역사회의 기둥이시기도 하고요."

베스가 마지막으로 운 것은 4년 전이었다. 아버지를 용서해야 한다는 것을 직시했을 때 그녀는 이렇게 말했다. **"제가 아버지께** 용서를 구해야 할 것 같아요."

내가 대답했다. "어쩌면 그럴지도 모르죠. 하지만 우리가 지금 다루고 있는 문제는 그것이 아닙니다. 우리는 당신이 마음으로 아버지를 용서해서 그리스도 안에서 자유를 발견하도록 도와주고 있어요."

베스는 자신이 용서해야 할 사람들의 명단을 응시하면서 몇 분간 고민했다. 그러다 갑자기 눈에 눈물이 고이기 시작했다. "하나님, 제가 어떤 사람이 되고 싶은지 묻지 않고 제 생각과 감정을 무시한 아버지를 용서합니다." 수문이 열리고, 자유가 들어오는 순간이었다.

순응하라는 압력

세상은 우리가 세상의 모습을 따르도록 강하게 압박한다. 선한 의도겠지만, 부모는 종종 자녀에게 그들의 틀에 맞추도록 강요하려 한다. 주요 회사들은 틀에 박힌 사고방식을 드러내고, 고용인들에게 그들의 기업 이미지에 맞게 행동하도록 강요한다. 마치 모든 사람이 똑같다는 듯이 말이다. 성과에 근거한 인정과 복제된 사고방식들은 종종 J. K. 서머힐이 말하는 "패자의 절뚝거림"을 낳는다.

고등부 육상경기에서 한 육상팀이 경기하는 모습을 지켜보고 있었다. 그때 그 육상팀 코치가 웃으며 말했다. "저것 보세요. 저기 우리팀 선수가 4등으로 들어오는 거 보이세요? 다리를 절뚝거리고 있어요! 아마 저 선수는 더 잘하지 못한 것에 대한 핑곗거리를 만들기 위해 저렇게 절뚝거리는 걸 거예요. 저는 그걸 '패자의 절뚝거림'이라고 부르죠."

어떤 사람들이 목표에 도달하지 못하는 이유, 때로는 목표의 10분의 1에도 이르지 못하는 이유는 그 학생이 갑자기 다리를 절뚝거리는 것만큼 설득력이 있다. 그러나 그보다 나쁜 것은, 패자의 절뚝거림을 핑계 삼아 자신의 삶을 최저 생활수준 이상으로 끌어올리려고 애쓰지 않는 것이다. 경기 시작을 알리는 총을 쏘는 순간, 그는 출발하기도 전에 굴복하고 만다. 어쩌면 그는 진지하게 이렇게 말할 것이다. "제가 ……때문에 얼마나 불리한지 아실 거예요." 그러고는 그것을 불리한 조건으로 규정한다. 그러나 그것이 실제로 불리한 조건인 경우는 매우 드물다. 어떤 사람이 거듭 자신이 불리한 조건을 가졌다고 말할 때 나는 그 안에 숨겨진 "패자의 절뚝거림"을 본다.

나는 앞을 보지 못하는 사람들에 대해 이야기하는 것이 아니다. 물론 헬렌 켈러에게 놀라운 교훈을 배울 수 있는 것은 사실이다. 아파서 누워 있는 사람들에 대해 말하는 것도 아니다. 제임스 로이스처럼 소아마비로 전혀 거동하지 못하는 상황에서도 침대에 누워 사업을 번성시킨 사람이 있지만 말이다. 우리는 실제로 장애가 있는데도 건설적으로 살고 있는 사람들에게 경의를 표해야 한다. 그러나 그들의 경우는 우리 대부분이 동일시하기에는 몹시 이례적이다.

그보다 나는 자신의 감각과 사지를 사용할 수 있는 사람들에 대해 말하고 있다. 아마도 독자 대부분이 그럴 것이다.

어쩌면 직접적으로 당신을 향해 말할 수도 있다. 당신이 역동적인 삶을 주도해 본 적이 없다면, 그리고 당신과 같은 조건에서 훌륭한 경력을 쌓고 영광스러운 미래를 만들어가고 있는 사람이 많이 있다는 것을 알면서도 당신이 낮은 수준의 한구석에 머물러 있다면 말이다. 인생의 몇몇 경주에서 진 일로 스스로 영원히 패배자라고 생각하고 있진 않은지, 시작하기도 전에 패자의 절뚝거림을 습득한 것은 아닌지 살펴보라.

지금 패자의 절뚝거림이 있는지 자신을 점검해 보라!

서머힐이 말하는 내용 중 일부는 우리의 잠재력에 부합하지 않는다. 사람들이 그 수준에서 살고 있는 주된 이유는 거짓된 "성공—실패 신드롬"에 사로잡혀 있기 때문이다. 세상이 정의하는 성공이란 일등이 되거나 결코 실패하지 않는 것이다. 다음과 같이 쓰여 있는 자동차 범퍼스티커를 보았다. "처음에 성공하지 못하면 가장 먼저 당신이 시도한 모든 증거를 지우라!" 발을 헛디디고 넘어지는 것은 실패가 아니다. **또다시** 발을 헛디디고 넘어진다 해도 그 역시 실패가 아니다. "난 끝났어!"라고 말할 때, 당신은 실패한 것이다.

시도를 멈추지 말라

인생에서 가장 큰 실패는 결코 시도하지 않는 것이다. 승자와 패자의 유일한 차이는 승자가 패자보다 한 번 더 일어난다는 것이다.

대저 의인은 일곱 번 넘어질지라도 다시 일어나려니와 악인은 재앙으로 말미암아 엎드러지느니라(잠 24:16).

경주에 참가해 본 적이 없기 때문에 승리도 패배도 모르는 소심한 영혼이 진짜 패자다. 명심하라. 당신이 실수에서 배우는 것이 있다면, 실수는 결코 실패가 아니다.

달란트 비유(마 25:14-30)에서 한 달란트 받은 종은 받은 것을 땅에 묻어 두었다. 그에게 의무와 전진, 청지기직이란, 급브레이크를 밟고 후진기어로 변경하는 것이었다! 하나님은 그를 악한 종으로 여기셨다. 그는 자신에게 맡겨진 달란트를 하나님 나라에 투자했어야 했다. 두려워하는 사람은 이렇게 묻는다. "그 일을 하면 무엇을 잃어버릴까?" 반면 믿음의 사람은 이렇게 묻는다. "그 일을 하지 않으면 무엇을 잃어버릴까?"

어떤 것을 하지 않는 사람은 두 부류다. 시킨 일을 하지 못하는 사람과 시키지 않으면 아무것도 하지 않으려는 사람이다. 비유에서 한 달란트 받은 종은 다섯 달란트 받은 종과 같은 책임이 있었다. 둘 다 주인에게 순종해야 했다. 한 사람은 위험을 무릅쓰고 순종했고, 다른 한 사람은 안전을 추구해서 달란트를 숨겨놓았다. 나는 사람들이 안전하게 나무 몸통에 매달려 있으려 하는 이유를 이해한다. 그러나 열매가 열리는 곳은 언제나 가지 끝이다.

그렇지만 모든 사람이 같은 수준의 은사를 받는 것은 아니라는 사실을 기억하라. 어쩌면 서머힐의 이야기에 나오는 학생은 4등으로 들어올 실력밖에 없었을 수도 있다. 아무리 열심히 훈련하고 온갖 수단을 써도 그가 할 수 있는 최선은 4등일 것이다. 그것이 뭐가 문제인가? 4명이 하는 경주에서 누군가는 4등을 할 수밖에 없다.

우리는 우리의 잠재력에 합당하게 살고자 애쓰며 핑계를 찾지 말아야 한다. 물론 모든 사람의 잠재력이 동일한 것은 아니다. 하나님은 은사나 재능, 지능을 똑같이 나눠주지 않으셨다. 그러나 하나님 자신은 똑같이 나눠주셨다.

우리는 누구를 기쁘게 하는가?

성공이란 무엇이며, 우리는 누구의 기대에 따라 살아야 하는가? 하나님은 부모와 목회자, 그리고 우리와 가까이 지내는 모든 사람을 사용하여 우리를 하나님이 원하시는 사람으로 만들어 가신다. 그러나 우리는 부모나 목회자, 또는 사회의 작품이 아니라 **하나님의 작품**이다.

자녀들은 우리가 우리 형상을 본떠 만들 수 있는 작은 진흙 덩어리가 아니다. 그들은 하나님에게서 온 선물이며, 주님 안에서 가르치도록 우리에게 맡겨진 자다. 아무리 최고의 정원사라도 튤립 뿌리로 꽃을 만들 수 없다. 그가 할 수 있는 일은 아름다운 튤립이 될 때까지 심고, 물주고, 비료를 주고, 다듬는 것이다. 우리 각 사람은 하나님이 우리 안에 주신 잠재력을 발견해야 한다. 그리스도 예수 안에서 우리는 하나님이 태초부터 계획하신 걸작이 될 수 있다. 그것이 하나님이 우리에게 맡기신 선한 일이다.

성공은 다른 사람의 길을 응원해 주고
칭찬하는 말을 하며
모든 일과 모든 계획에

최선을 다하는 것이다.

성공은 당신의 말이 상처 입을 때 침묵하고
당신의 이웃이 무뚝뚝할 때 공손하게 대하며
추문이 돌 때 귀를 막고
다른 사람의 슬픔에 공감하는 것이다.

성공은 주어진 임무에 충실하고
재앙이 닥칠 때 용기를 내며
시간이 길게 느껴질 때 인내하고
웃음과 노래 속에서 발견되는 것이다.

성공은 조용한 기도 시간에 있고
행복과 절망 속에 있으며
모든 삶 속에 있으니
우리는 우리가 성공이라 부르는 그것을 발견한다.[1]

하늘에 계신 사랑하는 아버지, 세상의 기초를 세우실 때부터 저를 아시고 준비시키신 주님을 찬양합니다. 저는 그것을 온전히 이해하지 못하나, 제가 주님의 거룩한 걸작이 되길 원하신다는 것은 압니다. 주님이 저를 창조하신 그 모습이 되길 원합니다. 하나님이 제게 명하신 선한 일은 오직 제가 그리스도 안에 거할 때 이루어질 수 있다는 것도 압니다. 다른 사람들이 제가 누구인지 결정하게 하고, 다른 사람들을 제가 원하는 모습으로 만들려고 한 것을 용서해 주옵소서.

저보다 재능이 많은 사람이나 적은 사람들과 저를 비교하려는 사탄의 거짓말을 믿지 않습니다. 성공은 이 세상 기준에 따라 결정된다는 거짓말을 믿지 않습니다. 제가 이루는 성과에서 성공을 찾을 수 있다는 거짓말도 믿지 않습니다. 성공은 오직 주께서 창조하신 그 모습으로 주께서 명하신 일을 행하는 데서 발견된다는 진리를 선언합니다. 제가 아는 진리를 따라 위험을 무릅쓰고 믿음으로 나아가지 못한 것을 용서해 주옵소서. 나 자신을 드리오니, 주께서 제게 맡기신 은사와 재능과 자질을 온전히 사용해 주옵소서. 예수님의 귀한 이름으로 기도합니다. 아멘.

35장

나는 담대함과 확신을 가지고
하나님께 나아갈 수 있습니다

우리가 그 안에서 그를 믿음으로 말미암아 담대함과 확신을 가지고
하나님께 나아감을 얻느니라(에베소서 3장 12절).

당신이 특별한 상이 걸린 대회에 나갔다고 하자. 승자는 모든 비용을 지원받아 워싱턴 DC를 여행하게 되며, 백악관 대통령 집무실에서 대통령과 개인적으로 15분을 함께 보낼 수 있다. 당신은 대통령에게 어떤 질문이든 원하는 이야기는 모두 할 수 있다. 정말 엄청나지 않은가! 개인적으로 대통령의 이야기를 듣게 될 것이다. 분명 그날은 당신의 인생에서 가장 의미 있는 하루가 될 것이다.

당신은 아마 그 시간을 두고두고 볼 수 있도록 녹화해 두고 싶을 것이다. 그날을 기념하기 위해 대통령과 사진도 찍고 싶을 것이다. 그러한 순간의 영광은 금방 희미해지니까 말이다. 그 사진을 집에 걸어두고 친구와

친척들에게 보여줄 수도 있다. 그런 특혜와 영광을 누린 사람이 얼마나 되겠는가? 수많은 영향력 있는 지도자들이 대통령과 개인적으로 접견하기 위해 기꺼이 대가를 지불할 것이다.

틀림없이 당신은 무슨 이야기를 하고 무엇을 질문할까 한참 고민할 것이다. 그러나 곧 당신이 한 말은 역사의 과정에 거의 영향을 끼치지 못하리라는 것을 깨달을 것이다. 대통령은 분명 당신을 예의 바르고 다정하게 대할 것이다. 대통령이 평범한 시민과 함께 시간을 보내며 사람들의 이야기에 관심을 갖고 있음을 보여주는 것은 그에게도 약간의 홍보 가치가 있기 때문이다.

훨씬 좋은 상

당신은 우리가 이미 훨씬 좋은 상을 받았다는 사실을 알고 있는가? 우리는 모든 비용이 지불된 하나님 나라 여행권을 갖고 있고, 미국 대통령은 물론 세계의 모든 지도자를 만드신 분과 개인적으로 만날 수 있다. 게다가 그 만남의 결과는 영원하고 지속적이라는 것을 확실히 알고 있다. 하나님의 자녀는 모두 같은 상을 받았다. 그러나 그것을 요구하는 사람은 거의 없다!

나는 지금 날마다 24시간, 우주의 하나님께 자유롭게 나아가는 것에 대해 말하는 것이다. 하나님은 집무 시간이 없으시다. 하나님께 개인적인 시간을 내달라고 아무리 요구해도 싫증내지 않으신다. 어떻게 이럴 수가 있을까? 예수님이 대가를 지불하셨고, 다 준비하셨기 때문이다! "이는 그로 말미암아 우리 둘이 한 성령 안에서 아버지께 나아감을 얻게 하려 하심이라"(엡 2:18).

우리는 오직 위기가 닥쳤을 때만 하나님을 찾는 경향이 있다. 인생이라는 미식축구 경기에서 기도는 마지막 펀트킥(미식축구에서 손에서 공을 떨어뜨려 땅에 닿기 전에 차는 일_ 편집자)이 아니다. 방향을 묻는 첫 작전회의가 되어야 한다. 우리가 성령의 감동을 따라 기도할 때 하나님 아버지께서 긍정적으로 응답하실 것을 확신할 수 있다.

이와 같이 성령도 우리의 연약함을 도우시나니 우리는 마땅히 기도할 바를 알지 못하나 오직 성령이 말할 수 없는 탄식으로 우리를 위하여 친히 간구하시느니라 마음을 살피시는 이가 성령의 생각을 아시나니 이는 성령이 하나님의 뜻대로 성도를 위하여 간구하심이니라(롬 8:26-27).

하나님의 뜻을 구하다

주로 우리가 기도하면서 알고자 하는 것은 하나님의 뜻이다. 주기도문은 하늘에 계신 우리 아버지를 부른 후, 이어서 "나라가 임하시오며 뜻이 하늘에서 이루어진 것같이 땅에서도 이루어지이다"(마 6:10)라고 기도한다. 때로 하나님의 뜻 안에는 고난이 포함되어 있다. 그래서 바울은 에베소인들에게 "그러므로 너희에게 구하노니 너희를 위한 나의 여러 환난에 대하여 낙심하지 말라 이는 너희의 영광이니라"(엡 3:13)고 말했다. 다음 시가 묘사하듯이, 때로는 하나님의 뜻이 우리의 소망과 꿈을 박살내는 것처럼 보일 것이다.

"실망(Disappointment)—소망, 그분의 약속(His appointment)."
한 글자만 바꾸면 알 수 있습니다.
내 목적이 좌절된 것이
나를 위한 하나님의 더 좋은 선택임을.
비록 변장한 모습으로 다가오더라도
하나님의 약속은 분명 축복입니다.
하나님의 지혜는
처음부터 끝을 알고 계시기 때문입니다.

"실망—소망."
하나님은 선한 뜻을 감추지 않으십니다.
우리는 종종 거절에서
말할 수 없는 하나님의 사랑의 보물을 얻습니다.
하나님은 좌절된 목적 하나하나를 잘 아시며
더 온전하고 깊은 신뢰로 이끄십니다.
하나님의 모든 연단의 끝은
우리 하나님이 지혜롭고 공의로우심을 증명합니다.

"실망—소망."
주님, 저는 그것을 받아들입니다.
토기장이의 손 안에 든 진흙처럼
온전히 주님의 손길에 저를 맡깁니다.
제 삶의 계획은 주님이 만들어 가시며

그 어떤 선택도 제 것이 아닙니다.

불평하지 않고 대답하겠습니다.

"아버지, 내 뜻대로 마옵시고 당신의 뜻대로 하옵소서."[1]

자유롭게 보게 되다

기도할 때 우리는 우리 눈을 열어주실 성령님께 의존한다. 성령님은 우리를 모든 진리 가운데로 이끄시며 하나님의 뜻 안에서 우리를 지켜주실 것이다. 에베소서에 기록된 두 기도문 중 첫 번째 기도문에서 바울은 이렇게 말한다. "너희 마음의 눈을 밝히사 그의 부르심의 소망이 무엇이며 성도 안에서 그 기업의 영광의 풍성함이 무엇이며 그의 힘의 위력으로 역사하심을 따라 믿는 우리에게 베푸신 능력의 지극히 크심이 어떠한 것을 너희로 알게 하시기를 구하노라"(엡 1:18-19).

우리는 기업을 소유하지 못한 것이 아니라 보지 못하는 것이다. "왜 그럴까?" 이 질문은 오랫동안 나를 괴롭혀왔다. 내가 발견한 답은 대부분은 아니더라도 많은 그리스도인이 자유롭지 않기 때문이라는 것이다. 즉 과거의 학대나 사탄의 기만에서 자유롭지 않으며, 하나님이 원하시는 사람이 될 만큼 자유롭지도 않다. 나는 감사하게도 많은 사람이 그리스도 안에서 자유를 발견하도록 도와주는 특권을 누렸다. 그들이 눈을 열어 자신들이 가진 기업을 보도록 도와주었다. 다음은 한 귀한 여성에게 받은 편지인데, 이 진리를 아름답게 증명해 준다.

저는 올해 66세인데, 57년 동안 사탄의 거짓말에 "매여" 있었습니다. 박사님이 책에 설명한 진리를 제가 읽지 않았거나 배우지 않았다는 뜻이 아닙니다. 저는 제가 그리스도 안에서 누구인지 머리로 알았습니다. 그리스도 안에서 권세를 갖고 있다는 것도 알았습니다. 그런데도 제가 지금 박사님께 편지를 쓰는 이유는 마침내 박사님이 말하는 진리를 알게 되었기 때문입니다. 저는 『이제 자유입니다』에서 말하는 것처럼 진리로 자유로워질 수 있었습니다. 제가 뭘 이야기하는지 이해하실 거라 믿습니다. "아는" 것, 즉 사실을 통지받고 그것에 동의하는 것과 "참으로 아는" 것, 즉 마침내 하나님의 놀라운 자유 안으로 들어가 그것을 경험할 수 있게 되는 것은 다릅니다.

하나님은 40년 전 빌리 그레이엄 크루세이드(Billy Graham Crusade) 집회에서 저에게 자신의 아들을 보여주셨습니다. 저는 저를 위한 예수님의 십자가 대속으로 온전히 구원받았습니다. 그분은 저를 구원하셨을 뿐만 아니라 지켜주셨습니다. 감사하게도 저는 신학교에 다녔고, 네비게이토 성경 암송 과정을 마쳤으며, 바이블 스터디 펠로우십(Bible Study Fellowship)에 참여하고, 프리셉트 선교회 지도자로 섬겼습니다. 그리고 경건한 목회자들의 도움을 받아왔습니다.

그 시기 내내 저는 다른 사람들의 기준에 미치지 못한다는 수치심과 열등감을 안고 살았습니다. 하나님의 가족 안에서 "신데렐라"일 뿐이며 별로 쓸모가 없다는 생각과 계속해서 싸웠습니다. 물론 그것이 사실이 아니라는 건 알았습니다. 하나님은 편애하지 않으시기 때문입니다. 하나님의 사랑은 구원받은 각 사람에게 무조건적이며 완전합니다. 그러나 제 마음 깊은 곳에 있는 "무언가"가 늘 그런 거짓말을 하며 저를 일종의 이방인처럼 느끼게 만들었습니다.

제 부모님은 알코올의존증자였습니다. 저는 세 사람에게 성적으로 학대당하는 끔찍한 일도 겪었습니다. 하나님의 계획으로 저는 찰스 스윈돌의 라디오 프로그램을 통해 박사님의 책 『이제 자유입니다』에 대해 들었습니다. 그후 일은 박사님도 알고 계시지요. 성경에 나오는 "혈루병" 앓는 여인이 느꼈을 "해방감"이 어떤 것인지 박사님은 알 것입니다. 저는 57년 만에 속박에서 벗어난 기쁨을 박사님과 함께 나누고 싶습니다.

하나님은 "더 넘치도록" 주신다

에베소서에 나오는 바울의 두 번째 기도 다음에는 이러한 축복이 따라온다.

우리 가운데서 역사하시는 능력대로 우리가 구하거나 생각하는 모든 것에 더 넘치도록 능히 하실 이에게 교회 안에서와 그리스도 예수 안에서 영광이 대대로 영원무궁하기를 원하노라 아멘(엡 3:20-21).

예수님은 당신이 하늘에 계신 아버지께 자유롭게 나아갈 수 있게 해주셨다. 이제 당신은 남은 평생 동안 매일 24시간 하나님을 개인적으로 접견할 수 있다. 마지막으로 에베소서 3장 14-19절에 근거하여 기도하는 것으로 이 장을 마치도록 하자. 빈 칸에 당신의 이름을 넣어 당신의 기도로 만들길 바란다.

이러므로 나, ＿＿＿＿＿＿＿가 하늘과 땅에 있는 각 족속에게 이름을 주신 아버지 앞에 무릎을 꿇고 비노니 그의 영광의 풍성함을 따라 그의 성령으로 말미암아 나, ＿＿＿＿＿＿＿의 속사람을 능력으로 강건하게 하시오며 믿음으로 말미암아 그리스도께서 나의 마음에 계시게 하시옵고, 나 ＿＿＿＿＿＿＿가 사랑 가운데서 뿌리가 박히고 터가 굳어져서 능히 모든 성도와 함께 지식에 넘치는 그리스도의 사랑을 알고 그 너비와 길이와 높이와 깊이가 어떠함을 깨달아 하나님의 모든 충만하신 것으로 나 ＿＿＿＿＿＿＿에게 충만하게 하시기를 구하노라. 아멘.

36장
나는 내게 능력 주시는 그리스도 안에서 모든 것을 할 수 있습니다

어떠한 형편에든지 나는 자족하기를 배웠노니 나는 비천에 처할 줄도 알고 풍부에 처할 줄도 알아 모든 일 곧 배부름과 배고픔과 풍부와 궁핍에도 처할 줄 아는 일체의 비결을 배웠노라 내게 능력 주시는 자 안에서 내가 모든 것을 할 수 있느니라
(빌립보서 4장 11-13절).

하나님이 원하시는 일이라면 무슨 일이든 이루어질까? 성경은 "하나님께는 대부분의 일이 가능하다"고 말하는가? 아니다. 성경은 "믿는 자에게는 능히 하지 못할 일이 없느니라"(막 9:23)고 말한다. 하나님이 우리에게 어떤 일을 하라고 말씀하신다면 우리가 그 일을 할 수 있을까? 나는 하나님이 실행할 수 없는 명령을 내리시는 것을 상상할 수 없다. 그건 마치 하나님이 "아들아, 나는 네가 이 일을 하길 바란다. 사실 그 일은 네 능력 밖이지만 어쨌든 최선을 다해 보아라!" 하고 말씀하시는 것과 같다. 터무니없는 일이다! 세상의 연구와 이론 역시 순종할 수 없는 것을 명령하면 권위가 약화된다고 밝히고 있다.

아무것도 우리를
하나님의 뜻에서 떼어놓을 수 없다

그렇다면, 우리가 할 수 있는 "모든 것"은 무엇인가? 분명 어떤 한계가 존재한다. 성경의 모든 해석이 그렇듯이, 열쇠는 문맥 속에서 발견된다. 바울은 자신이 삶의 온갖 상황에 만족하는 법을 배웠다고 말한다. 즉 삶의 환경이 우리가 누구인지를 결정하지 않고, 그것이 우리로 하여금 하나님이 원하시는 모습이 되지 못하게 막을 수 없다는 것이다. 어떤 사람, 어떤 환경도 우리로 하나님의 뜻을 행하지 못하게 막을 수 없다. 하나님의 뜻은 우리가 거룩해지는 것이다(데살로니가전서 4장 3절 참조). 우리에게 능력 주시는 이는 그리스도이시다.

우리는 삶의 외적인 사건들을 바꿀 수 없으며, 그렇게 하도록 명령을 받지도 않았다. 그러나 하나님이 우리의 **내적** 세계를 바꾸시고 그것을 위해 외적 세계를 이용하신다는 확신이 있다.

> 우리가 환난 중에도 즐거워하나니 이는 환난은 인내를, 인내는 연단을, 연단은 소망을 이루는 줄 앎이로다 소망이 우리를 부끄럽게 하지 아니함은 우리에게 주신 성령으로 말미암아 하나님의 사랑이 우리 마음에 부은 바 됨이니(롬 5:3-5).

우리의 소망은 좋은 환경이 아니라 연단된 인격에 있다. 바로 거기서 바울은 만족의 비결을 배웠다. 그는 세상을 변화시키려는 시도를 멈추고 하나님이 자신을 변화시키시게 했다. 우리 모두 바울처럼 한다면 세상이 철저히 달라질 것이다.

하나님이 통치하시게 하라

성령의 열매는 배우자나 자녀를 통제하는 것이 아니다. 또한 우리에게 삶의 환경을 통제할 수 있다는 확신을 주지도 않는다. 성령의 열매는 절제다. 우리 삶에 대한 통제권을 하나님께 넘길 때 그리스도를 통해 모든 일을 하는 데 훨씬 가까워질 것이다. 배우자를 통제하려는 시도를 멈추고 그를 사랑하기 시작할 것이다. 자녀를 통제하는 대신 그들을 가르치는 데 더 집중할 것이다. 상사와 지도자로서 사람들을 조종하려는 시도를 멈추고 그들을 보살피기 시작할 것이다. 고용인과 조력자로서 권위를 깎아내리려는 것을 멈추고 기쁨으로 섬기기 시작할 것이다.

먼저 하나님이 원하시는 **사람이 되고** 그 다음에 하나님이 원하시는 모든 **일을 행하는** 데 유일한 장애물은 불신이다. 우리는 믿는 자들에게는 모든 일이 가능하다고 확신한다. 그러나 우리가 무엇을 믿기 원하는지는 우리 스스로 결정할 수 없다. 우리는 진리를 믿어야 하며, 그 진리는 하나님의 말씀에서 찾을 수 있다.

뉴에이지 vs. 기독교

뉴에이지 철학자들은 이렇게 말한다. "간절히 믿으면 이루어집니다." 그들은 우리의 마음으로 현실을 창조할 수 있다고 주장한다. 그렇게 되려면 우리가 신이 되어야 한다. 그들은 정확히 그렇게 말하고 있다. 그 거짓말은 에덴동산으로 거슬러 올라간다. "너희가 하나님과 같이 되리라"(창세기 3장 5절 참고).

기독교는 "그것은 사실이다. 그러므로 나는 그것을 믿는다"라고 말한다. 어떤 것을 믿는다고 해서 그것이 사실이 되는 것은 아니다. 또 어떤 것을 믿지 않는다고 해서 그것이 없어지는 것도 아니다. 예수님은 대제사장의 기도에서 이것에 관하여 우리를 위해 기도하셨다. "내가 비옵는 것은 그들을 세상에서 데려가시기를 위함이 아니요 다만 악에 빠지지 않게 보전하시기를 위함이니이다 …… 그들을 진리로 거룩하게 하옵소서 아버지의 말씀은 진리니이다"(요 17:15, 17). 우리는 하나님을 믿으며, 하나님의 말씀을 따라 믿음으로 행한다. 내 책 『내가 누구인지 이제 알았습니다』에 다음과 같은 내용이 있다.

당신이 할 수 있다고 믿으면 할 수 있다.
당신이 질 거라고 생각하면 정말 지게 된다.
당신이 용기가 없다고 생각하면 정말 용기가 생기지 않는다.
당신이 이기고 싶으나 이길 수 없다고 생각한다면
거의 확실히 이길 수 없다.
당신이 패배할 거라고 생각한다면 패배할 것이다.
세상에서 성공은
한 사람의 의지에서 시작된다.
그것은 모두 마음 상태에 달려 있다.
더 강하고 빠른 사람이
늘 인생의 싸움에서 이기는 것은 아니다.

오히려 자기가 할 수 있다고 생각하는 사람이
곧 승리한다.[1]

이 시에는 진리의 요소가 있으며 긍정적인 생각의 힘이 나타나 있다. 기독교 공동체는 잘 알려진 이 이치를 믿는 것을 조금은 꺼려 왔다. 충분히 그럴 만한 이유가 있다. 생각은 마음의 기능이며, 마음의 속성을 초월할 수 없다. 마음이 그 한계를 넘어서게 하려는 시도는 결국 현실의 세상에서 나와 환상의 세계로 들어가게 하는 결과를 낳을 것이다. 우리가 성경적으로 옳다고 알고 있는 것을 벗어난 무언가를 믿는 것은 믿음이 아니다. 그것은 추측이다. 우리는 감히 하나님을 추측하지 못한다.

진리를 믿으라

그러나 그리스도인은 진리를 믿는 능력에서 훨씬 큰 잠재력을 지니고 있다. 믿음은 마음을 포함하지만, 마음에 제한받지 않는다. 내가 믿는 많은 성경 진리를 나는 충분히 이해하지 못한다. 사실 믿음은 마음의 한계를 초월하며 보이지 않는 세상을 포함하지만, 비현실적인 것이 아니다. 그리스도인의 믿음의 대상은 우주의 무한하신 하나님인데, 그분이 어떤 일이 이루어지길 원하신다면 무엇이 그리스도인을 멈추게 할 수 있겠는가? 할 수 없다고 믿는 것보다 할 수 있다고 믿는 데 노력이 더 드는 것은 아니라는 사실과 연관 지어 생각해 보라. 문제는 진리를 택하고, 원수의 거짓말을 믿는 대신 모든 생각을 사로잡아 그리스도께 복종시키는 것이다. 당신은 하나님의 자녀다. 그렇기 때문에 의심과 불신에 맞설 수 있다.

- 성경이 "내게 능력 주시는 자 안에서 내가 모든 것을 할 수 있다"(빌 4:13)고 말하는데 왜 내가 할 수 없다고 말하겠는가?
- "나의 하나님이 그리스도 예수 안에서 영광 가운데 그 풍성한 대로 너희 모든 쓸 것을 채우시리라"(빌 4:19)는 것을 아는데 왜 내가 부족하겠는가?
- 성경이 "하나님이 우리에게 주신 것은 두려워하는 마음이 아니요 오직 능력과 사랑과 절제하는 마음"(딤후 1:7)이라고 말하는데 왜 내가 두려워하겠는가?
- "하나님께서 각 사람에게 나누어주신 믿음의 분량"(롬 12:3)이 있다는 것을 아는데 왜 하나님을 섬길 믿음이 없겠는가?
- 성경이 "여호와는 내 생명의 능력"(시 27:1)이며 "자기의 하나님을 아는 백성은 강하여 용맹을 떨치리라"(단 11:32)고 말하는데 어떻게 내가 연약하겠는가?
- "너희 안에 계신 이가 세상에 있는 자보다 크다"(요일 4:4)고 했는데 사탄이 어떻게 내 삶을 지배하겠는가?
- 성경이 "항상 우리를 그리스도 안에서 이기게 하시는 하나님께 감사한다"(고후 2:14)고 말하는데 왜 내가 패배를 인정하겠는가?
- 나는 "하나님으로부터 나와서 우리에게 지혜와 의로움과 거룩함과 구원함이 되신"(고전 1:30) 그리스도 예수 안에 있으며 "너희 중에 누구든지 지혜가 부족하거든 모든 사람에게 후히 주시고 꾸짖지 아니하시는 하나님께 구하라"(약 1:5)고 했는데 왜 내게 지혜가 부족하겠는가?
- "여호와의 인자와 긍휼이 무궁하시므로 우리가 진멸되지 아니함이니이다 이것들이 아침마다 새로우니 주의 성실하심이 크시도소이다"(애 3:22-23)라고 했으니, 이것을 내 마음에 담아두고 소망을 가질 수 있는데 왜

내가 우울하겠는가?

- 내가 나의 "염려를 다 주께 맡길"(벧전 5:7) 수 있고 그가 나를 돌봐주시는데 왜 내가 걱정하겠는가?

- "주의 영이 계신 곳에는 자유가 있다"(고후 3:17)고 했고 "그리스도께서 우리를 자유롭게 하려고 자유를 주셨는데"(갈 5:1) 왜 내가 속박 속에 있어야 하는가?

- 성경이 "그러므로 이제 그리스도 예수 안에 있는 자에게는 결코 정죄함이 없다"(롬 8:1)고 말하는데 왜 내가 정죄함을 느끼겠는가?

- 예수님이 "내가 세상 끝날까지 너희와 항상 함께 있으리라"(마 28:20)고 하셨고 "내가 결코 너희를 버리지 아니하고 너희를 떠나지 아니하리라"(히 13:5)고 하셨는데 왜 내가 외로워하겠는가?

- 성경이 "그리스도께서 우리를 위하여 저주를 받은 바 되사 율법의 저주에서 우리를 속량하셨으니 …… 우리로 하여금 믿음으로 말미암아 성령의 약속을 받게 하려 함이라"(갈 3:13-14)고 말하는데 왜 내가 저주를 받았거나 불운의 희생자라고 느끼겠는가?

- 바울처럼 "어떠한 형편에든지 나는 자족하기를 배웠는데"(빌 4:11) 왜 불만을 가지겠는가?

- "하나님이 죄를 알지도 못하신 이를 우리를 대신하여 죄로 삼으신 것은 우리로 하여금 그 안에서 하나님의 의가 되게 하려 하심이라"(고후 5:21)고 했는데 왜 내가 쓸모없다고 느끼겠는가?

- 성경이 "만일 하나님이 우리를 위하시면 누가 우리를 대적하리요"(롬 8:31)라고 말하는데 왜 내가 피해망상에 시달리겠는가?

- "하나님은 무질서의 하나님이 아니시요 오직 화평의 하나님이시니라"

(고전 14:33)고 했는데 왜 내가 혼란스럽겠는가?
- "이 모든 일에 우리를 사랑하시는 이로 말미암아 우리가 넉넉히 이기느니라"(롬 8:37)고 했는데 왜 내가 패배자처럼 느끼겠는가?
- 예수님이 "세상에서는 너희가 환난을 당하나 담대하라 내가 세상을 이기었노라"(요 16:33)고 하셨는데 왜 내가 세상 일로 괴로워하겠는가?[2]

거짓말을 믿지 말라

사람들이 그리스도 안에서 자유를 발견하도록 도우면서 직면하는 가장 큰 장애물은 바로 그들이 믿고 있는 거짓말이다. 사탄은 거짓의 아비다. 예수님은 진리이시다. 무엇보다 성령은 진리의 영이시며(요한복음 14장 17절 참조), 그분이 우리를 모든 진리 가운데로 인도하실 것이다(요한복음 16장 13절 참조). 내 믿음을 나눌 때 사람들은 종종 "저는 못 믿겠어요"라고 말한다. 그러면 나는 이렇게 대답한다. "당연히 당신도 믿을 수 있습니다. 제가 믿는다면 당신도 믿을 수 있겠지요? 믿음은 선택입니다."

내가 직면하는 가장 흔한 거짓말은 이것이다. "저는 그렇게 못 할 것 같아요. 그만큼 선하지도 않고요. 제게는 그럴 능력이 없습니다." 나는 늘 그것이 거짓말이라고 알려준다. 진실은 "내게 능력 주시는 자 안에서 내가 모든 것을 할 수 있다"(빌 4:13)는 것이다. 여기에 조금 시적인 격려의 글이 있다.

누군가는 그 일이 불가능하다고 말했지만
그는 빙그레 웃으며 대답했다.

"불가능할 수도 있지만,

직접 시도해 보기 전까지는 그렇게 말하지 않을 것입니다."

그는 얼굴에 미소를 머금고 채비를 했다.

염려스러웠다면 미소를 띠지 않았을 것이다.

그는 노래를 부르며 그 일과 씨름했다.

불가능한 일이었지만, 그는 그 일을 해냈다!

어떤 사람은 비웃으며 말했다. "넌 절대로 못할 거야.

적어도 지금까지 아무도 그걸 해낸 적이 없으니까."

그러나 그는 외투를 벗고, 모자를 벗고,

가장 먼저 그 일을 시작했다.

턱을 들어 올리고 살짝 미소를 지으며,

의심하거나 투덜대지 않고,

그는 노래를 부르며 그 일과 씨름했다.

불가능한 일이었지만, 그는 그 일을 해냈다!

수많은 사람이 당신에게 그 일을 할 수 없다고 말한다.

수많은 사람이 실패를 예언한다.

수많은 사람이 당신을 덮치려고 기다리는 위험들을

하나하나 지적해 준다.

그러나 살짝 미소를 띠며 채비를 하라.

외투를 벗고 그것을 향해 가라.

노래를 부르며 씨름하라.

"불가능한 일"이지만, 당신은 해낼 것이다.[3]

나는 다음과 같은 질문으로 이 장을 시작했다. "하나님이 원하시는 일이라면 이루어질 수 있는가?" "하나님이 당신에게 명하시는 일이라면 당신은 그 일을 할 수 있는가?" 그 답은 "반드시 그렇다!"이다. 또한 하나님이 은혜를 주신다면 어떤 상황에서든 당신은 그분 뜻에 만족할 수 있을까? **그렇다.** 하나님이 당신과 함께 계시며, 당신은 그분 안에 있기 때문이다. 당신은 "내게 능력 주시는 자 안에서 내가 모든 것을 할 수 있다"고 말할 수 있다(빌 4:13).

하늘에 계신 사랑하는 아버지, 그리스도 안에서 저의 참 정체성을 보여주셔서 감사합니다. 주의 말씀을 통해, 그리스도 안에서 인정과 안전과 가치에 대한 저의 욕구를 어떻게 채워주시는지 보여주셔서 감사합니다. 저는 이렇게 말해야 할 것입니다. "주여, 내가 믿나이다. 나의 믿음 없는 것을 도와주소서." 모든 생각을 사로잡아 그리스도께 복종시키는 법을 가르쳐주옵소서. 저는 믿음으로 사는 하나님의 자녀가 되길 원합니다. 제가 할 수 없다고 말하는 사탄의 거짓말을 믿지 않으며, 제게 능력 주시는 그리스도 안에서 모든 일을 할 수 있다는 진리를 선언합니다. 제 마음을 새롭게 해주셔서 저를 향한 하나님의 선하고 기쁘고 온전한 뜻을 분별할 수 있게 해주시기를 기도합니다. 제 온 마음과 뜻과 힘을 다해 주님을 사랑합니다. 주님은 우주의 주이시며, 지금과 영원히 제 삶의 주인이십니다. 예수님의 귀한 이름으로 기도합니다. 아멘.

그리스도인의 36가지 특권

나는 그리스도 안에서 사랑받는 자입니다

요한복음 1:12	나는 하나님의 자녀입니다.
요한복음 15:15	나는 그리스도의 친구입니다.
로마서 5:1	나는 의롭다 함을 받았습니다.
고린도전서 6:17	나는 주님과 합하여 한 영이 되었습니다.
고린도전서 6:20	나는 값으로 산 것이 되었고 하나님께 속하였습니다.
고린도전서 12:27	나는 그리스도의 몸의 지체입니다.
에베소서 1:1	나는 성도입니다.
에베소서 1:5	나는 하나님의 자녀로 입양되었습니다.
에베소서 2:18	나는 성령을 통해 하나님께 직접 나아갈 수 있습니다.
골로새서 1:14	나는 구원받았고 모든 죄를 용서받았습니다.
골로새서 2:10	나는 완전합니다.

나는 그리스도 안에서 안전한 자입니다

로마서 8:1-2	나는 영원히 정죄받지 않습니다.
로마서 8:28	나는 모든 것이 합력하여 선을 이룬다고 확신합니다.
로마서 8:33-34	나는 모든 비난에서 자유롭습니다.
로마서 8:35	나는 하나님의 사랑에서 끊어질 수 없습니다.
고린도후서 1:21	나는 하나님께 기름부음과 인 치심을 받았습니다.
골로새서 3:3	나는 그리스도와 함께 하나님 안에 감추어졌습니다.

빌립보서 1:6	나는 하나님이 내 안에서 시작하신 선한 일을 완성하실 것을 확신합니다.
빌립보서 3:20	나는 하늘나라의 시민입니다.
디모데후서 1:7	나는 두려워하는 마음이 아니라 능력과 사랑과 절제하는 마음을 받았습니다.
히브리서 4:16	나는 곤경 속에서도 은혜와 긍휼을 누릴 수 있습니다.
요한일서 5:18	나는 하나님에게서 났으며 악한 자가 나를 건드릴 수 없습니다.

나는 그리스도 안에서 소중한 자입니다

마태복음 5:13-14	나는 세상의 빛과 소금입니다.
요한복음 15:1-5	나는 참 포도나무의 가지요, 그의 생명 통로입니다.
요한복음 15:16	나는 열매 맺기 위해 택함받고 세워졌습니다.
사도행전 1:8	나는 그리스도의 증인입니다.
고린도전서 3:16	나는 하나님의 성전입니다.
고린도후서 5:17-20	나는 화목하게 하는 대사입니다.
고린도후서 6:1	나는 하나님의 동역자입니다.
에베소서 2:6	나는 하늘나라에 그리스도와 함께 앉아 있습니다.
에베소서 2:10	나는 하나님의 작품입니다.
에베소서 3:12	나는 담대함과 확신을 가지고 하나님께 나아갈 수 있습니다.
빌립보서 4:13	나는 내게 능력 주시는 그리스도 안에서 모든 것을 할 수 있습니다.

주

1장
1. Cevilla D. Martin, "In the Beloved"(Carol Stream, IL: Hope Publishing Co., ⓒ 1930, renewal 1958). 허가를 받아 사용함.

2장
1. John H. Sammis(1846-1919), "Trust and Obey"(Chicago, IL: Fleming H. Revell Company, 1887).

3장
1. 저자와 출처 미상.
2. Margery Williams(1881-1944), *The Velveteen Rabbit*(New York: Doubleday, ⓒ 1922, renewed 1958).

4장
1. Augustus M. Toplady(1740-1778), "Rock of Ages", first published in 1776. 새찬송가 494장, "만세 반석 열리니" 3절.

6장
1. 이 예화의 출처는 "내 자아상의 노예가 되다"라는 제목의 논문을 각색한 것이다(by Jamie Lash of Victory Seminar Ministries, Dallas, Texas). 허가를 받아 사용함.

21장
1. Virginia Brasier, "This Is the Age", first published in the *Saturday Evening Post*, May 28, 1949.

25장
1. Charles Thomas Studd(1860-1931), missionary to Africa.

26장
1. 저자와 출처 미상.

27장

1. Kathleen Viaes의 출간되지 않은 시, 〈The Wreath〉. 허가를 받고 사용함.

30장

1. 저자와 출처 미상.
2. 저자와 출처 미상.

31장

1. 저자와 출처 미상.

32장

1. 저자와 출처 미상.
2. 저자와 출처 미상.

34장

1. 저자와 출처 미상.

35장

1. Edith Lillian Young, "Disappointment—His Appointment."

36장

1. Neil T. Anderson, *Victory Over the Darkness* (Ventura, CA: Regal Books, 1990), p.114. 『내가 누구인지 이제 알았습니다』, 죠이선교회.
2. 앞의 책, pp. 115-117, 각색함.
3. Edgar Albert Guest(1881-1959), "It Couldn't Be Done", published in *Family Book of Best Loved Poems* (New York: Doubleday & Company, 1952).

사명선언문

너희가 흠이 없고 순전하여……세상에서 그들 가운데 빛들로
나타내며 생명의 말씀을 밝혀 _ 빌 2:15-16

1. 생명을 담겠습니다
만드는 책에 주님 주신 생명을 담겠습니다.
그 책으로 복음을 선포하겠습니다.

2. 말씀을 밝히겠습니다
생명의 근본은 말씀입니다.
말씀을 밝혀 성도와 교회의 성장을 돕겠습니다.

3. 빛이 되겠습니다
시대와 영혼의 어두움을 밝혀 주님 앞으로 이끄는
빛이 되는 책을 만들겠습니다.

4. 순전히 행하겠습니다
책을 만들고 전하는 일과 경영하는 일에 부끄러움이 없는
정직함으로 행하겠습니다.

5. 끝까지 전파하겠습니다
모든 사람에게, 땅 끝까지, 주님 오시는 그날까지
복음을 전하는 사명을 다하겠습니다.

서점 안내

광화문점 서울시 종로구 새문안로 69 구세군회관 1층
02)737-2288(T) 02)737-4623(F)

강남점 서울시 서초구 신반포로 177 반포쇼핑타운 3동 2층
02)595-1211(T) 02)595-3549(F)

구로점 서울시 구로구 시흥대로 577 3층
02)858-8744(T) 02)838-0653(F)

노원점 서울시 노원구 동일로 1366 삼봉빌딩 지하 1층
02)938-7979(T) 02)3391-6169(F)

분당점 경기도 성남시 분당구 황새울로 315 대현빌딩 3층
031)707-5566(T) 031)707-4999(F)

신촌점 서울시 마포구 서강로 144 동인빌딩 8층
02)702-1411(T) 02)702-1131(F)

일산점 경기도 고양시 일산서구 중앙로 1391 레이크타운 지하 1층
031)916-8787(T) 031)916-8788(F)

의정부점 경기도 의정부시 청사로47번길 12 성산타워 3층
031)845-0600(T) 031) 852-6930(F)

인터넷서점 www.lifebook.co.kr